행복한 삶을 위한 대화

| 임규홍 |

1956년 울산 울주에서 태어나 경상대학교에서 문학박사를 받았다. 현재 경상대학교 국어국문학과 교수로 있으며, 경상대학교 국어문화원장과 한글학회 진주지회장, 언어과학회 편집위원장, 국어의미학회, 우리말학회, 한국국어교육학회 등 여러 학회에서 편집위원 및 이사로 있다. 지은 책으로는 '틀리기 쉬운 우리말 바로쓰기(신아사)', '어떻게 말하고 들을 것인가(박이정)', '우리말 올바로 공부하기(한국문화사)', '국어교육의 이론과 실제(한신문화사)', 젠더를 말한다(공저)(박이정) 등이 있으며 뒤친 책으로 '당신도 말을 잘 할 수 있다(박이정)', '사고과정으로서 글쓰기(형설출판사)' 등이 있다. 입말(구어)에 대해 공부하고 있으며 60여 편의 논문이 있다.

행복한 삶을 위한 대화

초판 인쇄 2015년 1월 7일
초판 발행 2015년 1월 12일

지은이 임규홍 ∣ **펴낸이** 박찬익 ∣ **편집기획** 권이준 ∣ **편집디자인** 황인옥
펴낸곳 (주)**박이정** ∣ **주소** 서울시 동대문구 천호대로 16가길 4
전화 02) 922-1192~3 ∣ **팩스** 02) 928-4683 ∣ **홈페이지** www.pijbook.com
이메일 pijbook@naver.com ∣ **등록** 2014년 8월 22일 제 305-2014-000028호

ISBN 979-11-954370-0-9 (93710)

* 책값은 뒤표지에 있습니다.

행복한 삶을 위한
대화

임규홍 지음

도서
출판 박이정

●

말하고 듣는 사람의 미묘하고 복잡한 심리적 관계를 생각하면서 말하고 들어야 한다

●

이 책을 쓰고 엮는 데 오랫동안 망설였다. 필자 스스로 말하기가 허물투성이인데 어떻게 남의 말하기와 듣기에 대해 이러쿵저러쿵 말할 수 있을까 하는 두려움 때문이다. 그럼에도 용기를 낸 것은 필자가 강의하는 대학 교양 과목인 '언어예절'의 교재가 필요해서이고, 또 다른 하나는 오늘날 날이 갈수록 무질서해지고 거칠어져 가는 언어사용의 현실을 보고 말글을 공부하는 한 사람으로서의 안타까움 때문이다. 한편으로 이 글은 필자가 그동안 살아오면서 겪은 말하기 듣기에 대한 반성의 글이기도 하다. 우리는 한 시도 말없이 살아가기가 어렵다. 한 사람의 사람됨도 이 말로써 이루어지고 한 사람의 행복과 불행, 성공과 실패도 이 말에 달려 있다고 해도 지나친 말이 아니다. 따라서 이 책은 우리가 그동안 잊고 살아온 말과 말하기와 듣기에 대한 가치와 고마움을 되새겨 보는 데도 의미가 있다고 생각한다. 그리고 말하기와 듣기를 통해 우리의 삶이 더 행복해지고 더 아름다워지는 데 이 글이 조금이라도 도움이 되기를 기대한다. 특히, 오늘날 인성 교육이 절실히 요구되는 시대에 살고 있다. 갈수록 사람들의 인성은 각박해져 가고 도덕과 윤리 의식은 무너져가고 있다. 이러한 현실을 바로잡을 수 있는 것이 바로 상대를 배려하는 겸손한 말하기와 듣기가 아닌가 한다.

이 책은 말하기와 듣기에서 말의 기교보다는 말하는 사람과 듣는 사람의 미묘하고 복잡한 심리적 관계를 생각하면서 말하고 들어야 한다는 점을 강조하였다. 말로써 우리가 행복하게 살기 위해서는 먼저 말이 가진 신비한 힘과 말의 사회적, 철학적, 심리적 기능에 대해 이해를 해야 한다. 따라서 이 책은 말이 가지고 있는 의사소통적 기능과 철학적, 심리적, 사회학적인 이론을 나름 쉽게 이해할 수 있도록 풀어 녹여서 쓰려고 하였다. 그리고 동서고금, 종교와 철학을 아울러 선각자들의 말하기에 대한 가르침들을 곳곳에 모아 놓으려고 했다. 이러한 가르침들은 시대에 따라 다르게 생각할 수도 있겠지만 그 기본적인 원리는 지금도 크게 변하지 않았다고 생각한다. 동양에서 수천 년 동안 교육의 핵심이 되어 왔던 논어와 맹자, 소학 그리고 명심보감 등에서 설파한 선인들의 말하기, 듣기에 대한 규범들은 오히려 오늘날 더 필요한 것이 아닌가 한다.

이 책이 지금까지 나온 많은 화법 책들과 조금이라도 다른 점이 있다면 말과 말하기·듣기에 대한 의사소통의 기본적인 이해와 말하고 듣는 사람에 대한 '마음'의 문제에 더 관심을 가졌다는 것이다. 그리고 실제 언어 생활에서 적용할 내용들도 현실에 맞게 그 원리를 이해하는 데 있다고 하겠다.

누구도 결코 여기에 제시한 그대로 말하기와 듣기를 할 수는 없을 것이다. 더구나 이 글이 불변의 진리라고도 할 수가 없다. 다만 이 글이 귀찮은 잔소리로만 읽히지 않고 우리 스스로 자기의 언어생활을 반성하고 뒤돌아볼 수 있는 작은 계기가 된다면 더 바랄 것이 없겠다. 그리고 졸고를 선뜻 출판해 주신 박이정 박찬익 사장님께 감사드린다.

2015년 1월

임 규 홍

제3장 · 말하기의 태도

제4장 · 말소리

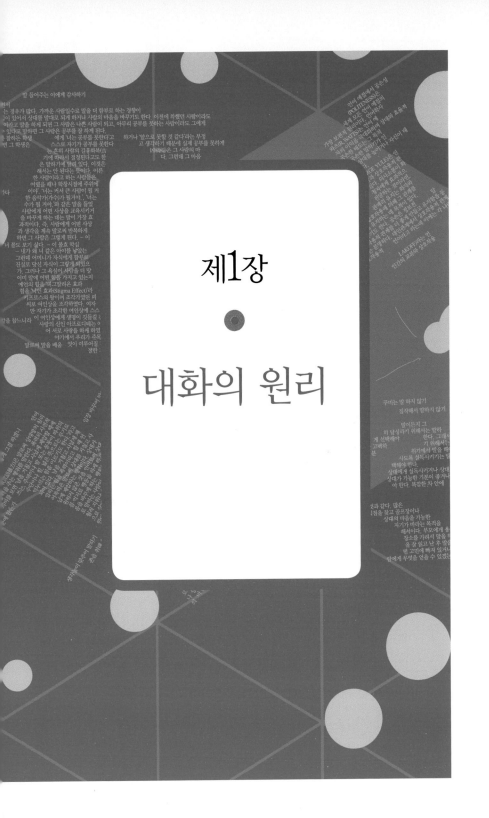

제1장

대화의 원리

1

말의 힘

과연 인간에게 말은 무엇인가. 인간이 말을 사용하지 않았다면 어떻게 되었을까. 인간에게 말이 없었다면 인간이 이 지구를 수백만 년 동안 온전히 지배할 수 있었을까.

우리 인간이 오늘날 이처럼 문화와 문명을 발전시킬 수 있었던 것은 인간에게 언어, 즉 말이 있었기 때문이다. 일찍이 독일의 유명한 정치가이면서 언어철학지인 훔볼트(Karl Wilhelm Humboldt)는 말을 '에네루기아(energia)'라고 하면서 말에는 무엇을 형성하고 변화시키는 '힘'이 있다고 하였다.

언어학자이며 동시에 인류학자였던 에드워드 사피어(Edward Sapir)는 "인간은 우리가 보통 생각하듯이 객관적인 세계에 살고 있는 것이 아니라 언어를 매개로 해서 살고 있는 것이다. 그리고 언어는 단순히 표현의 수단만은 아니다. 실세계라고 하는 것은 언어 관습의 기초 위에 세워져 있다. 그리고 우리는 언어가 노출시키고 분절시켜 놓은 세계를 보고 듣고 경험하는 것이다."라고 했으며, 그의 제자인 벤자민 휘프(Benjamin Whorf)도 "언어는 우리의 행동과 사고의 양식을 결정하고 주조한다."라고 하였다. 이것은 말이 사람의 생각을 만들어내고 형성한다는 주장이다. 어떤 학자는 이와 다르게 주장하기도 하지만 말에 따라 그 말을 사용하는 사람이나 사회나 겨레가 어떤 형태로든 바뀌거나 영향을 받는 것은 분명하다.

최근 미국 워싱턴 주립대에서는 사람의 뇌와 뇌를 연결하여 두 사람 사이의 뇌파에 의해 상대의 생각을 통제할 수 있다는 연구결과가 나왔다. 이것은 말을 하지 않고 생각만으로도 상대의 생각에 영향을 줄 수 있음을 말해 주는 것이다. 따라서 그보다 더 직접적인 음파로 상대의 생각을 바꿀 수 있다는 것은 널리 알려진 사실이다. 사람이 말하는 말소리의 음파가 지속적으로 상대의 뇌에 자극을 주면 그 음파는 상대의 뇌에 자동적으로 자극을 주어 음파나 소리의 의미대로 움직이거나 그렇게 형성될 수 있다는 실험적 연구라 할 수 있다. 따라서 말은 단순히 음파의 에너지뿐만 아니라 그 음파가 가지고 있는 의미에 의해 상대의 뇌와 사고에 영향을 주는 에너지를 가지고 있다는 것이다.

즉, 말은 사람의 마음을 바꾸는 힘을 가지고 있으며 행위를 하도록 하는 힘을 가지고 있다. 남을 미워했던 마음도 말로써 남을 좋아하게 할 수도 있고, 남을 좋아했던 마음도 말로써 그 사람을 미워하게도 할 수 있다는 것이다.

우리가 대통령을 뽑을 때, 처음에 한 후보를 마음에 정해 두고 있었지만 다른 후보의 연설을 듣고 나서는 그 말에 설득이 되어 그 후보를 선택하게 되는 경우도 있다. 이는 말이 우리의 마음을 움직이는 힘으로 작용했다는 뜻이다.

그리고 말은 나쁜 사람으로 만들기도 하고 좋은 사람으로 만들기도 하는 힘을 가졌다. 좋은 말, 아름다운 말을 사용하는 사람은 그 사람의 마음 또한 착해지고 아름다운 마음을 가지게 된다. 반대로 나쁜 말, 상스러운 말을 쓰는 사람은 자기도 모르게 그 말의 힘으로 그 말처럼 나쁜 사람, 상스러운 사람이 되어 버린다. 거센말을 많이 쓰면 그 사람도 거세게 되고, 억센 말을 많이 쓰면 그 사람의 마음도 억세게 된다. 이것도 모두 말이 사람의 마음을 바꾸는 힘을 가졌기 때문이다.

그리고 자기를 '아버지'라고 부르면 자기의 마음은 아버지로서의 마음으로 바뀌게 되고, 자기를 '선생님'이라고 부르면 그것을 듣는 사람은 선생님이 가지고 있는 속성으로 바뀌게 된다. 그처럼 사람은 말이 가지고 있는 내용만큼의 사람으로 바뀌게 되는 것이다.

우리는 주위에서 불치의 병에 걸린 사람에게 의사가 "당신은 아무런 병에 걸리지 않았습니다. 이 약만 먹으면 곧 나을 것입니다."라고 하면서 거짓 약(僞藥)을 먹게 해서 병을 낫게 한 경우도 있다. 그것은 말이 사람의 마음을 움직여 병을 낫게 하는 힘으로 작용했기 때문이다.

말은 사람의 마음뿐만 아니라 행동을 묶거나 바꾸게 하는 힘을 가지고 있다. 이것은 약속하는 말에서 나타난다. 어떤 사람이 친구와 내일 어디에서 만나기로 약속을 했다면 약속한 말 때문에 그 친구는 내일 약속한 그 시간에 만나기로 한 장소까지 나가야 한다. 그래서 '약속한 말'이 친구를 내일 일정한 시간에 그 장소에 나오도록 하여 사람의 행동을 묶게 한 것이다.

그리고 말이 인간의 문화와 문명을 발전하게 하는 긍정적인 힘이 있는가 하면 한편으로는 말에 의해 수많은 사람들을 죽이고 문명을 파괴하기도 하는 나쁜 쪽의 힘도 같이 가지고 있다.

모든 이데올로기(이념 또는 사상)는 바로 말로써 형성된다. 말이 사상을 변화시키는 데 결정적인 역할을 한다. 사회주의 언어철학자들은 말로써 세계를 사회주의 세계로 바꾸려고 하였다. 말이 생각을 바꾸고 말이 사람을 바꿀 수 있는 힘을 가지고 있다는 것을 그들은 잘 알고 있었기 때문이다. 수많은 종교의 믿음도 바로 말로써 이루어지고 사상의 변화도 말로써 이루어진다. 어떤 말을 계속해서 듣고 있으면 자기도 모르게 그 말대로 생각이 변하게 된다는 것은 우리 주위에서도 쉽게 발견할 수가 있다. 많은 건국신화들도 모두 말로써 건국의 정당성을 백성에게 세뇌(洗腦)시키려고 한 것이다. 나라나 정권을 세운

사람들의 영웅담도 모두 말로써 국민들에게 자신들의 행위를 합리화
하려는 것이다. 이것은 한결같이 말이 사람의 생각을 바꾸는 데 가장
중요한 구실을 한다는 것을 단적으로 보여주는 것이다.

따라서 우리 인류의 모든 종교나 성인의 가르침 속에는 이 말에 대
한 경계나 말에 대한 가르침이 없는 경우는 하나도 없다.

2009년, MBC에서 한글날 특집으로 말의 힘을 다룬 적이 있었다.
다음은 그 내용의 일부와 다른 실험을 덧보탠 것이다.

실험 하나

유리로 된 식기 두 곳에 밥을 넣고 뚜껑을 닫아 놓았다.

한 부류의 사람들이 한 식기에는 매일 좋은 말인 '고맙습니다', '사
랑해, 고마워, 좋아해'란 말을 들려주고, 또 다른 식기에는 매일 '짜증
나', '미워, 너무 싫어' 등과 같은 나쁜 말을 계속 들려주었다. 그 결과
놀랍게도 좋은 말을 들려준 식기의 밥은 썩지 않았으나 나쁜 말을 들
려준 식기의 밥은 썩어 있었다.

실험 둘

물이 든 두 개의 컵에 각각 양파를 하나씩 넣어 두고 한 컵에는 '감

사합니다'라는 말을 들려주고 다른 컵에는 '미워, 싫어'라는 말을 들려주었다. 7주 동안 계속 실험을 한 결과 '감사합니다'라고 들려준 컵의 양파는 싱싱하게 자랐지만 반대로 '미워, 싫어'라고 들려준 컵의 양파는 잘 자라지 못하였다.

실험 셋

피 실험자를 두 모둠으로 나누고 한 모둠의 사람에게는 긍정적이고 희망적인 낱말, 젊음에 관련된 말을 여러 장 보여 준다. 다른 한 모둠의 사람에게는 부정적이고 절망적인 낱말, 늙음에 관련된 말을 여러 장 보여 준다.

긍정적인 낱말을 보고 나오는 사람의 발걸음 속도와 부정적인 낱말을 보고 나오는 사람의 발걸음의 속도는 같을까, 다를까. 긍정적인 낱말을 보고 나오는 사람의 발걸음이 부정적인 낱말을 보고 나오는 사람의 발걸음보다 훨씬 빨랐다.

실험 넷

영국 어느 학교에서 비밀리에 실험한 것으로 학생의 성적을 고루 나누고 한 부류는 A등급반이라고 하고 다른 한 부류를 B등급반이라 불렀다. 처음에는 거의 비슷한 성적으로 나눈 두 반을 우등반과 열등반이라는 이름으로 일 년 내내 불렀다. 그런데 일 년 후 실제 A등급

반과 B등급반은 놀라울 정도로 성적의 차이를 보였다는 것이다.(술 취한 코끼리 길들이기-아잔 브라흐마)

실험 다섯

하루 3시간씩 한 쪽 생쥐에게는 스피커로 칭찬하는 얘기를 들려주었고 다른 쪽 생쥐에게는 고함을 지르며 화를 내거나 질책하는 얘기를 들려주었다. 그 결과 칭찬을 들은 생쥐는 성격이 온순하고 편안하게 잠도 잘 잤다. 반면 고함소리를 들은 생쥐는 안절부절못하면서 어쩔 줄 모르고 불안해 하다가 결국은 스피커 연결선을 다 갉아 놓아 더 이상 소리가 들리지 않게 만들어 버렸다(배명진-소리로 읽는 세상)

뿐만 아니라 화분에 심은 꽃도 좋은 말과 나쁜 말에 따라 자라는 것이 다르고 어항에 있는 금붕어도 좋은 말과 나쁜 말에 따라 자라는 것이 달랐다고 한다.

콜로라도대학교 심리학과 하비(O. JHarvey) 교수는 언어와 폭력의 상관관계를 연구하였다. 즉, 세계 여러 나라의 문학 작품을 무작위로 추출하여 작품 안에서 인간을 차별하고 비판하는 단어의 사용 빈도를 조사하였다. 그 결과 비판적인 어휘 사용 빈도가 높을수록 그 사회의 폭력 사건도 많다는 것을 알 수 있었다. 거친 언어를 사용하는 민족일수록 폭력적이라는 얘기다.

세계적인 물 연구자인 에모토 마사루는 그의 저서 '물은 답을 알고 있다'에서 물의 파장을 연구하면서 긍정적인 말과 부정적인 말은 물의 파장과 구조가 각각 다르다는 것을 밝혔다. 인간은 70%가 물로 되어 있다. 인간에게 긍정적인 말을 하면 그 파장이 인간이 가지고 있는 물에 긍정적으로 작용을 하고, 부정적으로 말을 했을 때는 부정적으로 작용한다는 것이다. 따라서 물의 파장과 구조가 사람의 생각을 바꾼다는 것이다.

또한 말의 힘을 〈소학(小學)〉에서도 다음과 같이 말하고 있다.

> ● **이천 선생이 말하길** – 그 언잠에 이르기를 '사람의 마음의 움직임은 말을 통하여 밖에 나타난다. 말을 꺼냄은 조급하고 망령됨을 금하여야만 속마음이 안정하고 전일하게 된다. 더구나 말이라는 것은 일의 중요한 기틀이 되는 것이다. 전쟁과 우호, 길흉화복이 모두 말이 부르는 것이다. 말을 쉽게 하는 폐단은 그 말이 망탄(妄誕)하고, 번거로우면서 지루하다. 내 말이 방자하면 남도 내 뜻 거스르게 되고, 가는 말이 도리에 어긋나면 오는 말도 도리에 어긋난다. 〈선왕의 법언(法言)이 아니면 말하지 말라.〉하였으니, 옛사람의 훈계를 공경하여 따르라.'하였다. (嘉言 68)

2

말에 감사하기

우리는 말이 없다면 어떻게 살아갈 수 있을까, 말이 없다면 우리의 생각과 느낌을 어떻게 전달하며 살 수 있을까. 생각만 해도 답답하고 그 상황을 상상하기 어렵다.

말이 있어 우리가 이렇게 행복하게 살아갈 수 있음에 감사해야 한다. 말이 있어 내가 당신에게 사랑을 표현할 수 있어서 감사해야 하고, 말이 있어서 우리 인간이 서로 더불어 살아갈 수 있음에 감사해야 한다. 이처럼 말에 대해 고마움을 가진다고 하면 어떻게 말을 함부로 할 수 있겠는가? 말이 있어 내 가슴 속에 있는 한없는 사랑과 행복을 풀어내고 도저히 참을 수 없는 슬픔과 고통도 말로써 풀어낼 수 있다고 보면 말이 우리에게 얼마나 감사한 것인지 모른다.

말이 있기 때문에 인간은 자기의 아름다운 마음을 표현하고, 아름다운 시를 만들고, 소설을 만들 수가 있고 또 그것으로 인간에게 감동을 주고 기쁨을 줄 수도 있는 것이다.

또 말이 있어 한 겨레의 얼과 문화를 알 수가 있다. 말이 없다면 어떻게 세계 수많은 겨레들이 가지고 있는 그들 나름대로의 고귀한 얼과 문화를 알 수가 있겠는가. 말이 있어 세상 삶 속에서 생각의 아름다운 꽃을 피워 행복하게 살아갈 수가 있는 것이다.

말이 사람에게 어떤 구실을 하는지에 대한 주장으로 일찍이 문학과 언어를 통합하려고 했던 로만 야곱슨(Roman, Jakobson)은 말의 구실(기능)을 정보적 구실, 표현적 구실, 지령적 구실, 미적 구실, 지시적 구실, 메타적 구실, 친교적 구실로 구분을 했다. 이후 제프리 리치(Geoffrey, Leech)는 말의 다섯 가지 구실을 말할이와 들을이 그리고 전달체를 중심으로 구조화하였다.

첫째로 말은 상대방에게 말할이의 정보를 전달하는 구실을 하는데 이것을 '정보적 구실'이라고 한다.

상대가 모르고 있다고 생각하는 정보를 상대에게 전달하는 구실을 말한다. 말이 아니면 우리가 가지고 있는 새로운 정보를 상대에게 전달하기 어렵다. 이러한 정보에 의해 인류의 문명과 문화가 발전하게 된 것이다.

둘째, 자기의 감정적 생각을 표현하는 구실을 하는데 이것을 '표현적 구실'이라고 한다.

인간은 자기의 감정을 무심결에 말을 하게 된다. 그런 감정을 상대에게 전달하는 데 목적이 있는 것이 아니라 자기 자신에게 하는 말이다. 기분이 나빴을 때 욕을 한다든가, 기분이 좋았을 때 흥분의 감탄사를 표현한다든가, 아니면 말하는 사람이 아플 때 아픔을 표현할 경우도 모두 여기에 해당된다.

자기 혼자 남에게 욕을 하는 것도 말하는 순간 자기의 감정을 표현하는 것이지 내가 너에게 이러한 감정을 가지고 있음을 전달하는 데 목적이 있는 것이 아니다.

셋째, 말은 들을이에게 무엇을 시키는 구실을 한다. 이것을 '지령적 구실'이라고 한다.

이것은 상대에게 자기의 뜻대로 행동해 주기를 바라는 마음을 말로 나타내는 경우이다. "빨리 먹어.", "창문 좀 닫아 주세요."와 같은 말은 말의 시킴 구실에 해당된다.

넷째, 말은 사람의 마음을 너 아름답게 전달하는 구실을 한다. 이것을 '미적 구실' 또는 '심미적 구실'이라고 한다.

이 경우는 말하는 사람의 생각이나 느낌을 상대방에게 더 감동적으로, 더 효과적으로 나타내기 위한 구실을 말한다. 말하는 사람이 어떤 아름다운 경치를 보고 그것을 듣는 사람에게 있는 그대로 사실을 전달하는 것이 아니라, 그것을 다른 것에 비유하거나 반복하거나 말을 다르게 표현하여 효과적으로 전달하는 것을 말한다.

영희의 얼굴을 보고 '둥근 보름달 같은 영희 얼굴'이라고 했을 때는 영희 얼굴을 더 효과적으로 표현하기 위해서 그것과 비슷한 다른 것을 빗대어 표현한 것이다.

다섯째, 말은 사람을 가깝게 사귀는 구실을 하는데 이러한 구실을 '친교적 구실'이라고 한다.

말은 사람과 사람의 사이를 가깝게 하는 끈의 구실을 한다. 아침에 일어나서 손위 어른에게 "안녕히 주무셨습니까?"라고 인사했을 때 이 말은 말하는 사람이 어른에게 지난밤에 어떤 사고 없이 잘 잤는지를 묻는 것이 아니고 단지 상대에게 의례적으로 하는 말이다. 이와 같은 말의 구실을 말의 '친교적 구실'이라 한다.

그 외 말은 어떤 대상을 정확하고 효과적으로 지칭(가리킴)하는 '지시적 구실'을 하기도 하고, 말을 만들어 어떤 정보를 쉽게 설명하는 '설명말(메타) 구실'을 하기도 한다.

그리고 할리데이(Michael Halliday)라는 학자는 말의 구실을 도구적 구실, 규정적 구실, 표현적 구실, 상호 작용적 구실, 인간적 구실, 발견적 구실, 상상적 구실로 분류하기도 하였다.

말의 구실에 대한 연구는 연구자들마다 조금씩 다르지만 크게는 말이 인간에게 매우 필요한 것이고 다양한 구실을 한다는 주장은 모두 마찬가지이다.

따라서 말은 이처럼 사람과 사람의 관계를 얽어주는 없어서는 안 될 참으로 고마운 존재임을 우리는 알아야 한다.

3

말할 수 있음에 감사하기

　오늘도 우리는 말을 할 수 있음에 감사해야 한다. 말이 있어서 말 자체에 감사할 뿐만 아니라 그 말을 할 수 있는 능력을 가지고 있음에 감사해야 한다. 인간이 말을 하기 위해서는 말하는 사람의 다양한 발성 기관들과 생각이 온전해야 한다. 그리고 폐에서 호기(공기)가 자연스럽게 밖으로 나오기 위해서는 우선 폐가 건강해야 하고 그 다음 성대도 건강해야 한다. 우리가 감기에 걸렸거나 말을 많이 해서 성대가 좋지 않으면 말을 잘할 수 없는 것을 종종 체험하곤 한다. 뿐만 아니라 발성에 동원되는 입술, 이, 입천장, 혀, 코 등 모든 발성 기관이 건강해야 한다. 말을 할 수 있다는 것은 이 모든 발성 기관이 건강하다는 것을 의미한다. 그리고 말을 하기 위해서는 발성 기관뿐만 아니라 뇌도 건강해야 한다. 우리 주위에는 머리를 다쳤거나 뇌에 여러 가지

병으로 인해 정상적으로 말을 하지 못하는 사람, 말을 하지 못해 손짓 (수화)으로 의사소통을 하는 사람, 앞을 볼 수 없어서 점자로 의사소통을 하는 사람들도 많다. 이들은 정상적으로 말을 하는 사람들보다 더 많은 어려움을 가지고 극복을 하면서 살아가고 있다. 그러나 대부분의 사람들은 자기가 아무런 문제없이 말을 할 수 있음을 잊어버리고 살아가고 있다. 따라서 우리가 정상적으로 말을 할 수 있음에 항상 감사해야 한다는 뜻도 이러한 의미이다. 이럴 때 우리는 우리 삶 자체에 대한 감사함도 가지게 되고 이렇게 건강하게 낳아 주신 부모에게도 감사할 줄 아는 마음도 생기게 된다. 또한 말하기 장애를 가진 사람들에 대한 사랑과 측은지심도 가지게 되어 이웃을 사랑하는 마음을 가지게 된다. 우리 인간은 다른 동물이 가지지 못한 '말을 할 수 있는 능력'이라는 참으로 귀한 선물을 받아 살아간다. 우리 모두는 지금 바로 자신을 돌아보면서 '말할 수 있음'에 감사하면서 살아가는 것이 자기의 고귀함과 존귀함을 깨닫는 길이 될 것이다.

4

말해 주는 이에게 감사하기

자기의 비밀을 당신에게 말해 준 사람을 당신은 고맙게 생각해야 한다. 당신에게 자기의 비밀을 말하는 사람은 그 내용에 의해 두 가지로 나눌 수 있다. 하나는 자기 자신의 이야기를 말하는 경우가 있을 것이고, 다른 하나는 당신을 위해 새로운 정보를 말해 주는 경우가 있다. 이 가운데 특히 자기 자신의 생각이나 고민을 당신에게 말해 주는 사람에게 고맙게 생각해야 한다. 말하는 사람이 자기의 비밀이나 고민을 당신에게 말해 준다는 것은 그 사람이 당신을 그만큼 믿고 사랑한다는 뜻이다. 어떤 사람이 당신을 사랑하고 있고 당신을 신뢰하고 있다는 사실 하나만으로도 그것은 고마운 일이다.

그리고 당신에게 비밀을 말해 줄 수 있는 사람은, 자기의 비밀이 아니더라도, 당신에게 그가 가지고 있는 지식의 선물을 당신에게 주는 것이다. 자기가 가지고 있는 지식이나 지혜를 남에게 말을 해 주는 것보다 더 좋은 봉사, 즉 불교적으로 말하면 이보다 더 좋은 보시(報施)가 없다. 인류가 이렇게 발전해 오게 된 것도 인간이 가지고 있는 지식과 지혜를 후대에 끊임없이 말로 전해 주었기 때문이다. 이것이 인간이 다른 동물과 다른 점이다. 자신이 어떤 문제에 부딪혔을 때나 무엇을 해야 할지 몰라 어려움을 겪을 때 당신에게 지식과 지혜의 방편을 말해 주는 사람이 있다면 이보다 더 고마운 일은 없을 것이다. 우리 인류의 스승인 예수나 부처나 공자와 같은 선지자들도 모두 후손인 우리 인간에게 그들의 깨달음을 말로 전해 주었기 때문에 오늘날 그들의 귀한 가르침을 받을 수 있는 것이다. 모든 교육 또한 말을 통해 우리 인간을 인간답게 살게 하는 것이다. 전문적인 지식을 가진 학자가 자신이 평생 연구하고 공부했던 것을 우리에게 말로 말해 줄 때 우리는 그들에게 감사한 마음을 가져야 한다. 당신 곁에서 당신에게 말을 해 주는 가족에게도 감사해야 하고 친구에게도 감사해야 한다. 당신을 미워하고 증오하는 사람은 당신에게 결코 말을 하지 않는다. 상대에게 말을 하지 않는다는 것은 또한 상대에 대한 무관심을 의미한다. 반대로 상대에게 말을 한다는 것은 어떤 형태로든 상대에게 관심과 사랑을 가지고 있다는 것이다.

우리는 종종 마음이 괴롭거나 우울할 때 곁에 있는 사람이나 친한 사람이 우리 곁에 다가와서 이런저런 이야기를 해 줄 때가 있다. 그럴 때마다 그 사람이 얼마나 감사한지 누구나 경험하였을 것이다. 예컨대 자폐란 자아를 닫아 버리는 것이다. 그래서 다른 사람과 말을 하지 않게 된다. 그럴 때일수록 그들에게 말을 해 주어야 한다. 우울증 환자도 마찬가지이다. 우울증 환자는 다른 사람과 말하기를 꺼려한다. 그래서 더 깊게 상상과 공상과 망상으로 이어진다. 그럴 때 그러한 환자에게 말을 걸어 주고 그들이 말을 하도록 하여 밝은 세상으로 나올 수 있도록 해 주어야 한다. 그것이 그들을 위한 최상의 치료법이다.

당신에게 말을 해 주는 사람은 당신을 사랑하기 때문에 자기가 가지고 있는 지식의 선물을 당신에게 정성스럽게 건네주는 것이다. 당신은 그 말의 선물을 기꺼이 감사하는 마음으로 반갑게 받아야 한다. 오늘도 당신은 당신에게 자신의 비밀을 말해 줄 수 있는 사람, 지식과 지혜를 말해 줄 수 있는 사람, 사랑을 말해 줄 수 있는 사람에게 감사한 마음을 가져야 할 것이다.

5

말 들어주는 이에게 감사하기

우리가 남에게 말을 한다는 것은 두 가지로 나눌 수 있다. 하나는 상대가 알고 싶어 하는 내용을 말을 하는 경우이고, 다른 하나는 상대의 요구에 관계없이 당신이 일방적으로 말을 하는 경우이다. 당신이 하고자 하는 말이 상대에게 전혀 도움이 되지 않으면서도 당신은 상대에게 말을 할 때가 있다. 그럴 경우 당신은 그 상대에게 고마운 마음을 가져야 한다. 당신이 힘이 들 때 당신은 말을 함으로써 정신적 고통에서 벗어날 수 있지만 상대는 당신의 고민을 들음으로써 정신적 고통의 짐을 진다는 것을 잊지 말아야 한다. 뿐만 아니라 당신이 상대에게 고통이나 고민을 털어놓는 동안 상대는 당신의 말을 힘들게 들어 주는 것에 감사해야 한다. 혹시 상대는 지금 급한 일이 있는데도 당신을 위해 시간을 내어 주고 있는지도 모른다. 상대는 지금 자기의 고민에 가슴 아파하면서도 당신의 말을 들어주고 있는지 않는가. 당신은 그러한 상대에게 당신의 고민과 슬픔을 마음껏 털어놓고는 그 답답했던 가슴을 쓸어 내리고 있지 않는가. 당신은 어느 누구에게도 말할 수 없는 가슴 아픈 사연을 상대에게 말을 하면서 위안을 찾으려고 하지 않았던가. 그런데 어느 누구도 당신의 말을 들어주지 않는다고 생각해 보자. 당신이 말을 하려고 여기저기 상대를 찾아 전화를 걸고 말을 걸었지만 그들은 무관심하게 '지금 시간이 없다'는 말 한마디로 당신을 떠났다고 생각해보자. 이럴 때 당신의 말을 그렇게 들어준 상대에게 어찌 고마운 마음을 가지지 않겠는가.

당신의 말을 들어 줄 사람은 당신과 가장 가까이 있는 사람임을 잊지 말아야 한다. 그는 곧 가족이요, 스승이요, 친구이며, 이웃인 것이다. 당신의 말을 기꺼이 받아 주는 사람이야말로 진정 당신을 사랑하는 사람임을 알아야 할 것이다. 당신의 말을 들어준 사람은 그때만큼은 당신과 하나가 된 것이다. 지금 이 순간, 당신과 말을 나누고 들어주는 대상이 이 세상에서 가장 귀한 존재임을 알아야 한다.

정신과 치료 중에는 상대의 말을 들어줌으로써 환자가 마음을 열고 스트레스를 풀어 치유하는 방법이 있다고 한다. 그런데 하고 싶은 말을 하지 못하고 가슴에 가득 차 올라오면 그것이 화가 되고 병이 되어 이른바 화병이 된다는 것이다. 상대의 말을 들어주고 그것에 동조하며 상대를 위로해 주는 활동이야말로 그 어떤 소통보다 효과적이다.

삼국유사(三國遺事) 경문대왕(景文大王) 조(條)에 다음과 같은 이야기가 전해온다.

● 임금의 귀가 갑자기(忽) 길어져서 당나귀 귀와 같았다. 왕후(王后)를 비롯한 궁인(宮人)들은 모두 [그 사실을] 알지 못했다. 오직(唯) 복두(幞頭) 장인(匠人) 한 사람만이 그 사실을 알았다. 그러나 평생(平生) 다른 사람에게 [그 사실을] 이야기하지 않았다. 그가 곧 죽을 무렵에 도림사(道林寺) 대나무 숲속 사람이 없는 곳에 들어가 대나무를 향해 외치기를 "우리 임금님 귀는 당나귀 귀!"라고 하였다. 그 후 바람이 불면(吹) 대나무 숲에서 소리가 나기를 "우리 임금님 귀는 당나귀 귀!"라고 울려 퍼졌다. 임금이 그 소리를 싫어하여 대나무를 베고 산수유(山茱萸)를 심었다. 그 후에 바람이 불면 다만(但) 소리가 나기를 "우리 임금님 귀는 길기도 하다"라고만 울렸다.

이와 비슷한 내용은 다음과 같이 '그리스 · 로마 신화'에도 있다.

● 그래서 신은 이 미다스의 귀를 잡아 늘이고는 그 안에 털이 소복이 자라게 한 다음, 미다스의 머리에 달린 채로 이쪽저쪽으로 움직일 수도 있게 만들었다. 귀만 빼면 미다스의 다른 곳은 멀쩡했다. 단지 귀 모양만 바꾼 것이었다. 미다스의 귀는 당나귀 귀와 비슷했다.
귀가 이 모양이 되자 미다스 왕은 이를 감추려고 전전긍긍하다가 보라색 모자를 썼다. 그러나 그는 머리를 손질하는 이발사에게까지 그 귀를 감출 수는 없었다. 이발사는 미다스의 귀가 그 꼴이 되어 있다는 말을 하고 싶어 죽을 지경이었지만 감히 왕의 비밀을 발설할 수가 없어서 속을 끓였다. 결국 견디다 못한 그는 들판으로 나가 땅에다 구덩이를 파고는 거기에다 '왕의 귀가 당나귀 귀'라는 말을 하고는 흙으로 다시 구덩이를 메웠다.
그제야 그는 집으로 돌아와 편히 잠들 수 있었다. 그런데 그 자리에서 갈대가 돋아나기 시작했다. 그 자란 갈대는 바람이 불 때마다 "왕의 귀는 당나귀 귀!"라고 소리가 났다.

위 두 이야기는 우리 인간이 하고 싶은 말을 할 수 없을 때, 또 그 말을 들어줄 사람이 없을 때 얼마나 답답하고 고통스러운지를 비유적으로 보여 준 것이다. 그런데 이처럼 우리 신화와 서양의 신화가 그 내용과 구조까지 비슷한 것을 보면 한편 신기하기도 하다. 이것은 남에게 말할 수가 없어서 고통 받는 것이 동양이나 서양 모두 인간의 본능임을 알게 한 것으로 보인다.

유태인 속담과 스페인 속담에 다음과 같은 말이 있다.

- 만일 슬픔을 억누르려고 하면 당신은 결코 슬픔을 가시게 하지 못하리. 〈유태인 속담〉
- 누구에게 너의 비밀을 말해 주는 것은 그에게 너의 자유를 맡기는 것이다. 〈스페인 속담〉

다음은 대화의 상대가 없어 괴로워하는 어느 학생의 고백이다.

● 나는 오늘도 어머니에게 꾸중을 들었다. 나는 아버지에게는 무서워 말도 못한다. 학교에서는 공부 못한다고 선생님께 꾸중만 듣고 선생님은 나의 말을 들으려고 하지 않는다. 내가 말하면 선생님은 들은 체도 하지 않고 무시해 버린다. 친구들도 나를 무시하는 것 같다. 나는 어느 누구에게도 말할 사람이 없다. 나는 외로운 사람이 되었다. 그 뒤 나는 혼자 있는 날이 늘어나면서 혼자 있기를 좋아하게 되었다. 어느 날 나를 이용하려는 나쁜 학생들이 나에게 접근해 왔다. 그들은 나의 말을 들어주곤 하였다. 그리고 그들은 나의 고민을 이해하면서 위로해 주었다. 나는 그들과 점점 가까워지기 시작했다. 그 뒤 나는 나를 찾아 주고 나의 말을 들어주는 사람을 따라 가게 되었다. 그 길이 나의 운명을 바꾸어 놓은 길인 줄도 모르고 따라갔다. 나는 이제 부모도, 사랑하는 동생도, 친구도, 선생님도 원망하게 되었다. 그들 모두 나의 눈길 하나 받아 주지 않았던 사람들이었기 때문이다. 이제는 내가 그들에게 눈길을 주지 않게 되었다. 나는 비바람이 세차게 몰아치는 허허 벌판에 혼자 서 있다. 세상을 원망할 뿐이다.

위의 글을 보면 나의 말을 정성껏 들어 주는 이에게 어떻게 고마운 마음을 가지지 않을 수가 있겠는가.

6

말대로 이루어짐

우리는 살아가면서 말을 함부로 하는 경우가 많다. 가까운 사람일수록 말을 더 함부로 하는 경향이 있다. 말에는 힘이 있어서 상대를 말대로 되게 하거나 사람의 마음을 바꾸기도 한다. 이전에 착했던 사람이라도 자꾸 나쁜 사람이라고 말을 하게 되면 그 사람은 나쁜 사람이 되고, 아무리 공부를 못하는 사람이라도 그에게 공부를 잘할 수 있다고 말하면 그 사람은 공부를 잘하게 된다. 반대로 공부를 잘하는 학생에게 '너는 공부를 못 한다'고 하거나 '앞으로 못 할 것 같다'라는 부정적인 말을 하면 그 학생은 스스로 자기가 공부를 못 한다고 생각하기 때문에 실제로 공부를 못 하게 될 수도 있다. 우리는 흔히 사람의 길흉화복(吉凶禍福)은 그 사람의 마음먹기에 따라서 결정된다고 하는데 그 마음은 말하기에 달려 있다. 이것은 서로 말을 함부로 해서는 안 된다는 뜻이다.

이른바 우리가 유명한 사람이라고 하는 사람들은 대부분 그들이 어렸을 때나 학창시절에 주위에서 '너는 장군감이야', '너는 커서 큰 사람이 될 거야.', '너는 유명한 음악가(가수)가 될거야.', '너는 훌륭한 ○○선수가 될 거야.'와 같은 말을 들었다고 한다.

사람에게 어떤 사상을 교육시키거나 생각을 바꾸게 하는 데는 말이 가장 효과적이다. 즉, 사람에게 어떤 사상과 생각을 계속 말로써 반복하게 하면 그 사람은 그렇게 된다.

그런데 간혹 부모가 자식에게 다음과 같이 함부로 욕을 하는 사람들이 있다.

> - 이 바보 같은 놈아.
> - 너 꼴도 보기 싫다.
> - 이 불효막심한 놈 같으니.
> - 내가 왜 너 같은 아이를 낳았는지 모르겠다.
> - 빌어먹을 놈.

어느 부모가 당신 자식이 위와 같이 되길 바라는 사람이 있겠는가. 부모가 자식이 자기 마음대로 되지 않는다고 해서 말을 함부로 하면 사랑하는 자식을 더 망친다는 사실을 알아야 한다. 우리는 앞장에서 말이 오묘하고 신비한 힘을 가지고 있다는 사실을 알았다면 누구에게나 함부로 말을 하지 않아야 할 것이다. 말이 가지고 있는 긍정적 예언의 힘을 흔히 '로젠탈 효과(Rosenthal effect)' 또는 '피그말리온 효과(Pygmalion Effect)'라 하고 반대로 부정적 예언의 힘을 '낙인 효과(Stigma Effect)'라고 한다.

로젠탈 효과(Rosenthal effect)는 1968년 하버드대학교 로버트 로젠탈(Robert Rosenthal) 교수와 레노어 제이콥슨(Lenore Jacobson) 교장이 실험한 것에서 나온 현상을 말한다. 그들은 실험대상 초등학교 학생들에게 지능 검사를 한 뒤에 그 중 무작위로 20% 학생에게 지능이 높은 학생이라고 믿게 했다. 그 후 8개월이 지난 뒤에 다시 지능 검사를 한 결과 지능이 높다고 한 학생들의 지능 지수가 그렇지 않은 학생보다 높게 나왔다고 한다. 이것을 자기 충족적 예언이라고 하는데 자기가 긍정적인 기대를 하면 그렇게 이루어진다는 말이다. 그리고 이것을 '피그말리온 효과(Pygmalion Effect)'라고도 한다. 피그말리온 효과는 그리스 신화에서 유래된 것으로 이 이야기의 간단한 줄거리는 다음과 같다.

키프로스의 왕이며 조각가였던 피그말리온은 자기의 훌륭한 솜씨로 여인상을 조각하였다. 여자를 혐오했던 그였지만 자기가 조각한 여인상에 스스로 반해 버리면서 이 여인상에게 생명이 깃들기를 간절히 기원했다. 그러자 사랑의 신인 아프로디테가 그 여인상에게 생명을 주었다. 그 조각상은 아름다운 갈라데이아라는 여인으로 태어나 피그말리온의 아내가 되었다는 이야기이다.

앞에서 말한 실험과 신화에서 우리가 알 수 있는 것은 우리의 강한 긍정적 믿음은 반드시 이루어질 수 있음을 상징적으로 보여 주는 것이다.

그리고 긍정적 예측의 힘으로 이미 널리 잘 알려진 '위약 효과

(Placebo effect)'도 마찬가지이다. 이는 의사가 환자에게 가짜 약을 투여하면서 진짜 약이라고 하면 환자는 좋아질 것이라고 생각하는 믿음 때문에 병이 낫는 현상을 말한다. 이것은 제2차 세계 대전 중 약이 부족할 때 독일에서 많이 쓰였던 방법이다.

반대로 부정적인 생각은 부정적인 결과를 가져온다는 심리적 효과를 생각한다면 우리는 부정적이고 절망적인 생각에서 벗어나 긍정적이고 자기 충족적 예언으로 살아가는 것이 행복에 이르는 지혜가 아닌가 한다.

이처럼 당신이 상대에게 말한 대로 이루어진다고 생각하면 어떻게 상대에게 쉽게 함부로 말할 수 있겠는가.

다음은 긍정적인 말 한마디가 생명을 살려낸 실제 이야기이다.

● 미국의 한 중환자 병동에 아주 심한 화상을 입고 생사의 기로를 헤매는 십대 초반의 어린 소년이 있었다.

그런데, 그날따라 처음 자원 봉사를 나온 대학생 한 명이 멋모르고 중환자 병동에 들어와서 (원래 자원 봉사자들은 중환자 병동에는 들어오지 않도록 되어 있었다) 이 소년의 기록을 보고 나이를 확인한 다음, 중학교 2학년 과정에 해당되는 영어 문법의 동사 변화를 가르치기 시작했다. 물론, 소년이 알아듣는지 못 알아듣는지를 확인할 수는 없었지만, 이 순진한 대학생 자원봉사자는 며칠 동안을 열심히 가르쳤다. 그런데, 놀라운 일은 의사들이 회복 가능성이 아주 희박하다고 판정을 내렸던 이 소년의 상태가 기적같이 나아지기 시작한 것이다. 한 주, 두 주가 지나면서 완전히 고비를 넘기고 정상으로 돌아오고 있음에 모두가 놀랐는데, 다들 이 소년의 회복 원인에 대해 궁금해 했다. 얼굴의 붕대를 풀던 날 소년에게 그 원인이 뭐냐고 물었다. 소년의 대답이 걸작이었다.

"사실은 저도 가망이 없다고 스스로 포기하고 있었는데, 한 대학생 형이 들어와서 다음 학기 영어 시간에 배울 동사 변화를 가르쳐 주기 시작해서 놀랐습니다. 그 형은 "네가 나아서 학교에 돌아가면 이것들을 알아 둬야 공부에 뒤떨어지지 않을 거야" 라고 하더 군요. 그때 저는 확신했죠. '아, 의사 선생님들이 내가 나을 수 있다고 판단했나 보다. 그 렇지 않고서야, 이렇게 붕대를 칭칭 감고 있는 나에게 다음 학기 동사 변화를 가르쳐 줄 리가 없지.' 그때부터 마음이 기쁘고 소망이 생기기 시작했습니다."

– 한홍의 《거인들의 발자국》 중에서 –

그리고 다음과 같이 좋은 생각과 말이 뇌에 영향을 준다는 사실이 과학적으로 밝혀지고 있다.

● 좋은 생각과 말과 행동은 뇌의 앞쪽에 자리한 전두엽을 긍정적으로 자극한다. 전두 엽이 자극을 받을수록 뇌는 더 긍정적이고 이타적으로 사고하고 움직였다. 좋은 생각을 더 많이 퍼트리려고 노력하고 더 좋은 말을 쓰려고 하며, 모두에게 이로운 일을 하려고 모색한다. 그래서 "거짓말을 하지 말라"거나 "선하게 행동하라", "바르게 생각하라" 등 의 가르침들은 뇌과학으로도 증명할 수 있는 사실들이다.

– 이노우에 히로유키의 《생각만 하는 사람 생각을 실현하는 사람》 중에서 –

우리말 속담에도 다음과 같은 말이 있다.

> **입이 보살이다.**
>
> **말이 씨가 된다.**

따라서 우리는 상대에게 긍정적인 믿음을 주어야 하고 또 우리 스스로 긍정적인 믿음을 가지면서 살아가야 할 것이다.

7

말과 사람됨

말로써 사람됨을 판단했던 것은 중국 당나라 때 관리 등용의 기준으로 삼았던 신언서판(身言書判)에서 찾아볼 수 있다. 말(言)을 바르게 잘하는 것(言辭辨正)을 사람됨의 기준으로 본 것이다. 이는 말이 말하는 사람의 생각에서 나온 결과물이기 때문이다. 말이 생각과 같느냐, 같지 않느냐의 논쟁을 떠나 말은 생각을 드러내는 것임은 분명하다. 인간이 자신의 생각을 표현할 수 있는 방법은 여러 가지가 있다. 그 가운데 언어야말로 인간이 자신의 생각을 가장 정확하고 분명하게 드러내는 수단이다. 따라서 말을 통해서 그 사람됨을 알 수 있다는 것은 너무나 명확한 진리이다. 간혹 말하는 사람이 자신의 본뜻과 다르게 말을 할 수는 있을지 모르지만 그것 자체도 그 사람의 생각의 결과이다. 말의 내용뿐만 아니라 말하는 사람의 목소리와 빠르기, 몸짓

등 말할 때 나타나는 모든 것들이 말하는 사람의 생각과 성격 그리고 사람됨과 관련되어 있다. 그래서 말을 두고 사람의 생각을 담는 그릇이라 하기도 하고 생각을 그대로 주조(鑄繰)하는 것이라고까지 말하고 있다.

〈논어(論語)〉의 마지막 편인 효왈(堯曰)편 3장에서 말과 사람의 관계를 다음과 같이 한 마디로 말하고 있다.

● 천명을 알지 못하면 군자가 될 수 없고, 예를 알지 못하면 세상에 홀로 설 수 없으며, 말을 알지 못하면 사람을 알 수 없다.
(不知命 無以爲君子也 不知禮 無以立也 不知言 無以知人也)

하늘의 순리를 알아야 군자로서 큰 뜻을 펼칠 수 있고, 예를 알아야 세상과 소통이 되어 홀로 성공할 수 있으며, 말을 알아야 그 사람됨을 알 수 있다는 말이다. 말이 사람이고 사람이 곧 말이라는 뜻이다. 또 〈맹자(孟子)〉에 다음과 같은 말이 있다.

● '백이는 그 임금이 아니면 섬기지 않았고, 그 벗이 아니면 사귀지를 않았으며, 악한 사람의 조정에 서지 않고 악한 사람과 더불어 말하지 않았다. 악한 사람의 조정에 서서 악한 사람과 더불어 말하는 것을 마치 조정에 설 때에 입는 예복을 갖추고 진흙 속에 앉아 있는 것처럼 생각했다. (公孫丑 章句 上 7)

8

말로써 말을 배움

　오늘도 여러분의 아이들은 당신이 하고 있는 말을 그대로 배우고 있음을 알아야 한다. 당신의 말투는 물론이고 당신이 내뱉고 있는 낱말들과 목소리, 자세까지도 고스란히 배워 가고 있을 것이다.

　인간은 말을 할 수 있는 능력을 선천적으로 가지고 태어난다. 이것은 아이가 태어나기 전 태아에서부터 당신의 말을 배우고 당신의 생각을 배우고 있다는 뜻이다. 그리고 태아가 점점 성장한다는 것은 아기의 두뇌도 발달되고 신체적으로 성장하고 있다는 증거이다. 어머니의 말은 곧 어머니의 생각이다. 즉, 어머니의 생각이 그대로 태아의 생각에 전이된다. 그래서 아기를 가진 어머니는 말을 함부로 해서는 안 된다.

태아가 어머니로부터 세상에 태어나면 그들은 어머니의 영향에서 점점 벗어나 새로운 세계의 자극을 받게 된다. 그 자극은 자기가 어머니 뱃속에 있을 때는 결코 경험하지 못한 수많은 자연 환경이다. 온도가 변하고 먹는 것이 변하고 귀에서는 수많은 소리가 들리고, 눈에는 갖가지 사물들이 보이게 된다. 태어난 아이는 주위의 많은 정보에 의해 두뇌가 폭발적으로 발달하게 되는데 그 두뇌 발달에 가장 큰 영향을 주는 것이 바로 말이다.

어린이의 생각은 자극에 의해 쉽게 변화되는 물렁물렁한 젤리와 같다. 이 물렁물렁한 생각의 젤리가 성장하면서 서서히 굳어지게 되는데 그 생각 틀은 다름 아닌 말에 의해 굳어지게 된다. 그렇다면 우리가 어떻게 어린이에게 말을 함부로 할 수가 있겠는가. 만약 한 마디 말이 한 사람의 일생을 좌우한다면 사랑하는 자기 자식에게 어떻게 함부로 말을 할 수 있겠는가. 그런데 우리는 이러한 엄청난 사실을 잊고 살아가고 있다. 여러분이 여러분의 자식에게 부드럽고 올바른 말을 하면 여러분의 자식 또한 그렇게 바뀔 것이고 반대로 당신의 자식에게 거친 말을 하면 당신의 자식도 또 그렇게 거칠게 바뀔 것이다. 당신의 목소리가 크면 당신 아이의 목소리도 커지게 된다. 당신의 말이 거칠고 상스러우면 그 말을 들은 당신의 아이도 똑 그대로 거칠고 상스러운 말을 쓰게 되면서 인성도 그렇게 변하게 된다.

어린이가 주위의 말을 빠르게 배우고 닮는 것은 어린이들이 자기가 사는 곳의 방언을 얼마나 빠르게 익혀 가는가를 보면 쉽게 알 수 있다. 그리고 말을 배우는 어린이는 다른 나라의 말도 어른보다 훨씬 빠르게 배운다는 것으로도 어린이 말이 얼마나 변화무쌍한지를 알 수 있다.

초등학교에 다니는 어린이는 자기도 모르게 자기 담임선생님의 글씨체와 말투 그리고 성격까지 쉽게 닮는다. 그뿐만 아니라 아이들의 말하기와 글쓰기가 그들의 부모나 형제와 매우 비슷한 것을 우리는 주위에서 쉽게 발견할 수 있다. 때때로 우리는 이러한 것을 보고 놀란 적도 더러 있었을 것이다. 어린이들은 당신이 무심코 사용한 말을 그대로 배우고 있다. 어린이의 말투를 보면 그 부모의 말투와 성격을 곧바로 알 수 있다. 신기하리만큼 자식은 부모의 말투와 말버릇을 그대로 닮게 된다.

미국 심리학자 제니 버넷(Jenny Bernat)은 부모의 언어 습관이 아이에게 그대로 이어진다고 하였다. 그리고 아이의 자존감에도 그대로 영향을 미친다는 사실을 밝혔다. 어머니가 긍정적인 표현을 쓰면 아이에게도 긍정적 독백의 습관을 가진다고 하였다. 어머니의 말과 생각이 그대로 아이에게 영향을 미친다는 말이다.

다음은 태교의 중요함에 대한 가르침이다.

• 소학에 '태임은 문왕의 어머니이다. 문왕을 임신하여서는 귀로 음란한 소리를 듣지 않았고, 입에서는 오만한 말을 하지 않았다.' (稽古 1)

9

말과 행동

　〈논어〉의 말하기 가르침 가운데 가장 중요하게 보고 있는 것이 바로 '언행일치(言行一致)'이다. 말과 행동은 일치해야 한다는 것이다. 이것은 인간의 모든 행위를 매우 엄격하게 규범 지음으로써 복잡하고 무질서한 인간성을 통제하려는 것이 유교의 기본 정신이라고 볼 때 '말하기'도 인간의 중요한 행위의 하나로 다른 행위와 마찬가지로 철저하게 규범 틀 속에서 이루어져야 한다고 생각한 것이다. 그리고 '말하기'는 반드시 행동을 전제하는 것이기 때문에 말이 행동을 통제하는 것만큼 '말하기' 또한 강한 통제를 받아야 한다고 생각했다.

　다음은 '언행일치'에 대한 핵심적인 가르침이다.

- '옛사람들이 말을 앞세우지 않았던 것은 몸이 말에 따르지 못함을 부끄럽게 여겼기 때문이니라.'라고 하였다. **(里仁 74)**

그리고 말하기가 실천하기보다 쉽다는 경계를 다음과 같이 말하고 있다.

- 사마우가 인(仁)에 대해 묻자, 공자께서 말씀하시길 '어진 자는 그 말을 참느니라' 사마우가 말하기를 '말을 참으면 곧 인(仁)이 이루어진다고 하시는 말씀이십니까?' 공자께서 말씀하시길 '실천하기 어려울 것이니 말하는 것을 참을 수밖에 없지 않은가?' **(顏淵 3)**

자기가 한 말을 실천하지 않으면 늘 부끄러운 마음을 가지고 살았던 것이 우리 조상들이었다. 실천하지 않은 말이 세상에 알려지기라도 하면 자기 자신뿐만 아니라 가문과 후손에게도 부끄럽게 여겼기 때문에 한평생 부끄러움 속에 살아야 했다. 이것이 바로 전통적인 선비 정신인 것이다. 〈논어〉에 다음과 같은 가르침이 있다.

- '그 말함을 부끄럽게 생각하지 않으면 실행하는 것이 어려우니라' **(憲問 21)**
- '군자는 자신의 말이 행동보다 지나침을 부끄럽게 여기느니라.' **(憲問 29)**

그리고 다음은 말의 유창성보다는 사람됨을 훨씬 더 중요하게 생각했던 공자의 가르침이다.

● '군자는 말을 더듬더라도 행동은 민첩하게 하고자 하느니라' (里仁 24)

이 '언행일치'에 대한 가르침은 특히 현대인이 깊이 새겨야 할 것으로 생각한다. 오늘날 정치가는 정치가대로 말과 행동이 다르고, 교사는 교사대로, 종교인은 종교인대로 자기의 말과 행동이 다른 사람들이 많다. 그만큼 믿음이 없는 세상이 되었다는 말이다. 말에 행동이 따르지 않는 것은 그 말을 듣는 사람을 속이고 자기 자신을 속이는 것이다.

또한 실행할 수 없는 말은 듣기를 삼가라고 하였다. 아무리 좋은 말을 많이 들었어도 실천하지 않으면 듣지 않은 것만 못하다는 가르침이다. 이것은 공자의 모든 가르침이 덕의 '실천'에 있음을 강조한 것을 보면 알 수 있다. 그리고 선인들은 남의 비밀이나 나쁜 점은 듣지 않으려 했다. 그것은 그 말을 들으면 남에게 전할까 두려워했기 때문이다. 그러나 우리는 흔히 남의 비밀이나 잘못을 듣기를 좋아한다. 남의 잘못을 듣고 그것을 기쁘게 생각하는 것은 시기심과 질투심에서 나온 것이다. 다음은 〈논어(論語)〉에 나타난 듣기와 그 실천에 대한 가르침이다.

〈논어〉에는 말과 사람됨을 강조한 가르침이 유난히 많다. 덕이 있는 사람의 말은 이롭고 도움이 되지마는 덕이 없는 사람의 말은 사람을 해롭게 하는 말이기 때문에 들을 필요가 없다고 하였다. 이것은 말보다 사람됨이 앞서고 말과 행동이 다름을 경계한 것이 아닌가 한다.

〈중용(中庸)〉에 '언고행(言顧行)하며, 행고언(行顧言)하라.'라는 말이 있다. 이 말은 말을 할 때 행동이 뒤따르지 않는지 돌아보고 행동을 했을 때 자기가 한 말과 같은지 다른지를 돌아보라는 말이다. 다음은 〈법구경(法句經)〉에 있는 말과 행동이 다르지 않아야 함을 강조한 가르침이다.

사랑스러운 예쁜 꽃이
빛깔만 고와 향기가 없듯
아무리 좋고 아름다운 말도
행하지 않으면 결과가 없나니
〈법구경〉

우리 속담에도 언행일치(言行一致)를 가르치는 것들이 많이 있다.

- 말 헤픈 사람치고 일 잘하는 사람 못 봤다
- 말이 앞서지 일이 앞서는 사람 없다.
- 말이 헤프면 실행이 없다.
- 말은 못 믿어도 행동은 믿는다.
- 말로는 쉽고 행동은 어렵다.
- 말로 떡을 하면 동네 사람 다 먹고도 남는다.

제2장

말하기의
내용과 방법

10

말을 위한 기도

이해인

주여!
내가 이 세상에 태어나 수없이 뿌려 놓은 말의 씨들이
어디서 어떻게 열매를 맺었을까 헤아려 볼 때가 있습니다.

무심코 뿌린 말의 씨라도
그 어딘가 뿌리를 내렸을지 모른다고 생각하면
왠지 두렵습니다.

더러는 허공으로 사라지고
더러는 다른 이의 가슴 속에서 좋은 열매를,
또는 언짢은 열매를 맺기도 했을
내 언어의 나무

주여!
내가 지닌 언어의 나무에도
멀고 가까운 이웃들이 주고 간
크고 작은 말의 열매들이 주렁주렁 달려 있습니다.

둥근 것 모난 것
밝은 것 어두운 것
향기로운 것 반짝이는 것
그 주인의 얼굴은 잊었어도
말은 죽지 않고 살아서
나와 함께 머뭅니다.

살아 있는 동안 내가 할 말은
참 많은 것도 같고 적은 것도 같습니다.
그러나 말이 없이는
단 하루도 살 수 없는 세상살이 아닙니까.

매일매일 돌처럼 차고 단단한 결심을 해도
슬기로운 말의 주인 되기는 얼마나 어려운지요
날마다 내가 말을 하고 살도록 허락하신 주여
하나의 말을 잘 탄생시키기 위해
먼저 잘 침묵하는 지혜를 깨치게 하소서.

헤프지 않으면서도 풍부하고
경박하지 않으면서도 유쾌하고
과장되지 않으면서도 품위 있는

한 마디의 말을 위해
때로는 진통 겪는 어둠의 순간을
이겨 내게 하소서

참으로 아름다운 언어의 집을 짓기 위해
항상 기도하는 마음으로,
도를 닦는 마음으로 말을 하게 하소서

언제나 진실하고
언제나 때에 맞고
언제나 책임 있는 말을
갈고닦게 하소서.

내가 이웃에게 말을 건넬 때는
하찮은 농담이라도
함부로 지껄이지 않게 도와주시어
좀 더 겸허하고
좀 더 인내롭고
좀 더 분별있는
말을 하게 하소서.

내가 어려서부터 말로 저지른 모든 잘못
특히 사랑을 거스른 비방과 오해의 말들을
경솔한 속단과 편견과 위선의 말들을 용서하소서.

주여!
나날이 새로운 마음, 깨어 있는 마음
그리고 감사한 마음으로

내 언어의 집을 짓게 하시어
해처럼 환히 빛나는 삶을
노래처럼 즐거운 삶을
당신의 은총 속에 이어가게 하소서.

이해인의 〈오늘은 내가 반달로 떠도〉 중에서

11

인사말 하기

　우리는 흔히 인간을 사회적 동물이라고 한다. 이것은 인간은 모두 서로 '더불어' 살아가는 동물이라는 뜻이다. 더불어 살기 위해서는 어떤 형태로든 관계를 맺어야 하는데 그 관계는 사람과 사람마다 모두 다르다. 태어날 때부터 부모와 자식 그리고 형제들이라는 혈연적 관계를 맺을 수도 있고 또 자라면서 또래 관계, 교우 관계, 더 자라면서 직장 상사와 동료의 관계 그리고 남녀의 관계 등 다양한 사회적 관계를 맺고 살아가게 된다. 그런데 그 관계를 맺어 주는 가장 기본적인 끈이 바로 친교이며 그 친교는 곧 인사하기라는 표현과 행위로 실현된다. 인사란 사람과 사람 사이의 관계를 확인하는 방법 가운데 중요한 기준이 된다. 사회언어학적으로 만날 때 나누는 인사는 우리의 관계가 이전과 변하지 않았음을 말해주는 것이고, 헤어질 때 나누는 인사는 우리의 관계가 앞으로 계속 더 발전할 것을 기대하는 표현이다. 인사는 사람의 관계를 더 가깝게, 더 친밀하게 해주는 행위이고 언어 표현이다. 그래서 인사하기를 친교적(phatic) 말하기라고 한다.

인간의 관계는 인사에서 시작하여 인사로 끝이 난다고 해도 과언이 아니다. 인사(人事)라는 말 자체가 사람(人)이 살아가는 모든 일(事)임을 뜻하듯이 인사가 우리의 삶에서 그만큼 중요하다.

우리의 전통적인 인사법은 공손하게 절을 하면서 인사하는 것이다. 대상에 따라서 절인사 방법도 각각 다르다. 그리고 인사하기는 문화에 따라 매우 다르게 나타난다. 고대 이집트에서는 길에서 손을 무릎 밑까지 내려 절을 하였으며 이슬람교도는 액수례(額手禮:salaam)라고 하여 몸을 구부리고 오른손 바닥을 이마에 대는 절을 하면서 인사를 하기도 한다. 또 뉴질랜드 원주민인 마오리족의 인사는 코끝을 서로 맞대며 인사하기도 한다. 그리스도교국에서는 남자들 사이에는 몸을 앞으로 구부리며 오른발을 뒤로 끌어당기는(bow and scrape) 인사도 있고 손을 맞잡는 악수인사와 입이나 볼에 입을 맞추는 인사도 있다,

인사하기에 있어서 말과 행동은 겨레마다 다를 수 있지만 인사에 말과 행동이 따르는 것은 모든 겨레가 같다. 우리의 인사법도 '말인사'와 '절인사'로 되어 있다. 그런데 올바른 인사는 말인사와 절인사가 같이 이루어져야 한다. 말만 하는 인사하기나 절만 하는 인사하기는 반쪽 인사하기에 불과하다. 인사를 하면서 말을 하지 않는 것은 인사하는 사람이 상대에게 불만을 가지고 있거나 억지로 인사를 하는 것

으로 비쳐질 수 있다. 그래서 인사는 행동보다 말이 더 중요하다. 만날 때는 만날 때의 인사말이 있고 헤어질 때는 헤어질 때의 인사말이 있으며 대상, 시간, 장소에 따라 인사말이 달라진다.

옛날 우리 선조들은 부모에게 지난밤을 잘 보냈는지 살펴보는 아침 문안인사가 있었고, 밤 동안 편히 주무시기를 바라는 마음에 드리는 저녁 인사가 있었다. 집을 나서면 부모님께 행방과 거처를 알리고, 밖에서 들어오면 무사히 돌아왔음을 부모에게 인사드렸다.

우리 인사하기는 상대중심의 인사하기이다. 즉, 상대의 행동에 관심을 가지고 염려하는 표현을 한다는 것이다.

어떤 사람은 우리 인사하기에서 아침 점심 저녁을 먹었는지 관심을 가지는 것을 우리가 못 살아서 먹는 것을 걱정해서 하는 인사라고 하는 사람이 있는데 그것은 잘못된 생각이다. 그것은 우리의 상대중심의 문화를 이해하지 못한 말이다. 반면에 서양의 인사하기는 대부분 자기중심의 인사하기이다.

우리나라는 예로부터 복잡한 가족 관계와 사회적 관계에 따라 인사하기가 매우 엄격하였다. 즉, 상황과 대상에 따라 인사하기가 달랐다. 사회적 질서를 유지하고 인간관계의 질서를 유지하는 데 이 인사하기는 매우 중요한 구실을 하였고 나아가 사람됨을 판단하는 잣대로 삼았다.

성공적인 삶을 살기 위해서는 인간관계가 가장 중요하다고 했는데 그 성공적인 인간관계의 시작이 바로 이 인사하기에 달렸다고 해도 지나친 말은 아니다.

'출필고 반필면(出必告反必面)'이라는 옛날 가르침이 있다. 어디에 갈
때는 언제나 부모에게 알리고 돌아와서는 반드시 얼굴을 내밀어야 한
다는 뜻이다. 이는 가장 기본적인 인사이며 가정에서부터 인사하기가
잘 이루어지면 사회에서도 습관적으로 잘 이루어지게 된다.
다음은 우리 인사말의 보기이다.

• 아침
- 안녕히 주무셨습니까?
- 밤새 안녕하셨습니까?
- 잠자리는 불편하지 않았습니까?
- 방이 춥지나 않으셨는지요?

• 저녁
- 안녕히 주무십시오.
- 편히 주무십시오.

• 식사 전후
- 진지 드십시오.
- 아침 드셨습니까?

- 점심 드셨습니까?

- 저녁 드셨습니까?

· 나갈 때와 들어올 때

- 안녕히 다녀오십시오.

- 잘 다녀오십시오.

- 어디에 다녀오겠습니다.

- 어디에 다녀왔습니다.

· 만났을 때

- 그동안 안녕하셨습니까?

- 그동안 별고 없으셨습니까?

- 그동안 잘 지내셨습니까?

- 무척 건강해 보이십니다.

- 반갑습니다.

- 안녕하십니까?

- 어서 오십시오.

- 오래간만에 뵙습니다.

- 날씨가 춥습니다.

- 댁에는 별고 없으시지요.

- 어디 가십니까?

• 헤어질 때

- 안녕히 가십시오.

- 살펴 가십시오.

- 다음에 뵙겠습니다.

- 조심해서 가십시오.

- 이만 저 가보겠습니다.

- 안녕히 계십시오.

• 혼인, 출산 때

- 축하합니다.

- 매우 기쁘시겠습니다.

- 순산하셨다니 축하합니다.

- 득남(녀)하셨다니 얼마나 기쁘십니까?

• 병문안 때

- 차도가 있으십니까?

- 좀 어떠십니까?

- 조리 잘 하십시오.

- 빨리 건강하셔야 할 텐데 걱정입니다.

- 곧 나으실 것입니다.

• 불행을 당했을 때

- 얼마나 놀라셨습니까? 무어라 여쭐 말씀이 없습니다.
- 얼마나 놀라셨습니까? 그래도 그만하기 다행입니다.
- 정말 마음이 아픕니다.

• 문상 갔을 때

- 얼마나 애통하십니까?
- 많이 슬프시겠습니다.
- 무어라 드릴 말씀이 없습니다.
- 조의를 표합니다.

• 상주의 인사말

- 그저 하늘이 무너진 듯합니다.
- 망극하기 이를 데 없습니다.
- 불효가 큽니다.

위에 보인 인사말은 손윗사람에게 인사하는 경우이다. 그러나 인사는 윗사람뿐만 아니라 동료나 아랫사람에게도 반드시 해야 한다.

인사는 가장 하기 쉬우면서도 가장 고귀한 사랑의 표현이다. 지금 만나는 사람에게 고개를 숙이고 인사말을 하면서 인사를 나누도록 해야 한다. 고개를 들고 상대의 얼굴을 말없이 그냥 쳐다보고 지나쳐서는 안 된다. 인사를 한다는 것은 겸손의 표현이고 예의의 표현이다.

그리고 이 인사하기는 어릴 때부터 몸에 익숙하도록 습관이 되어야 한다. 가정에서부터 몸에 익숙하도록 가르쳐야 하고 유치원, 초등·중등학교에서도 이 인사하기를 철저하게 교육해야 한다.

놀라운 것은 고등학교 때까지 교사들에게 그렇게 인사를 잘하던 학생들도 대학에 들어오면 교수에게 인사하는 학생들을 보기가 드물다는 것이다. 같은 건물에서 자주 만나 겉으로 누가 보아도 교수임을 알 수 있을 텐데도 말이다. 지나치면서 목례라도 하면 얼마나 보기가 좋을까. 미국에서 오랫동안 생활하고 온 사람의 말에 따르면 미국의 초등학교에서는 기본적인 인사 예절을 가르친다고 하면서 'I'm sorry, Thank you, Excuse me'가 자연스럽게 나올 수 있도록 교육을 한다고 한다. 우리들이 새겨들어야 할 말이다.

12

공손하게 말하기

　언어 예절에서 공손성(politeness)은 세계 모든 언어 예절의 가장 보편적 원리이다. 언어학자 와츠(R. Watts)는 언어 예절은 화자가 자신과 청자의 이익을 극대화하며 상대와 효율적인 인간관계를 맺기 위한 것이라면 대화에서 공손한 태도는 그 목적을 위한 최선의 책략이라고 하였다. 이처럼 공손한 말하기가 인간관계 말하기에서 가장 효율적인 까닭은 말할이가 상대를 높이거나 자신이 태도를 낮춤으로써 상대의 체면(face)을 살려 주기 때문이다.

　담화론 학자인 브라운과 율(Gillian Brown and George Yule)은 인간의 의사소통을 크게 정보전달과 상호작용적 관계의 유지로 보고 있다. 의사소통이 화자의 정보를 청자에게 효과적으로 정확하게 전달하는 것이라면, 상호작용적 관계의 유지는 화자와 청자의 내적인 상호작용에 의해 그 관계를 더 친밀하게 더 신뢰성 있게 유지하는 데 목적이 있다. 이 둘의 기능이 독립적일 때도 있고 같이 일어나기도 한다.

공손은 정보를 효과적이고 정확하게 전달하고, 화자와 청자의 상호작용적 관계를 더 좋게 만들고 유지하게 하는 화용책략의 하나임에는 분명하다. 대인관계에서 상호작용적 관계를 유지하고 강화하기 위한 언어를 상호작용적 언어라고 하는데 이에는 각 나라마다 여러 가지 방법이 있을 수 있다.

레이코프(George Lakoff)라는 언어학자는 '예의는 모든 인간의 교류와 상호작용 과정에 존재하는 갈등과 충돌의 가능성을 최소화함으로써 개인 간의 교류와 상호작용이 용이하도록 고안된 대인관계상의 체계이다.'라고 하였다. 마찬가지로 의미론을 연구하는 제프리 리치(Geoffrey Leech)는 '공손어법의 원리'를 '요령의 원리', '관용의 원리', '찬동의 원리', '겸양의 원리', '동의의 원리'로 들고 있다.

'요령의 원리'는 상대에게 가능한 한 부담을 적게 주는 원리이고, '관용의 원리'는 말하는 자신에게 부담을 많이 주고 상대적으로 상대에게 관용하라는 것이다. 그리고 '찬동의 원리'는 상대방의 말에 부정적인 표현은 최소로 하고 칭찬은 최대로 하라는 것이며, '겸양의 원리'는 말하는 이 자신의 칭찬과 자랑은 최소로 하고 자신을 낮추는 말은 최대로 하라는 것이다. 또 '동의의 원리'는 상대방과 동의는 최대로 하고 동의하지 않은 부분은 최소로 하라는 것이다. 이렇게 하면 상대와 성공적인 대화를 할 수 있다고 했다.

말하는 사람이나 말을 듣는 사람은 서로가 진지하고 겸손한 자세를 가져야 한다. 말하는 사람이 진지한 자세로 말을 하지 않으면 듣는 사람 또한 진지한 자세로 듣지 않는다. 말을 한다는 것은 상대에게 중요한 정보나 자기의 귀한 생각을 주는 것이다. 자기의 중요한 정보를 상대에게 줄 때는 정성을 다해 진지한 자세로 주어야 한다. 자기가 가지고 있는 귀한 물건을 다른 사람에게 정성껏 줄 때라야 상대도 당신의 뜻을 고맙게 받아들이게 된다. 그것이 상대의 마음을 당신에게 돌리는 최선의 방책이다. 공손하지 않는 태도나 말은 상대로 하여금 자기를 무시한다고 생각하게 한다. 그것이 인간의 가장 기본적인 심리이기 때문이다.

공손한 말하기는 상대로부터 사랑받는 최선의 방법임을 알아야 한다.

어린이들이 알아야 하는 언행집인 〈동몽수지(童蒙須知)〉에서 공손한 말하기 태도를 다음과 같이 제시하고 있다.

● 무릇 남의 자제된 자는 반드시 목소리를 나직이 하고 숨을 가라앉혀서 말을 상세하고 느리게 할 것이요, 큰 소리로 떠들거나 허튼 소리로 시시덕거려서는 안 된다. 부형이나 웃어른이 가르치고 타이르는 말씀이 있으면 다만 머리를 숙여서 받아들일 뿐, 함부로 의논해서는 안 된다. 웃어른의 단속이나 책망에 혹 잘못이 있더라도 그 자리에서 해명해서는 안 된다. 참고 잠잠히 있다가 한참 시간이 경과된 뒤에 천천히 입을 열어서 조목조목 자세히 아뢰기를 "그 일은 아마도 이러이러한 것 같은데, 조금 전에는 우연히 잊었었습니다." 하거나 또 혹 말하기를 "우연히 생각이 미치니 못했던 것 같습니다." 해야 한다. 그와 같이 한다면 어른의 마음을 상하게 하거나 거슬리지 않고 사리가 스스로 분명해질 것이다. 벗에 대해서도 마땅히 이와 같이 해야 한다.

(동몽수지 언어보추제이 童蒙須知-言語步趨第二)

13

높임말 바르게 말하기

우리는 수많은 사람들과 관계를 맺으며 살아가고 있다. 말은 이와 같은 복잡한 인간관계를 분명하게 변별해 주는 구실을 하기도 한다. 우리말은 어느 겨레말보다도 인간관계를 명확하게 드러내어 주는 말이다. 예를 들면 우리는 '먹다'와 '잡숫다'를 구별하여 사용하고 있으나 영어에서는 모두 'eat'로 나타내고 있으며, '잠을 자다'와 '주무시다'를 구별하여 사용하고 있으나 영어는 모두 'sleeping'으로 나타내고 있다. 우리는 '어머니'나 '아버지'를 부르는 대신말이 없으나 영어는 모두 'you'로 나타내고 있다. 이것은 우리말이 상대중심으로 말이 형성되어 있음을 말한다. 나와 상대와의 관계를 말로써 변별해 준다는 것이다. 우리말이 친족의 위계를 분명하게 나타내는 것도 우리의 가족 문화의 특성에 기인한 것이기도 하지만 다른 쪽으로 생각하면 가족 구성원에 대한 배려가 철저하고 인간관계의 질서가 분명하다는 것을 말해 준다.

그런데 우리는 언제부터인가 대가족 제도에서 소가족 제도로 바뀌면서 복잡한 가족 관계에 따른 높임말이나 엄격한 사회 질서를 반영했던 다양한 사회적 높임말이 사라지기도 하고 무분별하게 쓰이게 되었다.

우리의 높임말은 이름씨(명사)와 풀이말(서술어)이 서로 호응이 되어야 한다. 그래서 적어도 우리는 다음과 같은 높임말은 구별해서 사용해야 할 것이다.

말-말씀	밥-진지
나이-연세	술-약주
아프다-편찮으시다	자다-주무시다
먹다-잡숫다	묻다-여쭈다
만나다-뵙다	죽다-돌아가시다
있다-계시다/있으시다	풀이말 높임표시 '-시-'
집-댁	

우리가 높임말을 잘못 쓰기 쉬운 것은 말하는 사람과 듣는 사람 그리고 행위를 하는 사람 관계를 고려해야 하기 때문이다.

우리말의 높임법은 말을 듣는 상대와 행위를 하는 사람과의 여러 관계 속에서 이루어지는데 그 기준은 말을 듣는 사람이 중심이 된다. 말을 듣는 사람이 행위자보다 손위인가 아래인가에 따라 높임말이 다르다. 말을 듣는 사람이 손위일 경우 행위자가 말하는 사람보다 손위더라도 높임말을 쓰지 않는 것이 우리의 높임법이다. 이것을 흔히 '압존법(壓尊法)'이라고 하는데 그것은 현재 담화 장에 참여하는 상대를 배려하는 말하기이다.

- 할아버지, 삼촌이 지금 진주에 있다고 합니다.
- 아버지, 형이 지금 도착했다고 합니다.
- 사장님, 과장님이 오늘 아파서 출근을 못한다고 합니다.

그러나 높임의 관계가 불분명할 경우일 때는 행위자도 높일 수 있다.

교수님, 제 아버지께서 오늘 학교에 오신다고 합니다.

이처럼 우리말은 다른 나라말과는 다르게 높임법이 매우 체계적으로 발달되어 있다. 이것은 인간관계의 위계가 그만큼 철저했음을 말해 준다. 이처럼 높임법을 올바로 사용하느냐 하지 않느냐는 그 사람의 상대에 대한 위계를 철저하게 구별하느냐 하지 않느냐를 알 수 있고, 상황에 따른 사리분별의 능력이 있는지 그렇지 않은지 가늠하기도 한다. 따라서 우리말이 가지고 있는 언어질서를 얼마나 잘 지키는지는 그 사람의 사람됨과도 관계가 있다고 할 수 있다.

14

부름말(호칭) 바르게 말하기

우리말에는 상대를 부르거나 가리키는 말이 있다. 부르는 말을 '부름말'이라 하고 가리키는 말은 '지칭어'라고 한다. 상대를 어떻게 지칭하고 부르는가는 의사소통에서 매우 중요하다. 특히 우리말에는 이런 부름말과 지칭어가 다른 언어보다 훨씬 구체적이고 복잡하다. 그래서 외국 사람이 우리말을 배울 때 이런 부름말이나 지칭어를 배우기가 어렵다고 한다.

우리가 흔히 말하는 호칭(呼稱)은 부름말(呼)과 걸림말(稱,관계말)을 말하는 것인데 대상에 따라 부름말과 걸림말이 따로 있는 경우도 있고 걸림말이 부름말이 되는 경우도 있다. 쉽게 말하면 '삼촌'이나 '숙부'는 걸림말이라면 '작은 아버지'는 부름말이 되는 것이다.

우리 개인은 여러 개의 호칭을 가지고 있으며 상황에 따라 그 호칭

71

이 다르게 불리게 된다. 그런데 이 호칭의 기본적 생성 원리는 말하는 사람과 듣는 상대의 관계에서 생겨난다. 따라서 호칭은 말하는 사람과 듣는 사람 사이에서 상대의 정체성을 정확하게 나타내어 주는 기능을 하며 그 호칭을 보면 말하는 사람과 듣는 사람이 어떤 관계인지를 알 수가 있다.

한 사람이 가지고 있는 부름말은 매우 많을 수도 있다. 예컨대, 한 학생이 신분으로 보면 학생이 되고 선생님에게는 제자가 되며, 부모에게는 자식이 된다. 형제 사이에는 오빠, 동생, 언니 등의 관계를 가질 수 있다. 그래서 상대를 부르는 부름말은 상대가 자기와 어떤 관계를 가지며, 어떤 부름말을 사용하는 것이 가장 적당한 것인지를 먼저 알아야 한다. 교무실이라는 공식적인 자리에서는 대학 선배라고 해서 '선배님'이라고 불러서는 안 되는 것이며, 나이가 많다고 '형님'이라고 불러서도 안 된다. 이 말은 공적인 자리와 사적인 자리에 따라 부름말이 달라짐을 말해 준다.

어떤 부인들은 자기 남편을 '박사님', '아빠', '교수님', '오빠'라 하기도 하는데 이것은 매우 잘못된 말이다. 요즘 아내를 '와이프(wife)'라고 하는 사람도 많다. 이것도 잘못된 말이다. 우리말인 '아내'로 해야 한다. 남편을 남편으로 아내를 아내로 부르지 않는다면 어떻게 남편과 아내의 구실을 바로 할 수 있겠는가. 요즈음 언어질서가 무너지면서 가정의 질서도 같이 무너지고 있다. 말이 사람의 구실을 범주화하기 때문에 마땅히 올바른 부름말을 사용해야 한다. 그런데 가정언어가 남남언어로 잘못 사용하면서 언어질서가 무너진 지는 오래되었다.

식당에서 일하는 사람을 두고 '이모'라고 한다든지, 길 가는 남모르는 어르신들을 모두 '아버지', '어머니'라고 한다든지, 모르는 사람을 '삼촌', '언니', '누나', '형', '할아버지', '할머니' 등등으로 부르고 있다. 원래 모두 가정 호칭이었던 것이 이제 친족과 전혀 관계없는 남을 부르는 남남호칭으로 변질되고 있는 것이다.

남자 형제를 형제라 하고 여자 형제를 자매(姉妹)라고 한다. 자(姉)는 누이를 말하고 매(妹)는 여동생을 말하는 것이다. 그래서 누이의 남편은 자연스럽게 자형(姉兄)이 되고, 여동생의 남편은 매부(妹夫) 또는 매제(妹弟)가 된다. 그런데도 누나 남편을 '자형'이라고 하지 않고 '매형'이라고 하는 사람들이 많다. 호칭을 함부로 바꾸거나 틀리게 부르고 또 그것을 합리화하면서 표준 예절로 바꾸려고 하는 것은 매우 잘못된 것이라 하겠다.

잘못된 호칭을 방송이나 교육을 통해서 바로 잡아야 하는데도 불구하고 체계적인 교육을 하지 않고 있다. 특히 요즘 언론에서 앞장서서 잘못된 길로 가고 있는 듯해서 걱정이 아닐 수 없다.

상대방을 부르는 말은 자기와 상대방의 관계에 따라 적절한 것을 사용해야 한다. 부름말을 정확하게 구별해서 사용하는 사람은 모든 일에 분명하고 분별력이 있는 사람이나, 부름말을 함부로 사용하는 사람은 모든 일에 불분명하고 분별력이 없는 사람이다. 즉, 공사(公私)를 구별하지 못하는 사람이다. 부름말이 불분명한 사람은 사리와 이성보다는 정과 의리와 같은 감성적으로 행동할 가능성이 높다. 더구나 손위나 상사라고 해서 아랫사람을 함부로 불러서도 안 된다. 그것은 말을 듣는 상대도 자기의 부름말을 정확하고 적절하게 불러주었을 때 말하는 사람을 신뢰하고 존경심을 가지기 때문이다. 그렇지 않고 상대의 부름말을 함부로 사용한다면 말도 하기 전에 상대는 당신에 대한 존경심이 사라질지도 모른다.

옛날 사람들은 상대를 부르는 말에 대해 매우 조심스러웠다. 그래서 자기 이름 이외 자(字)가 있었고, 호(號)가 있었으며, 아명(兒名)까지 있었다.

〈논어〉에서 바른 이름(正命)에 대해 다음과 같이 말하고 있다.

● 자로가 말했다. "위나라 임금이 선생님에게 정사를 맡기려고 하는데, 선생님께서는 무엇을 먼저 시행하시렵니까?" 공자가 말씀하셨다. "반드시 이름을 바로잡을 것이다." 자로가 말했다. "이러하시군요. 공자님은 우활하십니다! 어떻게 바로잡을 수 있겠습니까?" 공자가 말씀하셨다. "비속하구나, 유(由:자로)야! 군자는 알지 못하는 일에는 참견을 하지 않는다. 명분이 바르지 않으면 말이 통하지 않고, 말이 통하지 않으면 일이 이루어지지 않고, 일이 이루어지지 않으면 예악이 일어나지 않고, 예악이 일어나지 않으면 형벌이 알맞게 적용되지 않고, 형벌이 알맞게 적용되지 않으면 백성들이 어떻게 행동해야 할지 모르게 된다. 그러므로 군자가 명분이 서면, 반드시 말이 가능하고, 말이 서면 반드시 행함이 가능하다. 그러므로 군자는 말에 있어 구차한 것이 없어야 한다."

● 공자는 이렇게 표현하였다. "모난 술잔(名)이 모나지 않으면, 그것이 모난 술잔인가! 모난 술잔인가!" (擁也 23 : "觚不觚, 觚哉! 觚哉!")

이름이 모난 술잔(觚)이면 모난 술잔이어야 하는데 그렇지 못한 것을 어찌 모난 술잔이라고 이름을 붙일 수 있는가 하는 말이다. 이 말은 이름에 걸맞지 않으면 마땅히 이름을 붙일 수 없다는 뜻이다. 임금(정치가)은 임금(정치가)다워야 하고 부모는 부모다워야 하고 자식은 자식다워야 한다는 말이다. 그래서 그렇게 이름이 주어지는 것이다. 상대에 대한 이름은 바로 불러야 하며 상대는 그 이름에 맞는 구실을 해야 한다는 말이다.

다음은 공자가 말한 것으로 사람은 상대에게 주어진 이름에 걸맞은 구실을 해야 이름값을 하는 것임을 강조하는 말이다.

● 제나라 경공이 공자께 정치에 대해서 묻자, 공자 대답하시기를 "임금은 임금다워야 하고, 신하는 신하다워야 하고, 어버이는 어버이 도리를 극진히 하며, 자식이 자식된 도리를 다해야 합니다." 경공이 말하기를 "착한 말이오. 임금이 임금답지 못하고, 신하가 신하답지 못하며, 어버이가 어버이답지 못하고, 자식이 자식답지 못하면, 비록 곡식이 있으나 내 어찌 먹으리오" 하였다. (晏然 2)

이름이 바로 서지 않으면 나라가 바로 서지 않는다. 이름에 맞는 역할을 충실히 할 때 사회가 바로 서고 나라가 바로 선다는 말이다. 요즘처럼 가정언어가 무너지고 사회 속에서도 이름이 혼란을 가져오니 사회가 혼란되고 공과 사를 구별 못해 부조리와 부정부패가 만연하게 된 것이 아닌가 한다.

만약, 한 사람에 대한 부름말이 여러 가지가 있다면, 가능한 한 상대가 듣기 좋은 것을 불러 주는 것도 좋다. 그렇다고 상대가 듣기를 부담스러워 하는 부름말인데도 불구하고 억지로 부르는 것은 상대를 모욕하고 업신여기는 것이 된다.

말하기 전에 상대의 부름말을 정확하게 불러서 상대의 마음이 편안한 상태에서 말을 하도록 해야 하며 그렇게 되면 당신의 말은 상대의 가슴을 더욱 쉽게 열 수가 있다. 따라서 말하기 전에 상대에 대한 부름말을 적절하게 사용하는 것은 말하기의 첫 단추이며, 상대에게 부름말을 잘못 사용해서 당신의 말하기가 실패하지 않도록 해야 한다.

어떤 사람의 사람 됨됨이를 판단하려고 하면 반드시 그 사람이 부름말을 어떻게 사용하는지를 알아보면 된다. 상대가 호칭을 어떻게 사용하는지를 관찰하면 그 사람이 사리분별이 정확한지 공사가 분명한지도 알 수가 있다.

15

친족 호칭 바르게 말하기

　우리말은 친족 호칭이 유난히 발달한 말이다. 친족 호칭이 발달한 것은 우리 겨레가 오랫동안 집성촌을 이루어 농경생활을 해 오면서 여러 세대의 구성원이 한 가족을 이루면서 살아왔다는 것과 여기에 위계질서를 엄격하게 구분했던 유교문화 때문이라고 볼 수 있다. 대화 상대를 정확하게 부르고 그 관계를 엄격하게 구별함으로써 거기에 적당한 예의를 차려야 했기 때문에 친족 호칭과 관계가 복잡하면서 엄격하였다. 그만큼 우리 겨레는 상대에 따라 호칭과 행동을 다르게 하는 상대중심의 문화와 인간 존중의 문화가 발달했다는 것이다. 대상에 따라 호칭과 행동이 다름으로써 사회적 질서를 인간관계를 통해 확립해 나갔다고도 말을 할 수가 있다. 따라서 우리의 호칭을 올바로 사용함으로써 올바른 인간관계와 사회적 질서를 유지할 수 있음을 알아야 하겠다.

우리는 갈수록 핵가족화되어가면서 개인중심의 가정으로 바뀌어 가고 있다. 따라서 이와 함께 친족 호칭이 단순화되면서 호칭의 질서 까지 무너져 가고 있다. 그래도 우리는 우리 겨레가 가지고 있는 고유한 가족 문화를 지켜 가야 하고 가족 호칭 또한 올바로 사용할 수 있도록 노력해야 한다.

그러면 어떻게 하면 복잡한 친족 호칭을 쉽게 이해하고 사용할 수 있을까.

이를 쉽게 이해하기 위해서는 먼저 친족의 계열 관계를 알아야 한다. '나'를 중심으로 형성되는 가족 관계를 기본적으로 이해하고 그것을 중심 기둥말(어기)로 두고 거기에 앞가지(접두사)와 뒷가지(접미사)를 붙여 나가는 식으로 친족어를 알아 가면 친족 호칭관계를 쉽게 알 수가 있다.

우리의 친족 호칭은 크게 직계(直系)와 방계(傍系)로 나눈다. 직계는 나를 중심으로 직접 연결된 가계(家系)를 말하고 옆으로 나간 가계를 방계(傍系)라 한다. 직계는 다시 자기(나)보다 위를 직계존속(直系尊屬)이라 하고, 아래를 직계비속(直系卑屬)이라 한다.

친족 호칭의 기본적 기둥말은 부(父), 모(母), 형(兄), 제(弟), 자(姉), 매(妹), 자(子), 녀(女)다. 이것만 잘 이해하면 우리 친족 호칭을 이해하는데 그렇게 어렵지 않다. 대부분 우리 친족 호칭은 이 기준이 되는 기둥 자질을 중심으로 형성되어 있기 때문이다.

존속의 기둥말(어기)은 부(父)와 모(母)이고 나와 같은 직계 항렬(行列)인 동기(同氣)는 형제(兄弟)와 자매(姉妹)다. 그리고 비속은 자녀(子女)다. 나보다 손위의 남자 동기를 형(兄)이라 하고, 손아래는 동기는 제(弟)라고 한다. 손위 여자 동기를 자(姉)라고 하고, 손아래 여자형제는 매(妹)라고 한다. 그리고 아들은 자(子)고 딸은 녀(女)가 된다.

그리고 가족 관계를 표시하는 것에는 촌수(寸數)라는 것이 있는데 이 촌수는 나를 중심으로 가족 관계의 가까움과 멂의 정도를 숫자로 나타낸 것이다. 촌(寸)은 '마디'를 나타내는 것으로 촌수가 크면 나와 거리가 멀다는 것을 나타내고 작으면 나와 관계가 가깝다는 것을 나타낸다. 촌수는 나와 상대가 어떤 관계인지를 알게 하는 표시일 따름이다. 그러나 전통적으로 나와 맺어진 직접 관계인 직계 존비속은 촌수(寸數)를 따지지 않는 다. 즉, 방계만 촌수가 있을 따름이다. 촌수가 홀수이면 손위와 손아래의 수직적 관계이고 짝수이면 수평적 관계를 가진다.

'나' 바로 위에 아버지(父)와 어머니(母)가 있고 그 위에 할아버지(조부(祖父)와 할머니(조모(祖母)가 있다. 또 그 위에 증조부(曾祖父)와 증조모(曾祖母), 그 위에 고조부(高祖父)와 고조모(高祖母)가 있다.

'나'와 같은 자리에 형과 동생이 있고, 아래로 아들(子)과 딸(女)이 있다. 그리고 그 아래는 손자 손녀, 증손자 증손녀, 고손자 고손녀가 있다. 이것은 손위의 증(曾)과 고(高)의 위계와 마찬가지로 손아래도 증

(曾)과 고(高)를 쓴다는 같은 계열의 관계를 가진다.

방계로 가장 가까운 촌수는 삼촌이다. 삼촌은 아버지 형제로 숙(叔)으로 나타낸다. 부모를 기준으로 하여 거기에 숙(叔) 자를 붙이면 숙부(叔父)와 숙모(叔母)가 된다. 다른 말로 큰아버지를 백(伯)자를 써서 백부(伯父)와 백모(伯母)라 하기도 한다. 그 다음 가까운 촌수는 사촌이다. 사촌은 짝수이기 때문에 나와 같은 항렬의 위계를 가진 친족이다. 사촌은 삼촌의 자녀와 나와의 관계이다. 방계를 나타내는 걸림말은 종(從)이라 한다. 그래서 사촌 형을 종형(從兄)이라 하고 사촌 동생을 종제(從弟)라고 한다. 그 다음 오촌이 있다. 오촌은 할아버지 형제의 자녀를 말한다. 직계에서 한 마디 뻗었기 때문에 종자를 써서 오촌에는 종숙부(從叔父))와 종숙모(從叔母)라 한다. 다른 말로 당숙(堂叔)과 당숙모(堂叔母)라 하기도 한다. 오촌 다음에는 육촌이 있다. 육촌은 오촌의 자녀와 나와의 관계이다. 짝수이기 때문에 같은 항렬의 관계이다. 그래서 육촌은 사촌보다 같은 항렬로 한 발 더 나가기 때문에 재(再)를 써서 재종형(再從兄)과 재종제(再從弟)라 한다. 팔촌은 삼종 관계가 된다.

할아버지 형제는 할아버지보다 한 마디 옆으로 뻗어 나갔기 때문에 조부에 종(從) 자를 붙여 종조부(從祖父)와 종조모(從祖母)라 한다.

이들은 모두 관계말이고 부름말은 '형제' 자가 붙은 것은 '형'과 '아우'라 하고 삼촌은 '큰아버지(큰어머니)' '작은아버지(작은어머니)'라 한다. 그리고 큰할아버지(큰할머니) 작은할아버지(작은할머니)라고 하였다. 그 외 오촌은 모두 아저씨 촌수로 경상도에서는 '아재'라고 했다. 사는 곳을 앞에 붙여 'ㅇㅇ아저씨', 'ㅇㅇ아재'라 부르기도 하였다. 그러나 근래에는 관계말과 부름말의 구분이 그렇게 엄격하게 이루어지지 않고 관계말을 부름말로 사용하기도 한다.

지금까지는 모두 남성 중심의 호칭이고 여성 중심의 호칭은 어머니 쪽으로는 외척(外戚)이 있다. 외척은 접두사 '외(外)-'자를 붙여 부르면 크게 틀리는 것이 없다. 외삼촌, 외숙모, 외사촌 등과 같다. 어머니 형제는 이종(姨從)관계이다. 그래서 이모(姨母)와 이모부(姨母夫)가 된다. 아버지 여자 형제는 접두사 '고종(姑從)-' 자를 붙여 고모(姑母)와 고모부(姑母夫)가 된다. 그 외 관계는 모두 접두사 '이종(姨從)-'과 '고종(姑從)-'을 붙이면 된다.

여자가 결혼하면 시댁(시친당)에서 생겨난 호칭은 친족 호칭에 접두사 '시(媤)-'를 붙이면 되고, 남자가 결혼해서 처가에서 생겨난 호칭은 친족 호칭에 접두사 '처(妻)-'자를 붙이면 크게 틀림이 없다.

그러나 처가에서 만들어진 호칭으로 주의할 것은 아내의 부모를 각각 '장인(丈人)어른'과 '장모(丈母)님', 아내의 언니를 '처형(妻兄)'이라고 하고, 아내 여동생을 '처제(妻弟)'라 하며, 아내 남자 형제를 '처남(妻男)'이라 하는 것만 다르다.

아내의 형제가 결혼을 했을 때 여자 형제의 남편은 손아래면 'ㅇ서방, 손위면 '형님'이라 부를 뿐 특별한 지칭은 없다. 처제가 언니 남편을 부를 때는 '형부(兄夫)'라고 하고 동생 남편을 부를 때는 'ㅇ서방'이라 부른다. 어떤 곳에서는 손아래와 손위 모두 '서방'이라는 호칭을 사용하기도 한다.

조카는 접두사 '질(姪)-', 사위는 접미사 '-서(壻)', 며느리와 아내는 접미사 '-부(婦)'를 쓰면 된다.

지역마다 조금씩 다른 호칭도 있다. 경북 중북부 지방에서는 형수를 '새아지매'라고 하고, 자형을 '새형'이라 하는 것이 특이하다.

그런데 우리가 흔히 조카의 아내인 '질부'를 '조카며느리'라고 하고, 조카의 남편을 '질서(姪壻)', '조카사위'라고 하는데, '조카며느리'와 '조카사위'라는 말은 잘못된 호칭이다. '조카며느리'는 '조카의 며느리'가 되고, '조카사위'는 '조카의 사위'가 되어 원래 나타내는 지칭과는 다른 의미가 되기 때문이다. 그러나 '조카며느리'는 잘못된 말이지만 '질부(姪婦)'는 부(婦)자가 '아내'를 나타내기 때문에 틀린 말은 아니라고 할 수 있다. 아니면 '조카아내', '조카안사람'이라고 부르면 된다. 그런데 문제는 사위를 의미하는 '서(壻)' 자다. 이 서(壻) 자 때문에 '조카사위'라는 말이 나오게 된 것으로 보인다. 그러나 서(壻) 자에는 '사위'라는 뜻과 '남편'이라는 두 가지 뜻을 가지고 있다. 따라서 '질서(姪壻)'라는 표현은 틀린 말은 아니라 할 수 있다. 그러나 '질서(姪壻)'를 우리말로 부를 때는 '조카남편'이라고 해야지 '조카사위'라고 해서는 안 된다는 것만 유의해야 한다. 그러나 현실적으로 '조카며느리'와 '조카사위'라는 말을 많이 쓰고 있는 실정이다.

그리고 걸림말에 '형' 자가 붙은 친족은 '형' 또는 '형님'이라 부르고, '제' 자가 붙은 친족은 '아우', '동생'이라고 부르면 크게 틀리지 않을 것이다.

다음은 친족 호칭을 말 뿌리(기본자질) 중심으로 나타낸 것이다.

부모(父母)

조부/모-증조부/모-고조부/모

숙(백)부/모-종(당)숙부/모-종조부/모

형제(兄弟)

형제(兄弟)-종형/제-재종형/제-삼종형/제

형제: 형-형수, 제-제수

자매(姉妹): 자-자형, 매-매제(매부)

생질(甥姪)(여형제 자녀): 생질-생질부, 생질녀-생질서

자녀(子女): 손자/녀-증손자/녀-고손자/녀

외(外): 외숙부(외삼촌)/모-외사촌-외오촌-외육촌

고(종)(姑從): 고모/부, 고종형/제(고종사촌)

이(종)(姨從): 이모/부, 이종형/제(이종사촌)

시(媤)

시부/모-시숙부/모-시종(당)숙부/모

시아주버님-시동생-시누이

시외: 시외숙부/모, 시외사촌형/제

시고(종): 시고모/부, 시고종형/제

시이(종): 시이모/부, 시이종형/제

처(妻)

　장인-장모, 처숙부/모, 처당(종)숙부/모

　처형-처제-처남

　처외: 처외숙부/모-처외당숙부/모

　처고(종): 처고모/부, 처고종형/제

　처이(종): 처이모/부, 처이종형/제,

질(姪)

　질녀-질부-질서(조카남편)

　종질녀-종질부-종질서

　재종질녀-재종질부-재종질서

　오늘날 가족이 핵가족화 되면서 갈수록 이와 같은 친족 호칭을 부를 기회도 점점 줄어들고 있다. 요즘 젊은이들은 친족 호칭을 구별하는 것조차 귀찮아 하고 있는 것이 현실이다. 그러나 전통적인 친족호칭을 알고 가정 언어 질서를 바로잡아 가는 것이 고유한 우리 가족 문화를 살리고 가정의 정체성과 질서도 살리는 길이다.

16

자랑하는 말 삼가기

일반적으로 잘난 척하고 자기 자랑하기를 즐겨하는 사람을 좋아하는 사람은 아무도 없을 것이다. 인간은 남의 잘못이나 단점을 말함으로써 상대적으로 자기의 잘못을 숨기고 자기의 좋은 점을 드러내려는 욕심을 가지고 있다. 우리가 남에게 자기의 좋은 점이나 훌륭한 점을 말하면 상대는 진정 칭찬해 주고 격려해 주어야 하는데 그렇지 못한 것이 인간의 본성이 아닌가 싶다. 인간은 언제나 남과 비교하면서 살아간다. 남이 잘되면 상대적으로 자기는 잘 못된다고 생각한다. 남이 높은 곳에 올라가면 상대적으로 자기는 낮아지는 원리 때문이다. 따라서 자기의 좋은 점을 숨기고 상대의 좋은 점을 말하면 상대는 당신을 좋아하게 되고 가까이하고 싶은 마음을 가지게 된다. 그렇다고 당신의 좋은 점이 없어지는 것은 결코 아니다. 오히려 그 반대로 상대는 당신의 좋은 점을 칭찬할 것이다. 그러나 당신이 스스로 당신의 좋은 점을 상대에게 지나치게 말하면 상대는 당신을 싫어하게 할 뿐만 아니라 상대는 당신을 멀리하게 된다.

우리 조상들은 자식 자랑과 남편과 아내 자랑을 하면 팔불출이라고 했다. 그것은 자식은 앞으로 살 날이 많이 남아 있기에 누구도 그들의 미래의 행과 불행을 장담하기 어렵기 때문이다. 많은 부모들이 남에게 자기 자식 자랑을 곧잘 하곤 한다. 공부를 잘한다느니, 피아노를 잘 친다느니, 상을 받아 왔다느니, 반장을 한다느니, 운동을 잘한다느니 등과 같은 자랑을 한다. 그러나 자식을 가진 부모는 자기 자식에 대한 칭찬은 남에게 하지 않으면 않을수록 좋다. 사람은 하루하루 수없이 변하면서 살아간다. 그 자식이 앞으로 어떤 일이 일어날지 어떻게 변할지 아무도 모른다. 그래서 옛사람들은 함부로 자식 자랑을 하는 것은 자식을 잘못되게 하는 것이라고 하여 삼갔다. 호사다마(好事多魔)라고 하여 좋은 일이 있으면 나쁜 일이 있을 것을 염려했던 것이다. 그래서 좋은 일은 감추고 남에게 겸손하게 말했던 것이다. 한편으로 당신은 당신의 자식을 자랑함으로써 당신의 삶이 흐뭇하고 즐거워할지 모르지만 그것은 상대를 의식하지 않는 자기중심적 말하기이다. 당신이 당신의 자식을 자랑할 때 상대의 자식을 한번 생각해 보았는가. 상대의 자식이 당신의 자식만큼 되지 못할 때 겪어야 하는 상대의 고통을 상상해 보았는가. 만약, 상대가 당신의 자녀가 훌륭하다고 하더라도 당신은 최대한 겸손한 태도로 받아들여야 하고 상대에 대한 겸손의 배려를 남겨 두어야 한다. 그리고 부부도 마찬가지이다. 요즘 몇몇 연예인들이 부부 사이가 좋다고 텔레비전에 나와 야단법석을 떨다가도 얼마 안 가서 이혼했다는 기사가 크게 나는 것을 우리는 쉽게 볼 수 있다. 부부 사이도 언제 어떻게 될지 아무도 모른다. 그래서 설령 남들이 자기의 자식이나 부부를 자랑하더라도 그 자랑을 듣는 사람은 부끄러워하고 겸손할 줄 알아야 한다.

당신이 남에게 당신의 좋은 점을 자랑하는 곳에는 세 가지 동기가 있다. 하나는 당신은 상대보다 못한 어떤 점이 깊게 내재되어 있기 때문이다. 그래서 당신은 당신의 좋은 점을 상대에게 말함으로써 당신의 열등의식을 만회하려고 하는 것이다. 또 한 가지는 상대에게 자기의 좋은 점을 말함으로써 상대보다 우위에 있음을 간접적으로 나타내려는 의도가 있다. 그래서 당신이 상대 위에 군림하고 싶은 마음 때문이다. 마지막 하나는 당신의 좋은 점을 말함으로써 당신은 스스로 만족하기 위해서이다. 이것을 자기만족이라 하는데 인간의 자기만족은 대부분 상대로부터 나온다. 그래서 '나는 이런 사람이니 참 기분이 좋다.'라고 생각한다. 위 세 가지 중에 어느 것이든지 상대와의 관계에서 나오기 때문에 상대를 생각하지 않으면 안 된다. 당신의 말을 듣는 상대가 아무리 부자고, 걱정 없이 잘 살고, 훌륭한 사람이라고 하더라도 말하는 당신이 상대보다 조금이라도 더 나은 점을 말하면 상대는 당신으로부터 상대적 열등감과 상대적 박탈감을 가지게 된다. 왜 당신은 상대를 불행하게 하는가. 예컨대, 재산을 십억 원을 가지고 있는 사람이 백억 원을 가지고 있는 사람 앞에서는 상대적 박탈감을 가지게 된다는 말이다.

당신의 행복을 진정 칭찬해 줄 사람에게 당신의 행복을 자랑해야 한다. 그러나 대부분 그렇지 않다.

혹시 자기가 남에게 자랑하고 싶은 것이 있다면 반드시 겸손한 자세로 하는 것이 좋다. 예컨대, 자기 자식이 좋은 직장에 들어갔거나 높은 자리에 올랐을 때, 또는 좋은 학교에 들어갔을 때, 그것을 남에게 자랑을 하고 싶으면 자기 자식이 가지고 있는 작은 모자란 점을 상대에게 말하는 겸손을 가져야 한다. 그것이 자기 자랑하기 올바른 책략이다.

갑: 이번에 우리 아이가 교사 임용고시에 합격했던데.
을: 참 잘 되었구나. 그 아이가 그렇게 착하게 공부를 잘하더니 그렇게 되었구나.

갑: 모르지 잘되었는지.
그런데 그 녀석이 선생은 잘할지.

을: 아니 참 착하게 예의도 바르던데요.
갑: 요즘 학생들이 워낙 별나서 우리가 생각하는 것보다 훨씬 선생하기도 어려운 모양이더라. 그래서 걱정이다.

이와 같이 말할이가 자식 자랑을 해도 겸손의 표현을 남겨 두는 것이 말하기 예절이다. 자신을 자랑하고 잘난 척하는 것과 자신이 겸손해 하는 것은 다음과 같이 말하는 사람과 듣는 사람 사이에 상호작용적 심리적 변화를 가져 온다. 말하는 사람이 잘났다고 하면 상대의 위치는 낮아지고 말하는 사람이 겸손하고 공손하면 상대는 높아진다. 상대를 높여 주는 방법에는 자기를 낮추거나 상대를 높여주는 두 가지 방법이 있는 것이다. 상대를 높여 주는 방법은 상대에게 배려하는 것이기에 친교와 소통에서 가장 좋은 말하기 방법이다.

따라서 자기 자랑이나 겸손에 대한 상대의 마음 상태는 다음과 같은 모습으로 나타난다.

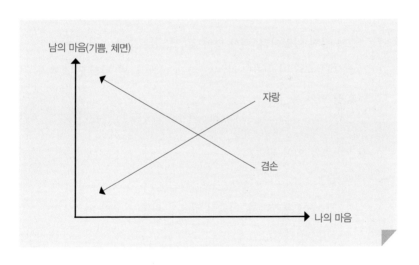

말할이가 자랑을 많이 하면 상대인 남의 마음은 불쾌해지고 반대로 겸손한 말을 하면 상대는 기쁘게 된다는 것이다.

많은 여성들은 물질로써 자신의 자존감을 나타내기도 한다. 자기가 가지고 있는 명품이나 차나 액세서리와 같은 것을 자랑함으로써 상대보다 우위에 서려고 한다. 이렇게 상대에게 값비싼 명품을 자랑하는 것은 내가 당신보다 더 잘살고 더 멋있음을 표현하는 것이다. 또 자기가 먹었던 음식이나 가 본 관광지에 대한 자랑으로 자기를 상대보다 높이려고 하기도 한다. 그런데 이러한 표현은 남성보다 여성들의 말하기에서 두드러지게 나타난다. 이것을 극성적(polarity) 표현이라고 한다.

예를 들면 다음과 같은 말들이다.

> "너 그것 먹어 봤니?"
>
> "아니."
>
> "그것 진짜 맛있더라. 내가 먹어 본 것 중에 그런 음식은 처음이었어. 다른 사람들도 다 맛있다고 하더라. 넌 아직도 그것을 안 먹어 봤니?"
>
> → "너 그것 먹어 봤니?"
>
> "아니."
>
> "그것 맛이 괜찮더라. 기회가 있으면 한번 먹으러 가 봐. 약간 비싸긴 하지만."

"너 거기 가 봤니?"

"아니."

"진짜 좋더라. 다른 사람들 여러 번 갔다는데 넌 아직 안 갔구나."

→ "너 거기 가 봤니?"

　"아니."

　"경치가 괜찮더라. 시간 나면 한번 가 보지. 사람들이 많이 와서 복잡하긴 해도."

"너 그 영화 봤니?"

"아니."

"아직도 그거 안 봤니? 진짜 좋은 영화더라. 어제 남편이랑 같이 갔는데."

→ "너 그 영화 봤니?"

　"아니."

　"그 영화 괜찮더라. 한번 가 보는 것도 좋을 것 같아. 그런데 너무 비약이 심하고 잔인한 장면이 많긴 해도."

앞에서처럼 다른 사람이 해 보지 않고, 가 보지 않고, 가지지 않은 것을 자기만 가졌다는 점을 자랑하는 것은 자기도 모르게 상대보다 우월감을 가지려고 하는 심리에서 나온 것이다. 그러나 상대는 그 반대로 상대적 열등감을 가진다는 것을 알아야 한다. 이런 말을 듣고 좋아할 사람은 한 사람도 없다. 그것이 인간의 본성이기 때문이다. 상대가 좋은 곳에 가서 좋은 음식을 먹은 것으로 자기도 기분이 좋아야 하는데도 불구하고 전혀 그렇지 않다.

따라서 일반적으로 대부분 자랑을 많이 하는 사람과는 말하기가 싫어진다. 만나서 대화를 나누면서 기뻐해야 하는데 그렇지 않고 기분이 상하고 나빠지는 만남은 가질 필요를 느끼지 못하면서 자연스럽게 피하게 된다. 상대와 가까이 하고 싶다면 극성적 표현은 하지 말아야 한다.

옛 선조들은 다음과 같은 말로 부모와 자식에 대한 말하기를 깨우치고 있다.

- 아버지는 아들의 덕을 말하지 말며, 자식은 어버이의 허물을 말하지 말지니라. (父不言子之德, 子不談不之過)
- 나의 단점을 말하지 말고 내 장점을 믿지 말라. (罔談彼短 靡恃己長)

좋은 점은 말로 밖으로 뱉음으로써 그 순간 사라지기 쉽다. 옛사람들은 이것을 도광(韜光)이라고 하였다. 좋은 빛은 가슴에 곱게 간직하고 있으면 자연스럽게 그 빛을 발한다는 말이다.

- 남이 나를 칭찬하게는 하여도 자기 입으로 자기를 칭찬하지는 말라 (**탈무드**)
- 타인으로 너를 칭찬하게 하고 네 입으로는 말며, 외인으로 너를 칭찬하게 하고 네 입술로는 말지니라 (**구약성서, 잠언**)
- 사냥꾼은 개로 토끼를 잡고 아첨꾼은 칭찬으로 어리석은 자를 잡는다 (**소크라테스**)
- 편견은 내가 다른 사람을 사랑하지 못하게 하고 오만은 다른 사람이 나를 사랑할 수 없게 만든다 (**제인 오스틴 〈편견과 오만〉 중에서**)

오만하거나 잘난 척하거나 자기 자랑을 하기를 조심하라. 결코 득될 것 하나 없다.

17

남 허물 말하지 않기

우리 인간은 남의 잘못이나 허물을 쉽게 말한다. 인간이 남의 허물과 불행을 쉽게 말하는 것은 남의 허물과 불행을 말함으로써 자신이 가지고 있는 허물을 덮으려고 하고 남의 허물과 불행을 통해 자신이 스스로 위안을 받으려는 심리적 현상 때문이다. 이것을 심리학에서 사회비교이론(social comparison theory)이라고 한다. 남과 비교하여 자기보다 잘난 사람 속에 있으면 자기의 자긍심이 낮아지고 자기보다 못하다고 생각하는 사람 속에 있을 경우는 자긍심이 높아진다는 이론이다. 따라서 남의 잘못이나 허물과 결점을 말함으로써 자긍심이나 자존심을 가지려고 하는 것이 인간 심리이다.

사람은 남이 잘못되는 것을 보고 같이 슬퍼하고 괴로워하기는 무척 어렵다. 그런데 실제 남의 불행을 같이 슬퍼하고 가슴 아파하는 사람도 진정 자신에게 그러한 불행이 다가올 가능성이 낮다고 생각하고, 남의 불행을 자신의 다행으로 여기기도 한다. 그러나 남의 불행이 결국은 언제 자신에게 돌아올지 모른다는 것을 알아야 한다.

사람이 남의 잘못을 말하는 경우는 두 가지가 있다.

하나는 당신에게 당신의 나쁜 점이나 잘못을 말해 줌으로써 당신이 몰랐던 당신의 잘못된 점을 바르게 고치도록 하는 '상대를 위한 꾸짖음'이 있고, 다른 하나는 당신의 잘못이나 단점을 말함으로써 상대적으로 자기가 당신보다 우월하다는 것을 나타내려고 하는 '자기를 위한 꾸짖음'이 있다. 우리가 경계해야 할 것은 바로 상대의 잘못이나 단점을 이용하여 자기에게 유익하도록 하는 '자기를 위한 꾸짖음'이다.

상대의 잘못이나 단점을 말할 때 자기를 위한 것이 아니라 상대를 위한 것이어야 한다. 당신에게 남의 잘못을 즐겨 이야기하는 사람은 다른 사람에게도 당신의 잘못을 이야기한다는 사실을 잊어서는 안 된다. 우리는 인생을 살면서 많은 잘못을 저지르면서 산다. 그래서 흔히 사람들은 인생을 허물투성이라고 한다. 당신은 상대가 당신의 나쁜 점이나 허물을 몰라서 말을 못하는 것이지 당신이 허점이나 허물이 없다는 것이 아님을 알아야 한다. 남의 잘못을 말할 때는 진심으로 상대를 사랑하는 마음을 바탕에 깔고 있어야 하며, 상대가 진정 당신을 사랑하고 있음을 확인할 때, 오직 상대를 위해서 상대의 잘못을 말해야 한다. 그런데 남으로부터 자기의 잘못을 이야기하라고 하는 사람은 대부분 자기가 칭찬받기를 바라는 사람임을 알아야 한다.

다음은 자기를 위해 상대의 잘못을 말하는 사람을 꾸짖는 선인들의 말이다. 우리 모두 가슴에 새겨야 할 말이다.

> • 공자는 미워하는 것이 있는데 남의 악함을 떠들어대는 것을 미워하고—사야 너도 미워하는 것이 있느냐? 남의 비밀을 폭로함으로써 정직한 체하는 사람을 미워하나이다.
>
> • 옛날 중국 후한 시대 사람 마원은 그의 형의 아들인 엄과 돈이 남을 비방하고 정치를 의논하기를 좋아하고 경박한데 그들에게 글을 보내기를 다음과 같이 하였다. 나는 너희들이 남의 과실을 듣거든 마치 부모의 이름을 듣는 것처럼 귀로 들을 수는 있어도 입으로 말할 수는 없는 것 같이 하기를 바란다. (嘉言 6)

〈맹자〉도 다음과 같이 남의 잘못을 함부로 말하는 것을 경계하였다.

> • 남의 착하지 못한 것을 말하였다가 그 후환을 어떻게 할 것인가?
> (孟子)

남을 함부로 비판하거나 비난하는 말을 삼가라는 가르침은 동서고금을 막론하고 중요하게 생각하고 있다.

● 비판받지 아니하려거든 비판하지 마라.

너희의 비판하는 그 비판으로 너희가 비판을 받을 것이요 너희의 헤아리는 그 헤아림으로 너희가 헤아림을 받을 것이니라. 어찌하여 형제의 눈 속에 있는 티는 보고 네 눈 속에 있는 들보는 깨닫지 못하느냐. 보라 네 눈 속에 들보가 있는데 어찌하여 형제에게 말하기를 네 눈 속에 있는 티를 빼게 하라 하겠느냐. 외식하는 자여 먼저 네 눈 속에서 들보를 빼어라. 그 후에야 밝히 보고 형제의 눈 속에 티를 빼리라. **(마태복음 7장 1~5절)**

● 남을 위해 구덩이를 파는 자는 자신이 그 구덩이에 빠진다. **(러시아 속담)**

● 누구나 두 개의 주머니를 지니고 다닌다. 하나는 몸 전면에, 하나는 몸 후면에 지니고 있어서, 어느 쪽에나 결점이 가득 들어 있다. 그러나 앞쪽의 주머니에는 이웃 사람들의 결점이 가득 들어 있고, 뒤쪽의 주머니에는 자기 자신의 결점이 가득 들어 있다. 이런 까닭으로 사람들은 자기 자신의 결점에는 눈이 어둡지만 이웃 사람의 결점은 결코 놓치는 법이 없다. **(이솝 우화)**

● 입안의 피를 머금고 남의 얼굴에 내뿜는다면 먼저 내 입이 더러워진다. 이와 마찬가지로 남을 저울질할 때 먼저 내가 그 저울에 달릴 것을 조심하라. 남을 상하게 하는 자는 먼저 그 자신이 상하게 된다. **(太公)**

● 공자께서 말씀하시길 '큰 길에서 듣고 작은 길에 와서 이야기한다면 덕을 버리는 것이니라.' **(陽貨 14)**

● 험담은 무엇입니까?

남의 잘못된 점이나 흉을 들추어 말하는 것이지요.

그러나 험담은 진실한 것도 아니고.

선한 것도 아니며,

필요한 것도 아닙니다.

험담은 단 하나 상처만 깊게 남길 뿐입니다. **((성 프란시스코 어록) 중에서)**

● 남 듣기 싫은 거친 말 하지 말라

남도 그렇게 네게 답할 것이다.

악이 가면 화로 돌아오나니

욕설이 가고 오면 매질도 가고 온다. **〈법구경〉**

내가 허물투성이인데 어찌 남의 잘못을 함부로 말할 수 있는가. '죄 없는 자만이 저 여자에게 돌을 던져라.'라는 말을 새겨야 할 것이다.

18

거친 말과 욕설하지 않기

오늘날 날이 갈수록 인터넷을 통해 거친말, 욕설, 은어, 상스러운 말이 곳곳에 난무하고 있다. 자기가 욕설을 하고도 욕설을 했는지도 모를 정도로 습관화되어 있다. 더구나 어린 아이들까지도 상스러운 욕설로 가득하다.

말소리에는 듣기 좋은 소리가 있고 듣기 나쁜 싫은 소리가 있다.

음악 소리는 좋은 소리로 되어 있어서 그러한 소리를 듣는 사람은 마음도 편해지고 즐거움을 가지게 된다. 듣기 좋은 소리를 활음 (euphony)라 하여 유음과 반모음(l, m, n, r, y, w)들이 거기에 해당된다. 특이 우리말에서는 /ㄹ/과 /ㅇ/이 대표적인 활음이다. 반대로 거센소리나 된소리들은 대부분 거친소리(cacophony)라 한다,

욕설은 대부분 'ㄲ, ㄸ, ㅃ, ㅆ, ㅉ'과 같은 된소리와 'ㅋ, ㅌ, ㅊ, ㅍ'과 같은 거센소리로 되어 있다. 따라서 거친소리를 사용하거나 그런 소리를 듣는 사람은 자기도 모르게 거친 사람이 되고 거센 사람이 되어 간다. 그것은 소리 음파가 사람의 뇌에 그렇게 작동을 하기 때문이다. 태아에게 아름다운 음악을 들려주면 안정적이며 편안한 모습을 하지만 거센소리나 듣기에 거슬리는 소리를 들려 주면 태아가 불안한 반응을 나타내는 것도 소리 때문이다. 그리고 그 태아의 성격 형성에도 결정적으로 좌우한다고 한다. 그래서 태교의 하나로 아름다운 음악을 들려주는 것이다. 이처럼 소리가 가지고 있는 음파에 의해 물의 결정체가 다르게 나타나고 사람의 마음도 다르게 형성시킨다는 것은 이미 앞에서 설명한 바 있다.

우리는 행동이 거칠고 폭력적인 사람을 나타낼 때 흔히 말이 거칠고 욕설을 하는 사람으로 나타내곤 한다. 예컨대, 폭력적인 영화나 드라마에서 주고받는 말들 또한 거친 말과 욕설로 그 폭력성을 상징하는 것과 같다. 따라서 거친 말과 욕설은 말하는 사람과 듣는 사람의 인성을 거칠게 한다는 것은 누구나 알고 있다.

욕설이나 거친 말을 하는 사람의 특성을 다음과 같이 몇 가지로 정리할 수 있다.

우선 욕설을 하거나 상스러운 말을 하는 사람은 대체로 성격이 급한 사람으로 자기 스스로 감정을 조절하는 능력이 떨어지는 사람이다. 자기의 욕구를 차분히 논리적으로 상대를 감동시키고, 설득시키지 못하기 때문에 감정적인 욕설이나 거친 말을 사용하는 것이다.

또 거친 말과 욕설을 하는 사람은 대부분 자기중심적인 사람이 많다. 성격이 자기중심적이라는 것은 상대를 배려하지 못하고 상대의 입장을 이해하지 못한다는 말과 같다. 그래서 자기가 욕설을 하면 상대는 어떤 상처를 받을 것이라는 생각을 전혀 하지 못하고 욕설로써 우선 자기의 욕구를 충족시키려고 하는 것이다. 따라서 상대를 배려한다면 상대를 비인격적이고 비인간적인 말로 함부로 욕설을 할 수가 없다.

그리고 욕설은 쉽게 습관화되는 특성이 있다. 그래서 욕설은 자기도 모르게 대화에서 튀어나오게 된다. 한 번 형성된 언어습관은 의도적인 학습이나 노력이 없이는 매우 바꾸기 어렵다. 따라서 말을 함부로 하거나 욕설을 하는 사람은 욕설할 때마다 주위에서 자주 지적해 주고 관심을 가지고 고쳐주어야 한다.

욕설이 습관화되어 있는 사람은 대인관계나 사회생활에 실패할 가능성이 매우 높다. 예컨대, 공식적인 자리에서 상사나 직원이 자신의 마음에 들지 않는 말을 한다고 해서 그 자리에서 자신도 모르게 욕설을 했다고 하자. 그 순간 자기가 그 동안 애써 쌓아 놓았던 노력들이 한순간에 무너져 버릴 수도 있다는 것이다. 아무리 능력이 뛰어난 운동선수라도 심판 판정에 불만을 가지고 심판에게 욕설로 항의했을 때 그 선수는 선수의 생명까지 끝이 나는 치명적인 결과를 가져올 수도 있다.

또한, 욕설은 가벼운 욕설에서 점차로 강한 욕설로 상승작용하는 특성을 가지고 있다. 처음에는 정도가 낮은 욕설을 하다가 그래도 자기 욕구를 충족시키지 못하면 그 다음 더 심한 욕설과 거친말을 하게 된다. 그래서 욕설은 처음부터 하지 않는 것이 좋다.

또한 욕설은 상대에게 비인격적인 상처를 주게 된다. 욕설은 대부분 상대를 인간이 아닌 동물에 비유하는 말이 많다. 예컨대, '새끼'라는 욕설은 상대가 사람이 아니고 동물의 '새끼'를 지칭하는 것이다. 그리고 사람의 생식기나 성교와 같은 비속어로 되어 있는 것이 많다. 상대를 하찮은 동물이나 본능적 욕구에 비유하여 자기의 욕구를 충족시키는 것은 비인간적인 행위이다. 다른 사람을 동물이나 그보다 나쁜 대상으로 지칭한다는 것은 상대의 인격을 모독하는 것이다. 당신이 욕설을 하고 있는 대상이 당신과 같이 한 가정에 가면 귀하고 귀한 아들이고 딸이고 부모라고 생각한다면 어떻게 비인간적이고 비인격적인 욕설과 거친 말을 함부로 할 수가 있겠는가.

불교에서는 이를 악구(惡口)라고 하여 중죄(重罪)로 보고 있다. 인과응보로 언젠가 자기도 그러한 업을 받거나 사후에 윤회를 하면서 그 업으로 나쁜 곳으로 떨어진다고 한다.

1964년 오스카 최우수상을 받은 조지 큐커 감독의 영화 'My fair lady'는 빈민가 길거리에서 욕설과 거친 말을 하는 하층계급(빈민가)의 소녀 엘리자 두리틀(오드리 헵번)에게 언어학자 헨리 히긴스(렉스 해리슨)가 말투를 바꾸어 상류사회로 나아가게 하는 내용이다. 이 영화는 말이 사람의 행동과 됨됨이를 바꾼다는 것을 보여 준 훌륭한 영화이다.

다음은 욕설이나 거친 말에 대한 동서고금의 가르침들이다.

● 너희는 모든 악독과 노함과 분함으로 떠드는 것과 비방하는 것을 모든 악의와 함께 버리고 (에베소서 4:31)

● 유순한 대답은 분노를 쉬게 하여도 과격한 말은 분노를 격동하느니라. (잠언 15:1)

● 오래 참으면 관원도 설득할 수 있나니 부드러운 혀는 뼈를 꺾느니라. (잠언 29:11)

● 욕을 당하시되 맞대어 욕하지 아니하시고 고난을 당하셔도 위협하지 아니하시고 악을 악으로 욕을 욕으로 갚지 말고 도리어 복을 빌라 이를 위하여 너희가 부르심을 받았으니 이는 복을 이어받게 하려 하심이라. (베드로전서 3:9)

● 부처님께서 게송을 설하셨다.
상대방에게 욕을 하고 비방하면
그 허물은 도리어 자신에게 돌아오니
마치 흙을 상대방에게 끼었더라도
역풍에 도리어 자신이 뒤집어쓰는 것과 같네. (잡아함경 제42권)

19

언어폭력하지 않기

언어폭력(言語暴力)은 말로써 상대방에게 심리적 충격을 주는 행위를 말한다. 폭력의 사전적 의미를 보면 '남을 거칠고 사납게 제압할 때에 쓰는, 주먹이나 발 또는 몽둥이 따위의 수단이나 힘. 넓은 뜻으로는 무기로 억누르는 힘을 이르기도 한다.'라고 되어 있다. 남을 거칠고 사납게 제압하는 힘을 폭력이라고 할 때 언어폭력은 말로써 상대를 거칠고 사납게 제압하는 행위이다. 상대가 원하지 않은 것을 언어로써 상대를 억지로 행동을 하게 하거나 마음을 바꾸게 하는 행위인 것이다. 언어폭력은 일반적으로 말하는 사람이 상대보다 우월적 지위나 힘을 가지고 그것으로 상대에게 강압적으로 하게 한다. 언어폭력을 듣는 사람은 언어적 폭력을 당하면서도 생존을 위해 참고 견디거나 앞으로 언젠가 더 나은 자리로 올라서기 위해 참는 것이다. 그 참음 속에는 상대에 대한 원망과 미움과 원한의 마음을 품게 되는데 듣는 사람이 참는다고 해서 그 언어폭력을 수용하고 있다고 생각하면 너무나 큰 착각이다. 그 언어폭력을 들었던 사람은 언젠가는 언어폭력을 행한 사람에게 다시 언어폭력을 행할지도 모른다. 늘 그런 마음을 가지고 살아가기 때문이다.

언어폭력은 일반적으로 상대의 자존감이나 정체성과 모욕감을 건드리는 말로써 이루어진다. 상대에게 욕설을 하거나 상대가 가진 약점을 말하거나 무시하는 말을 하여 상대의 마음에 충격을 주는 것이다. 일반적으로 상대와 대면해서 행하는 언어폭력은 신체적 폭력과 같이 일어나게 된다. 어떤 폭력이든 폭력은 비인간적, 비인권적인 행위이다. 우리나라 헌법 제10조에는 "모든 국민은 인간으로서의 존엄과 가치를 가지며, 행복을 추구할 권리를 가진다."라고 되어 있다.

인간이 가지고 있는 가장 신성하고 기본적인 권리가 남으로부터 인간적인 대우를 받을 수 있는 생존권과 행복권이다. 따라서 누군가가 언어적으로 폭력을 가한다거나 신체적으로 폭력을 가한다는 것은 이러한 기본적 생존권과 행복추구권인 인권을 침해하는 범법적인 행위인 것이다. 인간 존중은 상대에 대한 존중과 인간적인 대우에서 나오게 된다. 예수도, 부처도, 공자도 모두 인간 존엄을 제일로 삼고 있다. 성경에 "네 이웃을 사랑하되 네 몸과 같이 사랑하라.(마태복음 22:35-40)"라는 것이나 부처가 이 땅에 오시면서 "천상천하(天上天下) 유아독존(唯我獨尊)."이라고 말한 것도 모두 인간의 존엄을 외친 것이다. 논어의 마지막 장인 요왈 2장에 "군자는 은혜로우면서도 낭비하지 않고, 수고로우면서도 원망치 않고, 욕심이 있으면서도 탐하지 않고, 크면서도 교만하지 않고, 위엄이 있으면서도 사납지 않는 것이다."라고 하였다. 이들 성인들의 말씀에서 어떻게 남을 함부로 대하는 폭력적인 마음과 행동과 말이 있을 수 있겠는가. 근세도 마찬가지로 비폭력 운동으로 일생을 마친 수많은 선지자들이 있었다. 인도의 마하트마 간디가 그랬고, 미국 흑인 목사인 마틴 루터 킹 목사가 그랬고, 독일 철학자 칸트도 그랬다.

한 인간은 수천 년의 흐름 속에서 이어져 내려온 희귀하고 희귀한 존재이다. 그렇다면 우리가 어떻게 한 개인을 함부로 대할 수 있겠는가.

욕설은 남에게 공격적 성향을 가진 자가 자신이 이루려고 하는 목표를 이룰 수 없게 되거나 차단되었을 때 일어나게 되는 것이다. 이것을 일반적으로 '좌절 공격 가설(frustration-aggression hypothesis)'라고 한다. 여러 연구에 의하면 공격적인 언어를 사용하는 사람은 언어로 통해 받는 상대의 고통에 무감각하다. 그러한 언어폭력이 상대에게 자기가 생각하는 만큼 상처나 고통을 받지 않는다고 생각하기 때문에 언어폭력을 쉽게 행사하는 것이다. 그리고 그러한 사람들은 대체로 융통성이 부족하며 의사소통 능력이 부족한 사람들이다. 그래서 그들은 오히려 상대의 명령을 거절하거나 과잉 방어적 행동을 보이기도 한다.

언어폭력은 비인간적인 강압이고 강제이며 상대의 심리적 자유를 강탈하는 행위이다. 인간은 상대로부터 자기의 자유를 빼앗기거나 모욕적인 말로써 자존감이 상실될 때 마음의 상처를 가장 크게 받는다. 언어폭력을 당하는 사람은 심리적으로 위축받게 되고 그 상처는 지울 수 없이 확장되고 깊어지게 된다. 나아가 한 사람의 생명까지 빼앗게 되는 간접 살인행위의 하나라고 볼 수 있다. 물리적 신체적 행위로 상대를 상처를 내고 생명을 위협하는 것이나 언어로써 상대의 마음에 상처를 내고 고통을 주어 끝내 생명을 위태롭게까지 하는 것이나 다를 바가 없다. 또 이 언어폭력은 시간과 장소에도 관계없이 무차별하게 상대를 공격할 수 있다는 점에서 쉽게 행사할 수가 있는 특성이 있다.

특히, 갈수록 심해저 가는 사이버 언어폭력은 시간과 장소를 가지지 않고 익명성을 이용하여 상대에게 더욱 쉽게 행할 수 있게 되었다. 그리고 사이버 언어폭력은 개인뿐만 아니라 순식간에 수많은 사람들에게 전파되면서 한꺼번에 가해지는 집단 언어폭력이 된다. 따라서 익명성과 전파성, 용이성을 동원한 언어폭력은 한 개인에게 쏟아지는 핵폭탄과도 같다고 할 수 있다. 그래서 많은 사람들이 사이버 언어폭력으로 인해 스스로 목숨을 끊었던 것이다. 폐쇄된 공간에서 남몰래 상대에게 온갖 비난이나 욕설과 비속어로써 상대를 비난하는 행위야말로 참으로 비겁하고 수치스럽고 비인간적인 행위가 아닐 수 없다. 그런 언어폭력을 습관적으로 가하는 사람은 정신적으로 문제가 있는 사람이다. 그들은 상대를 괴롭힘으로써 쾌락을 얻는 일종의 사디즘 (sadism)적인 성향을 가지고 있는 사람이라고 할 수 있다. 이러한 것이

심하게 되면 상대가 고통을 받는 것을 즐기는 정신적 현상까지 일어나게 되고 극단적으로 가면 사이코패스(psychopath) 현상이 일어나기도 한다. 그리고 언어폭력도 습관성이다. 반두라(Bandura)의 사회학습이론으로 보아도 이러한 언어폭력은 학습이 되며 어린 시절 또래집단에서 형성된 공격성향은 어른이 되어서도 그대로 나타나는 것으로 연구되고 있다. 따라서 어린 시절의 언어폭력이나 공격적 성향은 개인의 일생동안 삶에도 매우 부정적으로 작용할 수 있다. 언어폭력을 행사하는 사람은 자기는 스트레스를 해소할 수 있을지 모르지만 상대에게는 치명적이고 씻을 수 없는 가슴앓이를 하게 한다는 것을 명심해야 한다.

언어폭력 유형

1. 욕설, 비속어를 사용하는 경우

새끼, 놈, 년, 개, 돼지, 소, 성기 욕 등

2. 상대의 약점을 말하는 경우

- 신체(외모)의 약점(너 같이 못 생긴 얼굴로, 너 같은 키로, 돼지 같은 몸으로 등—)
- 집안(부모·형제·자녀)의 약점(너 조상이—, 너 아버지가—, 너 형제가—)

- 말과 행동의 약점(말도 제대로 못하면서, 행동도 느리면서 등)

- 학력의 약점(초등학교 나온 주제에, 대학도 못 나온 것이, ○○대학 나와서~)

- 자녀의 약점(아들이 그 모양, 딸이 그 모양~)

- 성격의 약점(못된 성격, 사교성이 없는 성격, 난폭한 성격~)

- 경제적 약점(가난한 주제, 돈도 없으면서~)

3. 상대를 무시하는 말

- 네가 사람이가.

- 너가 어떻게 군에 왔는가.

- 너가 어떻게 대학을 나왔는가.

- 너가 그럴 줄 알았다.

- 그만 두어라 너 주제에 어떻게 그걸 하겠니.

4. 따돌림하는 말

- 너 같은 인간이 어떻게 우리와 같이 있는지 모르겠다.

- 너 같은 사람이 있으니 우리 회사(부대, 반, 모임, 단체 등)가 안 되는 거야.

- 네가 어떻게 우리 집안에 태어났는지 모르겠다.

- 너는 우리 ○○에서 없어졌으면(사라졌으면) 좋겠다.

- 다른 사람들은 다 잘하는데 너만 왜 그렇니?

- 넌 무엇을 하면 일을 내니 가만히 있어.

5.상대를 무시하는 태도

- 아는 체를 하지 않는다.
- 인사도 받지 않는다.
- 말을 잘 건네지 않는다.
- 눈길을 주지 않는다.

6. 극단적인 비속어

- 죽어라, 눈앞에 없어져라, 왜 사느냐

7. 지역으로 비난하는 말

- 전라디언, 개상도-

20
거짓말하지 않기

거짓말은 말하는 사람이 자기가 알고 있는 사실을 숨기고 그것과 다르게 말하는 것이다. 거짓으로 말을 한다는 것은 상대를 업신여기는 것이며, 상대의 눈을 어둡게 하는 것이고 상대를 미혹하게 하여 그것으로 자기의 목적만 달성하려는 비도덕적인 행위이다. 그리고 상대의 호주머니에 들어 있는 물건을 남몰래 가지고 가는 정신적 도둑과 같은 것이다.

거짓말을 하는 것은 상대에게 죄를 짓는 일이다. 자기도 모르고 한 말은 잘못된 말이라도 거짓이 아니지마는 자기가 알면서 상대를 속이는 것이 거짓말이다. 거짓말은 거짓말을 한 사람도 괴롭고, 들은 사람도 괴롭다. 모든 진실은 언젠가는 밝혀지기 때문이다. 옛 사람들은 이것을 사필귀정(事必歸正)이라고 했다. 당신의 거짓이 밝혀지면 그때 당신은 어떻게 할 것이며, 그것을 들었던 사람은 당신을 어떻게 생각하게 될까.

세계의 모든 성인들도 거짓말하는 것만은 철저하게 경계하고 있다.

공자는 〈논어〉에서 말을 둘러대고 교묘하게 하는 사람을 무척이나 싫어했다. '말을 교묘하게 꾸미고 표정을 지나치게 과장하여 아름답게 하는 것에는 인이 드물다.'(子曰 巧言令色 鮮矣仁)라고 했으며, '말은 항상 성실하고 신의(言忠信)가 있어야 한다.'고 하였다. 불교에서도 불자가 지켜야 할 다섯 가지 계율인 오계(五戒)에 '망언하지 말라.'라고 했고 예수는 십계명에 '이웃에게 불리한 거짓 증언을 하지 말라.'라고 했다.

〈법구경〉에는 다음과 같은 말이 있다.

거짓말로 속인 죄업 지옥에 들어간다.
하고도 안 했다 거짓말하면
두 가지 죄를 겹쳐 받나니
그 행이 저절로 나를 끌어간다.

잠언에는 '정직'에 대한 가르침이 매우 많다. 그 가운데 몇 가지만 보면 다음과 같다.

- 정직한 자에게는 산성이요 행악하는 자에게는 멸망이니라. **(잠언 11:29)**
- 악인의 말은 사람을 엿보아 피를 흘리게 하는 것이나 정직한 자의 입은 사람을 구원하느니라. **(잠언 12:6)**
- 의인은 거짓말을 미워하나 악인은 행위가 흉악하여 부끄러운 데 이르느니라. **(잠언 13:5)**
- 진실한 입술은 영원히 보존하거니와 거짓 혀는 눈깜짝일 동안만 있을 뿐이니라. **(잠언 13:19)**

그 외에도 이와 관련된 명언들이 많다.

- 정직이 최선의 정책이다. 한 입에 두 혀를 갖지 마라. **(영국속담)**
- 한 가지 거짓말을 참말처럼 하기 위해서는 항상 일곱 가지의 거짓말을 필요로 한다. **(루터)**
- 모든 사람을 잠시 동안 속일 수는 있다. 몇 사람을 늘 속일 수도 있다. 그러나 모든 사람을 늘 속일 수는 없다. **(링컨)**

맹자는 군자의 세 가지 즐거움을 다음과 같이 말하였다.

- 천하에 왕 노릇하는 것은 이에 속하지 않고 오직 부모가 함께 살아 계시며, 형제가 아무런 탈이 없는 것이 첫째 즐거움이요, 우러러서 하늘을 부끄럽지 않고 굽어 보아서 사람에게 부끄럽지 않은 것이 둘째 즐거움이요, 천하의 영재를 얻어 이를 교육하는 것이 셋째 즐거움이라고 하였다. **(孟子)**

사람과 하늘에 부끄러움이 없이 떳떳하게 사는 사람이 되는 것이

천하에 왕 노릇 하는 것보다 더 즐거움이 있다는 말은 오늘날 정치와 권력에 눈이 어두워 쉽게 거짓말을 하는 우리 정치인들이 가슴에 깊이 새겨야 할 가르침이다.

유대인의 5천년 교육 비서인 탈무드에는 거짓말을 할 경우를 다음과 같은 두 가지가 있다고 하였다.

어떤 경우에 거짓말을 하면 용서받을 수 있을까?

- 먼저, 이미 누군가가 사 버린 물건에 대해서 의견을 구하러 왔을 때 설령 그것이 나빠도 훌륭하다고 거짓말을 하라.
- 다음에 친구가 결혼을 했을 때에는 반드시 부인을 대단히 미인이며 행복하게 살라고 거짓말을 하라.

재미있는 말이다. 이미 선택한 사실에 대해서 나쁘게 말한다고 해서 그것을 돌이킬 수 없으며 좋고 나쁜 것은 마음에 달렸다는 뜻이다. 다른 사람이 좋거나 아름답다고 하면 듣는 사람 또한 그렇게 생각하면서 살아가게 된다.

거짓말에는 두 가지가 있다. 하나는 '긍정적 거짓말'이고, 하나는 '부정적 거짓말'이다. 긍정적 거짓말을 '하얀 거짓말(white lie)'이라고도 한다. 긍정적 거짓말은 거짓말을 하는 자신과 상대에게 긍정적 결과를 가져올 때 하는 거짓말이다. 부정적 거짓말은 거짓말을 함으로써 거짓말을 하는 사람과 상대에게 부정적 결과를 가져올 때 하는 거짓말이다. 우리는 인생을 살아가면서 긍정적 거짓말은 수없이 하면서 살아간다. 이같은 긍정적 거짓말은 오랜 옛날부터 있어 왔다. 출애굽을 이끈 모세의 형제인 랍비(유대교 성직자) 아론(Aron)은 하얀 거짓말로써 전투를 한 두 부족을 화해로 이끌었다는 기록이 전해 온다. "타자에게 상처를 입힐 가능성이 있는 진실은 말하기 전에 과연 말해야 하는가를 자문하라. 작은 거짓말이 추악한 진실보다 필요한 때가 있다는 점을 명심하라"라는 랍비들의 말은 긍정적인 거짓말에 해당된다. 우리는 그들에게 이미 이루어진 현상을 바꿀 수 없는 상황에서는 설령 진심이 아닌 거짓말이라도 좋게 말을 해 주기도 하는데, 이것은 친교 말하기 전략의 하나이다. 우리는 가끔 상대로부터 자기에 대해 솔직하게 말을 해 달라고 부탁을 받을 때가 있다. 그러나 자기의 잘못이나 나쁜 말을 듣고 좋아하는 사람은 거의 없다고 보면 된다. 설령 자기의 잘못에 대한 말을 듣는 그 순간은 고맙게 생각할지 모르지만 나중에 두고 보면 그것이 나쁜 관계로 작용하기 쉽다. 그렇다고 모든 것을 좋게만 말하라는 것은 아니다. 상대에 대해 좋지 않은 것을 말할 때도 매우 조심스럽게 간접적으로 말하는 것이 좋다. 서로가 이득이 되지 않고 좋지 않은 감정을 가질 우려가 있는 말은 결코 하지 않아야 한다. 그럴 때 우리는 서로의 관계를 좋게 하는 긍정적 거짓말이 필요하다.

스위스 심리학자 피아제(Jean Piaget)는 5세~11세 사이에 거짓말하기를 습득한다고 한다. 피아제는 자기중심적 사고에서 점차 사회성이 발달하면서 상대를 의식하게 되고 상대와 관계를 좋게 하기 위해서 상대에 대한 거짓말을 하게 된다고 했다. 월퍼와 발틴(S . Walper and R. Valtin)의 연구에서도 6~11세 사이에 하얀 거짓말을 익히게 되며 9~11세에 아동들은 우정을 쌓기 위해 정직함보다는 예절을 더 중요하게 생각하면서 하얀 거짓말을 하게 된다고 한다. 독일 괴테(Johann, W. von Goethe)의 파우스트에 '예절과 거짓말은 통한다.'라고 하여 언어 예절을 위해 하얀 거짓은 나름대로 의미가 있다고 보았다.

좋은 이야기를 들어서 좋아하지 않은 사람이 없고 싫은 소리를 들어서 기분 나빠하지 않은 사람은 이 세상에는 없다.

21

꾸민 말 하지 않기

전통적인 말하기에서 꾸미는 말을 교언(巧言)이라고 하였다. '말을 꾸민다'는 것은 사실보다 더 과장하여 말을 하거나 사실이 아닌 것을 사실인 것처럼 말을 하는 것을 말한다. 교언을 경계하는 것은 말로써 자기의 진실한 마음을 숨기기 때문이다. 옛 사람들은 자기가 해야 할 말만 진솔하게 하는 사람을 군자라고 하였다. 꾸밈이 많은 말은 상대를 혼란스럽게 하기가 쉽다. '꾸밈'은 언어학적으로 말하면 수식어(부사어나 관형어)가 많은 경우를 말한다. 수식어가 많으면 명제적 의미가 쉽게 드러나지 않는다. 즉, 자기가 하고 싶은 핵심적인 의미가 잘 드러나지 않는다는 말이다. 이렇게 빙빙 둘러 말을 하는 것을 교언(巧言)이라 한다. 사람의 얼굴도 지나치게 많이 꾸미면(令色) 자신의 본 얼굴이 잘 드러나지 않는 것과 같다. 그래서 공자는 교언(巧言)을 영색(令色)

과 같은 자리에 두어 교언영색(巧言令色)을 멀리하고 경계하라고 한 것이다.

〈논어〉에는 '교언영색(巧言令色)'이라는 말이 두 번 나온다.

- 교묘하게 꾸며대는 말과 보기 좋게 꾸미는 표정에는 인(仁)이 드무니라. (陽貨 17)
- 말을 교묘히 꾸며대고 안색을 수시로 변하여 남을 지나치게 공경하는 것을 좌구명은 부끄럽게 여겼는데 나 역시 부끄럽게 여긴다. (公冶長 24)

'교언'과 '영색'이 따라 다니는 것은 말을 교묘히 둘러대어 남을 어지럽게 하는 것과 얼굴이나 안색을 때때로 바꾸어 들을이로 하여금 어지럽게 하는 것을 같은 것으로 보았다는 뜻이다.

'교언'을 경계한 것은 적은 말로 상대의 정곡을 찌르면서 하고 싶은 말을 정확하고 바르게 하라고 하는 말과도 같다. 말을 많이 하여 자기의 잘못이나 주장을 둘러대는 것은 남을 속이기 쉽다는 것이다. 그리고 말을 혼란스럽게 하여 상대를 정신없게 만드는 것도 교언이다.

예컨대, 약속 시간을 지키지 못하고 늦게 왔다면, 자기가 늦게 온 것을 사과하고 간단하게 늦게 온 까닭을 말하면 될 것을 이러저러한 변명을 장황하게 하는 것은 자신의 잘못을 교묘하게 꾸미는 말로 피해 가려고 하는 것이다. 그러한 변명을 자주 반복하는 사람이야말로 참으로 경계하고 조심해야 할 사람이다. 그러한 사람은 실속이 없는 사람이다.

공자가 말을 교묘히 꾸며대고(巧言) 간사한 말(侫)을 하는 사람을 매우 싫어했음은 다음과 같이 직접 말했다.

- 구야, 군자는 욕망을 솔직히 말하지 않고 언사로 꾸며대는 것을 미워한다.——
(季氏 1)
- 그렇기 때문에 말을 잘 둘러대는 것을 미워하느니라. (先進 24)

뿐만 아니라, 다음과 같이 친구를 사귀는데 세 가지 해로운 친구가 있는데, 그 가운데 하나가 말을 둘러대는 친구를 해로운 친구라고 하면서 경계하라고 했다.

- 유익한 벗이 셋 있고, 해로운 벗이 셋 있느니라.——말을 잘 둘러대는 사람을 벗으로 사귀면 해로우니라. (季氏 4)

유학의 가장 근본적인 정신이 '올바른 사람됨'을 가르치는 것이기 때문에 말을 교묘히 꾸며대고 둘러대는 사람은 바로 그 사람의 사람됨이 성실하지 못하고 진실 되지 못한 것으로 판단하였다. 말로 사람을 판단한 것이다. 그리고 교묘하게 둘러대는 '교언'은 사람의 덕을 해치는 것이라고 공자는 다음과 같이 말하였다.

- 교묘하게 꾸며대는 말은 덕을 어지럽히고, 작은 일을 참지 않으면 큰 계획을 어지럽 히느니라. (衛靈公 26)

그래서 다음과 같이 말재주가 있는 사람보다 어진 마음을 가진 사람을 더 나은 사람으로 평가했다.

- 어떤 사람이 말하기를 '옹은 어질기는 하나 말재주가 없는 것 같습니다'. 공자께서 말씀하시길 '말재주가 무슨 소용이 있단 말이오? 남을 상대로 말로만 넘길 것 같으면 오히려 자주 남의 미움만 사는 것이니, 그가 어진지는 알 수 없으나 그 말재주가 무슨 소용이 있겠소?' (公冶長 4)

공자는 말을 교묘히 둘러대고 간사히 말하는 사람은 나라를 위해서도 두려워하고 경계해야 하는 대상으로 생각했다. 다음 내용을 보자.

- ──약삭빠르게 둘러댄 말이 나라를 뒤엎음을 미워하노라. (陽貨 18)
안연이 나라 다스림에 대해 묻자 공자께서 말씀하시기를 '──정(鄭)나라의 음악을 추방하고 말재주가 능한 사람을 멀리해야 한다.──' (衛靈公 10)

- 축타의 말재간과 송조의 미모 때문에 지금의 세상에 난을 면하기 어려우니라. (雍也 14)

오늘날 우리 정치가들도 말을 잘 둘러대면서 교묘히 하여 듣는 사람을 어지럽히는 사람을 경계하고 멀리해야 한다는 가르침을 깊이 새겨야 할 것이다. 〈논어〉에 교언에 대한 가르침이 유난히 많은 것은 그만큼 교언이 사람을 현혹하고 미혹하게 하는 나쁜 말하기임을 강조한 것으로 볼 수 있다.

22

이간질하는 말 하지 않기

　사람은 남의 잘못을 이야기하면서 상대를 그 사람과 거리를 멀게 하고 자기와 가깝게 하려는 속성을 가지고 있다.

　그래서 어떤 사람은 사람과 사람 사이에서 서로 싸움을 붙이고 자기는 그것을 보고 내심 기뻐하기도 하고, 다른 사람이 내기를 해서 한쪽이 많이 당하는 것을 보고 내심 즐기기도 하는데 이 모든 것은 상대의 고통을 통해 상대적으로 자기의 단점이나 고통을 위안 받으려고 하는 심리에서 나온다. 그러나 이처럼 상대의 불행이 자신의 행복이나 자신의 불행을 대신하는 것처럼 착각한다면 결국은 자기도 그러한 불행을 겪지 말라는 법이 없다. 실제 남의 고통이 곧 자기의 고통으로 이어진다고 생각하면 감히 남의 고통을 기뻐할 일만은 아니다. 이를테면 교통사고는 남에게만 일어나는 것으로 생각했는데 어느 날 자기나 자기 주위에서 고통사고가 일어나는 것을 경험해 보면 남의 불행이 결코 남의 일만이 아님을 알게 된다. 그래서 남의 기쁨이 곧 우리의 기쁨으로 여겨야 한다. 그것이 곧 자기의 기쁨으로 다가오기 때문이다.

사람들 중에는 '갑'과 '을'이라는 두 사람 사이에서 '갑'에게 가서는 '을'이 '갑'에게 한 비난하는 이야기를 옮기고 또 '을'에게 가서는 '갑'이 '을'에게 한 비난하는 이야기를 옮기는 사람이 있다. 그러면서 그 사람은 두 사람 사이에서 '갑'에게 가서는 '갑'과 같이 '을'을 비난하고 '을'에게 가서는 '을'과 함께 '갑'을 비난한다. 그 사람은 '갑'과 '을'을 이간질하여 그들의 사이가 서로 멀어지면 그 두 사람이 모두 자기와 가까워질 것으로 기대하고 있다. 그러나 결국에는 이간질한 그 사람은 '갑'과 '을' 두 사람으로부터도 버림을 받게 된다는 것을 알아야 한다.

우리는 이와 반대로 '갑'에게 가서는 '을'이 '갑'에게 좋은 이야기를 한다고 전해야 하며, '을'에게 가서는 '갑'이 '을'에게 좋은 이야기를 한다고 전해야 한다. 설령 그렇지 않더라도 가능한 한 나쁜 말을 전해서는 안 된다.

인간관계는 오묘해서 자기와 가까운 사람이 다른 사람과 가까워지면 상대적으로 원래 자기와 가까웠던 그 사람이 자기와 멀어졌다고 생각한다. 그래서 자기와 가까운 사람이 다른 사람과 가까이 하지 못하도록 중간에서 이간질하게 된다. 이것을 '상대적 상실감'이라 하며 경제적으로는 '제로섬 게임(zero-sum-game)'이라고도 한다. 이러한 마음은 사람마다 가지고 있는 시기심이나 질투심 때문이다.

그러나 사람은 더불어 살아야 한다. 어떤 사람을 자기 혼자만 사랑하고 자기 혼자만 생각하게 할 수 없다. 더구나 그 사람이 자기와 필연적으로 맺어진 관계가 아니면 더욱 그렇다. 서로가 사랑하고 정이 두터워질 때 그 사이에 있는 우리 모두도 사랑하고 정이 두터워지게 된다. 그래서 옛날에 부인 사이에 가장 경계했던 것(七去之惡) 가운데 하나가 남을 시기하고 질투(妬忌)하는 것이라고 하였다. 따라서 말을 많이 하면서 남을 시기하고 질투하는 것은 오늘날이나 옛날이나 한가지로 경계해야 할 일임에는 틀림이 없다.

공자는 다음과 같이 말하였다.

● 군자는 남의 좋은 점을 키워주고 남의 나쁜 점을 키워주지 아니하나 소인은 이와 반대이다. (顔淵 16)

다음은 공자가 미워하는 것 가운데 하나가 남의 악함을 말하는 것과 남의 비밀을 폭로하고 정직한 체하는 것이다.

● 자공이 말하기를 "군자도 미워하는 것이 있나이까?" 공자께서 말씀하시기를 "미워하는 것이 있느니라.──남의 악함을 떠들어대는 것을 미워하고──사야 너도 미워하는 것이 있느냐?" "남의 비밀을 폭로함으로써 정직한 체하는 사람을 미워하나이다." (陽貨 24)

오늘날 남의 잘못을 폭로하고 모함하여 남을 해롭게 함으로써 자기가 이득을 보려는 사람이 많은 이 시대에 이러한 가르침은 우리 모두가 가슴에 잘 새겨야 할 유익한 내용이다.

> • 공자께서 말씀하시기를 "유익한 즐거움이 세 가지 있고, 해로운 즐거움이 세 가지 있느니라. 예악으로 절제함을 즐기고, 사람의 착한 점을 말하기를 즐기고, 어진 벗을 많이 갖기를 즐기면 유익하니라." **(季氏 5)**

이는 다른 사람의 착한 점을 즐겨 말하라는 가르침이다.

대체로 나에게 남의 잘못을 말하는 사람은 남에게 나의 잘못을 말하는 사람일 가능성이 높다.

불교의 예불경인 천수경의 십악참회 가운데 남을 이간질하는 말을 양설(兩舌)이라고 하였고, 이러한 죄를 범하는 것을 '양설 중죄'라 하여 참회해야 한다고 했다.

23

할 말과 못할 말 구별하기

말은 상대에 따라 할 말과 못할 말이 있다. 같은 말이라도 어떤 사람에게는 할 말이 될 수 있지만 다른 사람에게는 못할 말이 될 수 있다. 어린아이에게 할 수 있는 말이 있고, 어른에게 할 수 있는 말이 있다. 그리고 상대가 처해 있는 상황에 따라 할 말이 있고 할 수 없는 말이 있다. 다음은 상대의 상황에 따른 못할 말이다.

- 몸이 아픈 사람에게 죽음에 대한 말은 하지 않는 것이 좋다.
- 나이 많은 사람에게 늙음을 한탄하는 말은 하지 않는 것이 좋다.
- 가난한 사람에게 부자를 좋게 말하지 않는 것이 좋다.
- 못 배운 사람에게 배움에 대한 말은 하지 않는 것이 좋다.

- 미모나 몸매가 좋지 않은 사람에게 남의 미모나 몸매에 대한 말은 하지 않는 것이 좋다.
- 공부 못하는 사람에게 공부 잘하는 사람에 대한 말은 하지 않는 것이 좋다.
- 자식 없는 사람에게 자식에 대한 말은 하지 않는 것이 좋다.
- 부모 없는 사람에게 부모에 대한 말은 하지 않는 것이 좋다.

이 말은 상대가 가지고 있는 단점이나 약점에 대해 함부로 말을 하지 말라는 것이다. 우리 모두는 자기가 가지고 있는 좋지 않은 것과 가슴 아픈 일은 드러내기를 싫어한다. 이것은 인지상정이다. 설령 그 말이 듣는 사람이 가지고 있는 약점이나 가슴 아픈 일에 대한 직접적인 말이 아니더라도 듣는 사람은 그것을 자기 쪽으로 당겨서 자기 것으로 듣게 된다. 그래서 상대는 깊은 상처를 받거나 충격을 받을 수 있다.

우리는 듣는 사람이 어떠한 사람이며 어떠한 상황에 처해 있는 사람인지 미리 생각하고 말을 해야 한다. 즉, 상대에 대한 기본적인 정보를 미리 가지고 말을 하면 크게 실수를 줄일 수 있다. 상대에 대한 정보가 없을 경우에는 개인 신상이나 가족에 관련된 화제는 가능한 올리지 않는 것이 좋다. 혹시라도 상대와 관련이 있을 수 있을지 모르기 때문이다. 그래서 처음에는 가능한 한 일반적이고 보편적인 화제로 대화를 시작하는 것이 좋다. 그리고 관점이 대립되는 사안일 경우 처음 만나는 사람과 이야기할 때는 상대의 관점을 잘 살펴 말을 해야

말하기의 내용과 방법

한다. 상대가 손위이거나 관계를 가깝게 해야 할 필요가 있을 경우는 처음부터 자신의 주장을 강하게 말하지 않는 것이 좋다. 상대의 기분을 상하지 않게 하면서 점진적으로 자기의 주장을 말할 수 있어야 한다. 그것이 담화 책략이다. 간혹 상대에 대한 단점이나 말하기 어려운 내용을 말할 때는 매우 조심스럽게 말을 해야 한다. 말을 한번 잘못해서 그동안 쌓아 놓았던 두 사람의 관계가 무너지게 되고 자신의 목적을 이룰 수 없기 때문이다.

말하는 사람과의 친밀도에 따라 말하는 내용도 달라져야 함을 알아야 할 것이다. 친밀도가 낮으면 두 사람과 먼 화제를, 친밀도가 높으면 두 사람과 가까운 화제를 나누어야 한다.

다음은 남에게 하지 말아야 할 말에 대한 범익겸의 가르침이다.

일, 조정에서 하는 일의 이롭고 해로움과 변경에서 들어오는 보고와 변경으로 사신의 파견, 관리의 임명 등의 일에 대하여 말하지 말라.
이, 주, 현의 관원에 대한 장, 단점, 잘하고 못하는 것을 말하지 말라.
삼, 여러 사람이 지은 허물과 악행을 말하지 말라.
사, 관직에 나아가는 일과 시속에 다르고 권세에 아부하는 일을 말하지 말라.
오, 재리의 많고 적음과 가난을 싫어하고 부를 구하는 일을 말하지 말라.
육, 음란한 말과 희롱하여 업신여기는 말을 하지 말며, 여색을 평론하지 말라.
칠, 남의 물건을 요구하거나 술과 음식을 요구하는 일을 말하지 말라. (嘉言 78)

〈이씨여계〉에 다음과 같은 말이 있다.

● 마음에 두고 있는 것이 정이요, 입 밖에 내는 것이 말이니, 말은 사람의 온갖 영예와 치욕에 관계되는 중요한 구실을 하는 것이며, 사람과의 관계에 있어서 친하고 먼 것의 중요한 마디를 뜻하는 것이다.

말은 능히 굳은 것을 풀게도 하고, 서로 다른 것을 합쳐지게도 하며, 원한을 사게도 하고, 적대감을 불러일으키게도 한다. 그러므로 이것이 커지면 나라를 뒤엎고 집안을 망치며, 사소한 것이라 할지라도 육친을 이간시키는 것이 된다.

이런 까닭으로 현명한 여인들은 입을 조심하며, 부끄러운 일이나 비방 따위를 불러들이지 않을까 두려워하는 것이다. **(內訓)**

● 비록 천 마디의 말을 외우더라도
그 말의 뜻이 바르지 않으면
단 한 마디의 말을 들어
마음을 편안히 다스리는 것만 못하다.

비록 천 마디의 글귀를 외우더라도
올바른 뜻이 들어 있지 않으면
단 한 마디의 뜻이라도 옳게 듣고
그대로 행하여 편안함을 얻음만 못하다.
〈법구경〉

24

말조심하기

　말이 가지고 있는 힘이 크기 때문에 선각자들의 말에 대한 가르침은 대부분 말을 조심스럽게 하라는 것이다. 말은 칼의 양날과 같아서 잘 쓰면 유익하지만 잘못 쓰면 해로운 것이다.

　사람의 입으로 지은 업장이 얼마나 컸으면 불교에서 예불 때마다 읽혀지는 천수경의 첫 부분에 '입으로 지은 업을 깨끗이 한다'는 뜻인 정구업진언(淨口業眞言)이 나오겠는가. 그만큼 우리는 말로써 죄업을 많이 짓는다는 것을 말한다. 이어서 천수경에서 거짓으로 하는 말, 남에게 이간질하는 말, 꾸미는 말, 남에게 나쁜 말을 하는 것을 경계하며, 말로 짓는 악업에 대해 끝임 없이 참회하게 한다.

말하기에 대한 경계는 〈잠언(箴言)〉에서도

● 입과 혀를 지키는 자는 자기의 영혼을 환난에서 보전하느니라. **(잠언 21:23)**

이라고 하니 말하기를 조심하라는 가르침은 동서고금을 막론하고 한결같다.

● 사람을 이롭게 하는 말은 따뜻하기가 솜과 같고
사람을 해치는 말은 날카롭기가 가시와 같으니
이롭게 하는 말은 일언반구라도 귀중하기가 천금과 같고
한 마디 말이라도 남을 해치는 경우는 아프기가 칼로 베는 것과 같다.

● 군평이 말하길 말은 재앙의 문이요, 몸을 죽이는 도끼다.

● 한 마디가 도리에 맞지 않으면 천 마디의 말도 소용이 없느니라.

● 입은 사람을 해치는 도끼요, 말은 곧 혓바닥을 베는 칼이니 입을 오므리고 깊이 혀를 감춘다면 어디에 있으나 편안하리라. **(명심보감)**

그리고 다음처럼 〈논어〉에서 말이 많으면 허물이 따르게 되고 말을 적게 하면 허물 또한 적게 된다고 가르쳤다. 다음 글을 보자.

● 많이 들어서 의문을 없애고, 그러고도 남음이 있어 삼가 말을 한다면 허물이 적으리라.——말을 삼가서 허물을 적게 하고—— **(爲政 18)**

그리고 다음 자공의 가르침은 말을 삼가고 신중하게 해야 하는 까닭을 명쾌하게 밝혀 주고 있다. 즉, 말 한 마디에 그 사람의 지혜로움이 달려 있다는 말이다.

● 자공이 말하길 '군자는 말 한 마디에 지혜로워지고 말 한 마디에 지혜롭지 않게도 되는 것이니 말을 삼가지 않을 수 없다. **(子張 25)**

다음 〈소학〉에 나오는 말도 모두 말하기를 조심하라는 가르침이며, 더불어 말이 사람됨의 판단 기준이 된다는 가르침들이다.

● 유충정공이 사마온공에게 묻기를 "마음이 극진하고 몸가짐을 바르게 하는 요긴한 방법으로서 몸이 마칠 때까지 행하여야 할 것이 무엇이 있습니까?"하니 공이 말하기를 "그것은 성실이 아니겠습니까?"하였다. 유공이 묻기를 "성실을 행하려면 무엇부터 먼저 시작하여야 합니까?"라고 하니, 공이 말하기를 "함부로 말하지 않는 것부터 시작하여야 합니다."하였다. **(소학善行 72)**

● 범노공 질이 재상이 되니 종자 고가 일찍이 임금께 아뢰어 자신의 벼슬 품계를 올려 주기를 구하였다. 질이 시를 지어 깨우쳤다.——
네게 훈계하노니, 말을 많이 하지 말라. 말 많음은 사람이 싫어하는 것. 진실로 추기를 삼가지 않으면 재액이 이로부터 시작되네. 옳으니 그르니 하여 헐뜯고 기리는 것은 몸에 허물이 되기에 알맞네. **(嘉言 10)**

말의 삼감과 중요함은 〈논어〉집주(주희)에서 잘 나타나 있다. 안연(晏然)이 공자에게 극기복례(克己復禮)에 대해 묻자 공자는 다음과 같이 말하였다.

- '예가 아니면 보지 말며, 예가 아니면 듣지 말며, 예가 아니면 말하지 말며, 예가 아니면 동하지 마는 것'이라고 하였다.

이에 정자(程子)는 공자의 시(視), 청(廳), 언(言), 동(動)의 네 가지 용(用)에 대해 잠(箴)을 지어 경계하였는데 그 가운데 다음은 언잠(言箴)이다.

- 인심(人心)의 동(動)함은 말로 인하여 베풀어지니 말을 할 때에 조급함과 경망함을 금하여야 안이 고요하고 전일(專一)해지는 것이다. 하물며 이 말은 몸의 추기(樞機)이니, 전쟁을 일으키기도 하고 우호를 내기도 한다. 길(吉)과 흉(凶), 영화(榮華)와 욕(辱)이 오직 그 〈입이〉 부르는 바이다. 너무 말을 쉽게 함에 상하면 허탄해지고, 너무 번거로움에 상하면 지리(支離)해지며, 자신이 〈말을〉 함부로 하면 남도 거슬리고, 나가는 말이 도리(道理)에 어그러지면 오는 말도 이치에 어그러지는 것이다. 법이 아니면 말하지 말아야하고 훈계 말씀을 공경할지어다.

- 군자의 말은 적으나 들을 만하고(실속이 있고), 소인의 말은 많으나 들을 만하지 않다(실속이 없다).
(명심보감)

말하기의 내용과 방법

옛날 유명한 사람들의 글귀를 모아 어린이들을 가르쳤다는 〈추구집(推拘集)〉에서도 다음과 같이 일찍부터 말을 함부로 하지 말라고 가르쳤으니 우리 전통적인 언어관은 가히 놀라지 않을 수 없다.

• 물은 한번 흘러가면, 다시 돌아올 수 없고 말은 한 번 뱉으면 다시 거두기 어렵다.

우리말 속담에 '빈 수레가 더 요란하다'고 한 말과 같은 뜻의 서양 속담에 '말이 많은 사람은 하는 일이 적다(Great talkers are little doers), 빈 그릇이 가장 큰 소리를 낸다(Empty vessels make the greatest noise)'라는 말이 있다.

솔로몬의 〈잠언〉에도 다음과 같은 말이 있다.

'말이 많으면 허물을 면키 어려우니 그 입술을 제어하는 자는 지혜가 있느니라.'

이것은 말을 하지 말라는 뜻이 아니다. 때와 장소를 가려서 말을 하라는 뜻이다. 말의 많음에 대한 가르침이 어찌 이뿐이겠는가.

말이 많으면 말에 도취가 되어 자기도 모르게 하지 않아야 할 말도 하게 된다. 말이 말을 이끌고 가기 때문이다. 그래서 자기의 정보를 지나치게 많이 드러내게 된다. 자기의 정보를 상대가 많이 알면 알수록 당신은 상대에게 불리해진다는 것을 알아야 한다. 이는 중요한 협상에서 당신의 전략을 드러내고 협상하는 것과 같다.

그리고 다음은 우리 속담에 있는 '말 많음'을 경계한 것이다.

- 낮말은 새가 듣고 밤말은 쥐가 듣는다.
  발 없는 말이 천리를 간다.
  말 많은 집은 장맛도 쓰다.
  물이 깊을수록 소리가 없다.
  가루는 칠수록 고와지고 말은 할수록 거칠어진다.

말하기를 그만큼 조심하라는 뜻이다.
〈법구경(法句經)〉에도 다음과 같은 말하기를 삼가라는 내용이 있다.

제12장

● 말을 삼가는 것과 뜻을 단속하는 것
몸으로 나쁜 일 행하지 않는 것
이런 세 가지 업 깨끗이 하면
깨달음 얻으리라 부처님은 말하셨네.

● 몸을 절제하고 말을 삼가며
그 마음을 거두어 지켜
성내지 말고 도를 행하라.
욕(辱)을 참는 것이 가장 강하니라.

● 이른바 지혜로운 사람이란
반드시 말을 잘하지 않더라도
겁도 두려움도 없이 선을 잘 지키면
그를 일러 지혜로운 사람이라 하네.

25

때와 장소 가려 말하기

말은 크게 두 가지 목적이 있다. 하나는 자기의 정보를 상대에게 제공하는 것이고, 다른 하나는 상대에게 자기의 뜻대로 하도록 요구하는 것이다. 앞의 것은 듣는 사람에게 도움이 되는 것이라면, 뒤의 것은 말하는 사람에게 도움이 되도록 하는 말이다. 그런데 어떤 말이든지 그 말이 가지는 의도를 온전히 달성하기 위해서는 말하는 때와 장소를 적절하게 선택해야 한다. 그래서 사랑하는 사람에게 사랑을 고백하기 위해서는 상대의 마음을 열 수 있는 그런 분위기에서 말을 해야 하고, 상대에게 자기의 물건을 사도록 설득시키기는 말을 할 때도 적절한 때와 장소를 선택해야 한다.

말하는 사람이 자기의 뜻대로 하기 위해 상대를 설득하거나, 상대로 하여금 무엇을 요구하는 말은 상대가 가능한 한 기분이 좋거나 마음이 편안할 때를 찾아 말을 해야 한다. 복잡한 차 안에서 사랑을 고백하기 어렵고, 사사로운 이야기를 많은 사람이 듣는 곳에서 말할 수 없는 것과 같다. 많은 사람들이 사업상 좋은 음식점을 찾거나 골프장이나 휴식처를 찾는 것도 상대의 마음을 가능한 한 즐겁고 편하게 하여 자기가 바라는 목적을 달성하도록 하기 위해서이다. 부모에게 용돈을 얻는 것까지도 시간과 장소를 가려서 말을 해야 한다. 그리고 말할 상대의 표정을 잘 읽고 난 후 말을 하는 것이 좋다. 상대가 화가 나 있거나 어떤 고민에 빠져 있거나 몸이 불편한 상태라면 아무리 말을 잘한들 그 사람에게 무엇을 얻을 수 있겠는가.

평소 부모에게 할 수 없었던 말이라도 호젓한 산길을 함께 산책하면서 말을 나눌 때 서로가 더 동화될 수 있으며 아무도 없는 병상 머리에서 부모와 자식이 손을 잡고 대화를 나눌 때 더 깊은 사랑을 나눌 수 있을 것이다. 같은 사람에게 똑같은 말을 하더라도 말하는 시간과 장소 그리고 상대의 심리적 상태에 따라 상대가 받아들이는 정도가 매우 달라진다.

당신이 말하기 어려운 상대일수록 말하기 좋은 적절한 상황과 기회를 찾아야 한다.

아래는 때에 맞는 말을 하라는 가르침이다.

● 사람은 그 입의 대답으로 말미암아 기쁨을 얻나니 때에 맞는 말이 얼마나 아름다운고 (잠언 15:23)

유교의 기본적인 정신 가운데 하나가 인간관계의 대상에 따라 그 예가 다른 것이다. 임금과 신하, 부모와 자식, 남편과 아내, 남자와 여자, 어른과 아이 등 관계에 따라 말이 다르고 예법이 달랐던 것이다. 이것을 예절(禮節)이라고 한다. 대상(마디)의 다름이 '절(節)'이고 그 대상에 따른 바른 행동이 '예(禮)'이다. 따라서 말하기도 당연히 상황에 따라, 들을이의 대상에 따라 달라지게 마련이다. 이에 대한 자세한 가르침은 〈논어〉에 모두 네 군데 보인다. 다음은 공자가 향당에서 말할 때와 종묘와 조정에서 말할 때 갖추어야 하는 말하기 태도이다.

● 공자는 향당에 있을 때에는 신실한 모습으로 말도 잘하지 못하는 사람 같았다. 종묘 와 조정에 있을 때는 말을 분명하게 하였으나 다만 삼가였다. (鄕黨 1)

향당은 공자의 부형과 종친이 계신 곳을 말하는데 고향에서 부모와 형제들과 말할 때는 신실한 모습만 보이고 말을 잘 하지 않았다는 것이다. 그러나 종묘와 조정에서 자기의 주장이나 뜻을 전달할 때는 말을 분명하게 하였으나 겸손하고 말을 삼갔다고 한다. 이것은 장소에 따라 말하기 태도가 달라야 함을 가르친 것이다. 부모와 형제가 있는 고향에서는 자기의 생각을 강하게 내보이지 않고 온순하고 공손하게 말을 하다가도 조정에서 공사나 국사를 논의할 때는 분명하고 사리에 맞게 말하라는 것이다.

이러한 가르침은 특히 오늘날 우리 모두 잘 새겨야 할 내용이다. 우리는 부모 형제 앞에서나 사사로운 자리에서 그리 중요하지 않는 일에 대해서는 목청을 높이고 자기의 주장을 끝까지 관철시키려고 하면서, 정작 자기의 주장을 똑똑하게 표현해야 하는 토론장이나 회의장과 같은 공적인 자리에서는 다른 사람의 눈치만 살피고 말을 하지 못하는 것이 대부분이다. 공자의 가르침과 거꾸로 된 셈이다. 또한 자기의 주장을 분명히 밝히면서도 잊지 말아야 할 것은 말을 공손히 하며 삼가야 하는 일이다.

그리고 공자는 사람에 따라 말하기 태도가 달라야 한다고 가르치고 있다. 다음은 공자가 노나라 대부의 자리인 대사구(大司寇)로 있으면서 벼슬의 상하에 따라 말하기 태도가 다름을 가르친 것이다.

● 공자께서 조회 때에 하대부와 말할 때에는 강직한 모습이었으며, 상대부와 말할 때에는 온화하고 즐거운 모습이었다. (鄕黨 2)

이것은 같은 계급에서도 조금이라도 낮은 계급 사람에게는 강직한 모습으로 의젓하게 말을 하고 자기보다 조금이라도 높은 계급 사람에게는 윗사람을 대하듯 공경을 다해 말해야 하는 가르침이다. 여기서 공자는 조회라는 장소를 중요하게 본 것이다. 조회라는 공석인 자리에서 아랫사람에게는 엄한 모습을 보이면서 위엄을 지켜야 하고 윗사람에게는 예를 갖추어 부드러운 말로 간하라는 뜻이다.

그리고 임금을 섬기는 말하기에 대해서는 다음과 같이 말했다.

이것은 실제 실천하기 매우 어려운 가르침이다. 높은 사람 앞에서
그 사람이 듣기 싫은 직언을 하는 것이 결코 쉬운 일이 아니다. 그러
나 임금을 섬기고 국사를 논하는 자리에서는 임금을 속이고 기만하지
않고 신실하게 직언을 하는 사람이야말로 충신이며 결국은 윗사람도
끝내 그 사람을 믿게 될 것이다.

공자는 다음과 같이 시대에 따라 말하기도 달라야 함을 가르쳤다.

나라에 도가 있어 정치가 바로 행해진다고 생각하면 옳은 말을 큰
소리로 하고 행동도 대담하게 할 수 있으나, 그렇지 못하고 나라에 도
가 없고 정치가 어지러우면 함부로 나서지 말 것이며, 정직하게 행하
되 말소리를 낮추어 공손하게 해야 한다고 했다. 이것은 때를 구분해
서 말하기를 다르게 해야 함을 가르친 것이다. 말을 바로 들을 수 있

는 귀가 있을 때 바른 말을 하고, 그 말을 들어줄 만한 인품이 없을 때는 말을 하지 않는 것이 낫다는 뜻이다.

이러한 가르침은 〈논어〉에 자리가 바르지 않으면 앉지 않으셨다(席不正 不坐)의 가르침과 같다.

26

단정적으로 말하지 않기

말을 단정적으로 하면 듣는 사람을 쉽게 흥분하게 한다. 자기 말이 맞고 상대의 말은 틀렸다고 함으로써 말할이는 말로써 상대를 눌러 이기려고 하는 것이다. 단정적으로 말을 한다는 것은 당신의 말에 상대가 생각할 틈을 주지 않으려고 하는 것이며 결국 당신의 말을 강압적으로 수용하게 하는 말투다. 그러나 당신이 그렇게 말을 함으로써 겉으로는 상대가 당신의 말을 수용하는 것처럼 보일지라도 실제는 그렇지 않음을 알아야 한다. 강하고 단정적인 말로써 상대를 설득한 것처럼 보이지만 상대는 반대로 굴욕감과 패배감을 가지게 된다. 인간은 상대가 자기보다 뛰어나다고 생각하면 자기도 모르게 마음속 깊은 곳에는 상대적으로 열등감이 생기게 되고 나아가 자기도 모르는 작은 분노와 미움이 싹트게 되어 있다. 그래서 단정적으로 말을 하는 것은 상대에게 괜한 싸움을 거는 것과 같다.

이 세상에는 극단적으로 단정할 만한 것이 하나도 없다. 자기가 알고 있는 것은 단지 자기가 알고 있는 것일 뿐이며, 남에게도 자기의 생각을 일방적으로 강요할 수는 없다. 함부로 상대의 말은 틀렸다고 하고 자기의 주장만 옳다고 말하지 않아야 한다.

특히, 다음과 같은 말은 삼가는 것이 좋다.

- 넌, 어찌 그것밖에 생각하지 못하니?
- 너, 그것 말이라고 하니?
- 그건 틀렸어.
- 그건 말도 안 되는 소리야.
- 그건 턱도 없는 소리야.
- 그건 아닙니다. 절대 있을 수 없는 말입니다.
- 그걸 글이라고 썼어?
- 그건 아니고, 그건 틀린 말입니다.

어떤 사람은 상대가 말한 것을 버릇처럼 무조건 부정해 놓고 자기의 주장을 펴는 사람이 있다. 어떻게 해서 당신의 말은 맞고 상대의 말은 전적으로 틀렸다고 판단하는가. 당신이 알고 있는 것은 한낱 참인지도 아닌지도 모르는, 어떻게 보면 지극히 허무하기 짝이 없는 지식의 덩이에 불과한 것을 어찌 모르는가.

이러한 것도 결국 자기의 생각만 옳고 다른 사람은 틀렸다고 생각하는, 지나친 자기중심적인 말하기 때문에 일어나는 것이다. 당신이 '맞다'고 생각한 것은 단지 당신 생각으로 그럴 뿐이고 진정한 판단은 오직 상대의 몫이며 당신은 당신의 생각을 상대에게 전달했을 뿐이다. 우리는 이러한 사실을 잊고 살아가고 있다. 상대가 당신의 말을 듣고 아무리 겉으로 인정을 하는 것처럼 보이더라도 속으로는 그렇지 않을 수도 있음을 알아야 한다. 설령 상대가 당신의 말에 어떤 반응을 보이지 않는다고 하더라도 당신은 상대가 당신의 말을 인정하는 것으로 착각하지 않아야 한다. 흔히 우리는 상대가 자기의 말에 대꾸를 하지 않는다고 해서 자기가 말싸움에서 이겼다고 우쭐대곤 한다. 그러나 상대는 단지 말을 하지 않았을 뿐이지 당신의 말을 인정했다는 뜻이 아님을 잊어서는 안 된다. 상대는 단지 당신과 말을 하기 싫어서 말하기를 피했을 뿐일지도 모른다. 만약 그렇게 단정적으로 확신에 찬 목소리로 외쳐대면서 상대를 압도했던 당신의 말이 혹시 잘못되었다는 것을 상대가 확인했다고 상상해 보라. 얼마나 부끄러운 일인가.

아래와 같이 상대의 기분을 거슬리지 않는 표현이 듣는 사람에 대한 겸손을 나타내는 것이다.

> - 그런데, 내 생각으로는
> - 당신 생각도 맞을 것 같은데, 그런데 나는 당신과 조금 다르게 생각해.

- 참 좋은 생각 같은데, 그렇지만 내 생각 한번 들어보게
- 선생님 말씀도 일리가 있습니다만, 저는 이렇게 생각합니다.

상대를 즐겁게 하는 것이 당신 또한 즐거운 일임을 잊지 말아야 할 것이다.

당신의 의견이 옳다 하더라도 무리하게 남을 설득하려는 것은 현명하지 못한 것이다. 모든 사람은 설득당하는 것을 싫어하기 때문이다 (스피노자)

퇴계(退溪) 선생의 언행록(言行錄)에 선생이 제자에게 한 다음과 같은 말도 자기 말만 맞다고 우기면서 단정적으로 말하는 것을 경계한 것이다.

● 자기를 버리고 남을 따를 줄 모르는 것은 학자의 커다란 병폐다. 천하의 이치가 한량이 없는데 어찌 자기만 옳고 남은 그르다고 말할 수 있겠는가. (禹性傳記)

● 선생은 남과 토론을 하다가 서로 의견이 맞지 않으면 자기 의견이 혹시 미흡하지 않은가하여, 자기의 선입관을 무턱대고 고집하려고 하지 않았다. 허심탄회한 마음으로 뜻과 이치를 다시 생각해 보기도 하고, 또 옛날 책을 참고하여 새로 연구해 본다. 그래서 당신의 의견이 합당하다고 생각되면, 토론을 다시 시작하여 상대방의 의혹을 깨끗이 풀도록 친절하게 가르쳐주신다. 그러기에 사람들은 모두 기쁜 마음으로 선생을 따랐다. (李德弘記)

27

비교하는 말 삼가기

우리는 다른 사람이 자기를 남과 비교해서 낮추어 말을 하면 듣기
싫어한다. 자기를 남과 비교한다는 것은 자기의 삶을 부정하면서 자
기를 비교 대상의 삶과 같이 살도록 하는 것과 같다.

그러나 흔히 우리는 다음과 같은 말을 하곤 한다.

- 옆집 철수는 반에서 일등을 하는데 너는 뭘 하는 거니?
- 철수는 경시대회에 나가서 일등을 했다고 하는데, 도대체
  너는 뭘 하니?
- 너 친구 누구는 어느 대학에 갔다는데 너는 도대체
  뭘 하는 거냐?

- 누구 남편은 설거지도 하고 빨래도 한다는데 당신은 뭘 합니까?
- 누구 남편은 월급이 얼마인데 당신은 쥐꼬리만 한 월급으로 어떻게 삽니까?
- 옆집 부인은 몸도 건강하고 돈도 많이 벌어 온다는데 당신은 뭘 합니까?
- 누구는 결혼할 때 뭐도 가지고 오고 뭐도 가지고 왔다는데 당신이 가지고 온 것이 뭐요?
- 다른 집은 저렇게 행복한데 우리는 왜 이럴까?

이런 말을 들으면 누구든지 기분이 좋지 않다.

우리 인간은 이 세상에 둘도 없는 오직 하나의 존재로 살고 있다. 그 삶의 모습은 각각 서로 다르다. 당신은 이 세상 모든 사람과 생각도 다르고, 먹고, 입고, 사는 것도 모두 다르다. 그래서 당신이 사는 방식도 다른 사람과 다를 수밖에 없다. 어느 누구도 그들을 대신해서 그대로 살 수도 없다. 그래서 우리 인간은 어떤 사람이라도 다른 사람의 삶과 그대로 꼭 닮아서도 안 되고 닮도록 해서도 안 된다. 또 그렇게 될 수도 없다. 그래서 당신은 당신의 주위에 있는 사람에게 다른 사람을 그대로 닮도록 강요하는 말을 하지 않는 것이 좋다. 상대에게 다른 사람과 비교해서 말하는 것은 그들에게 어떤 자극을 주려고 하는 것이지만 결과적으로는 반발과 불만만 불러일으켜 상대에게 감정적 상처를 깊게 남기게 된다. 단지 그들이 주어진 상황에서 최선을 다하도록 하면 된다. 더구나 상대에게 어떤 사람과 비교하여 말을 하게 되면 상대는 그 비교 대상까지 증오하고 미워하는 마음을 가지게 된다. 그래서 부모가 자기 자녀를 다른 자녀와 비교할 때 그 자녀는 당신이 칭찬한 남의 자녀까지 미워하고 시기하게 된다. 그래서 이전에는 친하게 지내던 친구도 자기와 비교하는 부모 때문에 그 친구와 헤어지거나 소원해지는 것을 종종 볼 수 있다. 남편도 자기 아내를 남의 아내와 비교하면 아내는 남편이 비교한 대상을 싫어하게 되고, 아내도 자기 남편을 다른 사람의 남편과 비교했을 때 남편은 비교한 그 사람을 미워하게 된다. 남과 비교해서 잘 하려다 더 나쁜 결과를 가져오게 되는 그런 어리석은 말은 하지 않는 것이 좋다. 당신이 비교하는 그 친구도 남편도 아내도 동료도 어떤 문제가 있는지, 어떤 안 좋은 점이 있는지 어떻게 알고 함부로 비교하려고 하는가.

겉으로 보기에는 남들은 모두 행복하고, 다른 아내는 남편에게, 다른 남편은 아내에게, 자식은 부모에게, 부모는 자식에게 불만이 없이 잘 하고 있는 것처럼 보일지 모르지만 실제 그들 속에 들어가 보면 그들 모두 나름대로 어려움이 있고 고통이 있으며 문제를 가지고 있을 수 있다. 그렇지 않은 사람은 이 세상 한 사람도 없을 것이다. 불교에서는 모든 사람은 생로병사(生老病死)와 이별의 고통(愛別離苦)), 미운 사람과 만나는 고통(怨憎會苦), 얻고자 하나 얻어지지 않는 고통(求不得苦), 신체적(오온) 탐욕과 집착에서 오는 고통(五陰盛苦)과 같은 여덟 가지 고통을 가지고 있다고 했다. 이 말은 세상 모든 사람은 나와 같이 고통 속에서 살아간다는 말이다.

이 세상에서 가장 아름다운 삶은 자기의 삶을 자기 스스로 이루어나가는 것이다. 자신의 삶이 이 세상에서 가장 고귀하고 아름답다고 생각하는 것이 자기의 삶을 만족하는 것이 아닐까. 당신은 상대에게 다른 사람의 삶을 그냥 보여 주고 알게 하면 그만이다. 상대가 그것을 닮아가거나 자극을 받고 더 나은 삶을 살도록 노력하는 것은 전적으로 듣는 사람 자신의 문제이다. 그래서 우리는 앞선 위대한 사람의 삶을 간접적으로 알고 그들처럼 열심히 살아가려고 노력한다. 그것은 우리가 그들의 삶을 그대로 살아가려고 하는 것이 아니라 그들의 삶을 통해 새로운 나의 삶을 살아가는 데 지침이 되고 간접적으로 경험을 얻는 것일 뿐이다. 그들의 삶이 위대하면 우리는 자극을 받고, 그렇지 않다고 생각하면 그들처럼 살지 않아야 하는 교훈을 얻게 된다.

이 세상에 어떤 사람도 남보다 못한 사람으로 평가받는 것을 좋아하는 사람은 없다. 당신이 당신의 남편과 아내와 자녀와 친구를 사랑한다면 그 사람과 다른 사람을 비교하여 말하지 말아야 한다. 당신이 상대를 진정 사랑한다면 상대가 처해 있는 모든 것을 사랑하고 상대 그 자체를 아끼고 존중하면서 격려하고 칭찬해 주어야 한다. 남들과 비교하는 것은 상대를 나쁜 방법으로 꾸짖고 질책하는 것이다.

우리시대에 소위 '엄친아'라는 말이 생길 정도로 오늘날 부모들은 자신의 아이들을 남의 아이들과 비교하여 질책하고 꾸짖곤 한다. 이것은 부모가 자식을 통해 대리만족하려고 하는 것이나 부모의 삶을 대신 살게 하는 것과 같다. 그러나 아이는 아직 살아갈 날이 많이 남았기 때문에 끊임없이 참고 기다리면서 사랑하고 칭찬해야 한다.

남들과 다르게 사는 것이 '틀림'이 아니고 '다름'을 인정하고 그 다름이 그 사람의 고귀한 가치라고 생각해야 할 것이다.

〈명심보감(明心寶鑑)〉에 다음과 같은 말이 나온다.

> 만족함을 아는 사람은 가난하고 천해도 즐겁고, 만족함을
> 알지 못하는 사람은 부자이고 귀해도 근심만 있다.
> (知足者는 貧賤亦樂이요 不知足者는 富貴亦憂니라).

따라서 삶에 도움이 되는 좋은 정보는 많이 알려 주되, '————한데 너(당신)는 왜 그런가'라는 비교하는 말을 하지 않는 것이 좋다.

28

따져 말하지 않기

　우리는 언제부터인가 논리적인 말하기를 말하기에서 가장 중요한 것으로 교육하고 있다.

　논리적 말하기는 자기의 뜻을 상대에게 설득시키고 합리화시키는 데 매우 효과적이다. 그래서 모든 말을 논리적으로 해야 하는 것처럼 생각하기 쉽다. 그러나 말은 논리적으로 따져서 상대를 설득하거나 감동시키는 경우보다 그렇지 않은 경우가 훨씬 많다. 더구나 논리는 절대 진리가 아니기 때문에 합당한 것처럼 보였던 논리들도 언젠가는 논리적 모순에 빠지기 일쑤라서 더욱 그렇다. 대부분 사람들은 자기가 생각한 논리가 절대적인 진리인 양 그것으로 상대를 궁지에 몰아넣고는 의기양양하게 고개를 들고 승리감에 도취되곤 한다. 그래서 말로써 서로 싸우는 것을 언쟁(言爭) 또는 논쟁(論爭)이라고 한다. 그러나 돌아서서 조금만 생각하면 자기가 잘못되었다는 것을 알고 후회하는 경우도 많다. 세상의 일에는 이렇게 생각하면 이렇게 보이고 저렇게 생각하면 저렇게 보일 수 있는 것이 수없이 많다.

말은 사람의 마음과 마음을 연결하는 것이지 사물과 사물을 연결하거나 눈에 보이는 사물의 옳고 그름을 나타내는 것이 전부가 아니다. 아무리 논리적인 것처럼 보일지라도 상대의 마음을 열지 못하면 그 말은 상대를 설득시키지 못한다. 비록 비논리적인 말일지라도 상대가 맞는 것으로 마음을 열고 받아들이면 그 말은 가치롭고 성공적인 말하기가 될 수 있다. 말하기에도 논리가 필요한 말이 있고 그렇지 않는 말이 있다. 한 마디 말로써도 상대를 크게 감동시키거나 감화시킬 수 있는가 하면, 거꾸로 논리적인 것처럼 보이는 수많은 말로써도 결코 상대를 조금도 감동시키거나 감화시키지 못하는 경우가 많다.

우리가 살아가면서 하는 말은 논리적으로 따져 말하거나 따져 받아들이는 것들이 아니라 대부분 직관적으로 말하고 받아들이는 것들이다. 어떤 사람이 당신에게 "당신은 왜 당신의 자식을 사랑합니까?"라고 말했다고 해서 당신은 그 사람에게 어떤 말을 할 수 있는가. 사랑이라는 것이 따져서 이루어지는 것이 아니기 때문에 그 까닭을 어떻게 말로 표현할 수 있겠는가. 이처럼 까닭을 말할 수도, 말할 필요도 없는 경우가 우리의 삶 속에 수없이 많다. 말은 마음과 마음을 주고받는 것이다. 일상적으로 상대를 설득시키고 마음을 열게 하는 말은 어쩌면 논리적인 말보다 사랑과 정이 담긴 말일지도 모른다.

그렇다고 모든 말을 논리적으로 하지 말라는 것은 결코 아니다. 여기서 말하는 것은 일상적인 말하기를 두고 말하는 것이다. 논리적으로 말해야 할 때는 논리적으로 말을 해야 한다. 교육의 장이나 정책이나 토론의 장에서는 논리적일수록 상대를 이성적으로 설득시킬 수 있고 논리적일수록 합리적이고 과학적일 수도 있다.

그러나 여기서 말하고자 하는 것은 당신이 논리적으로 상대를 설득시켰다거나 설복시켰다고 자만하지 말라는 뜻을 함축하고 있기도 하다. 그리고 논리적으로 상대를 설득시킬 필요가 없는데도 논리적으로 따져 설득시키려고 하지 말라는 것이다.

그래서 아리스토텔레스도 다음과 같이 사람을 설득하는 데 로고스보다 이토스가 중요하다고 했다.

(1) 이토스(Ethos) :

명성, 신뢰감, 호감 등으로 메시지를 전달하는 사람에 대한 인격적인 측면으로, 설득 과정에 60% 정도 영향을 미친다.

(2) 파토스(Pathos) :

공감, 경청 등으로 친밀감을 형성하거나 유머, 공포나 연민 등 감정을 자극해 마음을 움직이는 감정적인 측면으로, 설득에 30% 정도 영향을 미친다.

(3) 로고스(Logos) :

논리적인 근거나 실증적인 자료 등으로 상대방의 결정을 정당화시킬 수 있는 근거를 제공하는 논리적 측면으로, 설득에 10% 정도 영향을 미친다.

이와 비슷한 주장으로 이른바 '메러비언 법칙'이 있다.

미국 심리학자이며 의사소통전문가 앨버트 메러비언(Albert Mehrabian)은 인간의 대화에서 설득 요인을 대화의 언어가 7%이고, 음조 억양 목소리, 말투인 반언어적 표현이 38%이며, 표정, 태도 몸짓인 비언어적 표현이 55%라고 하였다.

아리스토텔레스나 메러비언의 주장은 상대를 설득하는 데 언어적 요소가 절대적이 아님을 말해 주고 있다. 그리고 상대와의 소통이 성공적인지 아닌지는 대면하고 6초 안에 결정된다고 한다. 이것은 말할 이가 상대를 만나면서 가지고 있는 심리적 상태에 따라 대화의 성공 여부가 결정된다는 것이다. 말하는 사람과 듣는 사람 사이에서 서로 열린 마음, 긍정적 마음, 배려하는 마음, 사랑하는 마음을 가질 때 자연스럽게 성공적인 대화로 이끌 수 있게 된다. 이는 대화 상대자와의 정서적 교감이나 안정된 표정과 같은 비언어적 요소가 매우 중요함을 말해 주고 있다. 말을 잘한다는 것이 논리적으로 따져서 말을 잘하는 것이 아니라 상대와의 호감과 신뢰 즉, 정서적인 면이 더 중요하다는 것을 알아야 하겠다. 따라서 상대와 말을 할 때 따져 말하기보다는 상대를 배려하는 마음으로 편안하게 감정을 교환하는 것이 상대를 설득하는 데 최선의 방법이다.

29

짐작해서 말하지 않기

우리는 흔히 무엇을 정확하게 알지도 못하면서 상대의 행동이나 생각을 미루어 말하는 경우가 많다. 설령 상대의 말이 가지고 있는 함축적 의미를 추론하고 예측할 수 있다 하더라도 그것은 생각으로만 해야지 상대가 말하기 전에 미리 성급하게 말을 하지 말아야 한다. 자식이 공부하고 있는데도 어머니는 정확하게 알지도 못하면서 "너 장난치고 있지.", "너 딴 생각하고 있지.", "공부하지 않다가 내가 가면 공부하는 것처럼 하지."라고 말하곤 한다. 그것은 어머니가 자식을 믿지 못하고 있다는 것이다. 그때 자식은 '어머니는 나를 못 믿고 있어.'라고 생각하게 된다. 자식이 친구하고 도서관에서 공부하고 왔는데도 그 어머니는 자식에게 나쁜 짓하고 왔다고 미루어 짐작해서 말하기도 한다. 그것도 어머니가 자식을 믿지 못하고 있기 때문이다. 그러면 자식 또한 자기 어머니를 믿지 못하게 된다. 이것이 자꾸 반복되면 어머니와 자식 사이는 신뢰가 무너지고 점점 멀어지게 된다. 이것은 자식에 대해 관심을 가지지 않는 것보다 더 못한 결과를 가져온다. 이럴 경우, 부모는 자식의 행동이나 말을 관찰하면서 간접적으로 둘러서 말을 하는 것도 좋은 방법이다. 우리는 가능한 한 있는 사실, 확인된 사실만 말하도록 노력해야 한다.

예컨대, 자식이 공부하러 간다고 해 놓고 게임을 하러 갔을 경우, 부모는 여러 정황으로 볼 때 자식이 게임하러 간 것 같아도 자식에게 "너 공부 안 하고 게임방에 갔지."라고 말하기보다는 "공부하니 힘들지?", "공부한다고 좀 지친 것 같구나.", "조금 전에 게임방에서 학생들이 많이 나오던데, 아이들이 부모에게는 공부하러 간다고 해 놓고……. 그 아이들 참 걱정되더라."라고 말을 하면 간접적으로 말을 하는 것이다.

당신이 사랑하고 관계가 가까운 사람일수록 상대의 행동이나 말을 미리 짐작해서 지나치게 앞서 나가 말하지 말라는 뜻이다. 부부 사이도 마찬가지이다. 예측과 짐작은 단지 추측일 뿐이지 그것이 사실이 아니다. 혹시라도 그 예측이나 짐작이 빗나갔을 때는 당신은 그것을 어떻게 수습하고 해결할 것인가. 가능한 한 사실만 말해야 한다. 그리고 그 사실에 대한 추측과 추론은 매우 신중해야 하며 그것을 말하는 것은 더욱 그렇다. 가까운 사이일수록 신뢰가 무너지면 모든 것이 무너지기 때문에 함부로 미루어 짐작해서 말하지 않아야 할 것이다. 그

것이 부정적이고 관계를 해치는 말일수록 더욱 그렇다. 좋은 말은 미루어 말을 해도 서로가 나쁘지는 않을지 모른다. 그러나 그것도 지나치게 앞서 나가서 말을 하면 상대가 부담을 가지거나 당신을 가벼운 사람으로 생각하기 쉽다. 부정적인 말을 함부로 짐작해서 말하는 것은 관심과 사랑이 아니라 미움과 불행의 싹이 될 수도 있다.

다음과 같이 함부로 '-지(요)'라고 말하지 말아야 한다.

- 너, 싸웠지.
- 너, 게임했지.
- 너, 친구 만났지.
- 당신, 술집 갔지(요).
- 당신, 노름했지(요).
- 당신, 나 몰래 어디 갔다 왔지(요).

만약 상대가 불행한 일을 당했는데 좋은 일이 있는 것처럼 미루어 말하거나 좋은 일이 있는데 나쁜 일이 있는 것처럼 미루어 말을 하는 것은 상대에게 큰 실수를 범하는 매우 위험한 말하기이다. 미루어 말을 할 때는 가능한 한 많은 정황과 정보를 가지고 진실에 접근해서 말을 해야 한다. 정보가 많을수록 객관성은 높아진다. 따라서 짐작해서 말을 할 경우는 단정적으로 말을 하지 않는 것이 좋다. 확실하지 않은 사실을 어떻게 단정적으로 말할 수 있는가. 대부분 성격이 조급한 사람일수록 상대의 행위나 생각을 자기 쪽으로 당겨서 쉽게 추측하여 단정적으로 말을 한다. 그러나 확인되지도 않은 것을 함부로 말해서 서로 감정을 상하게 하지 않아야 할 것이다.

30

적절한 정보 주며 말하기

그라이스(H.P Grice)라는 언어학자는 대화 참여자가 상호간에 지켜야 할 원리를 제시하였다. 그는 그것을 협력의 원리(cooperative principle) 또는 대화공준이라 하였는데, 그 가운데 하나가 '양의 원리'라는 것이 있다. 이 '양의 원리'는 '현재 대화상의 목적에 요구되는 만큼 정보를 기여하고, 요구되는 것 이상의 정보를 기여하지 말라'라고 하는 것이다.

말하는 사람은 상대와의 관계에 따라 자기의 정보를 적절하게 제공해야 한다. 처음 만나는 사람에게는 그 사람에게 알맞은 정보를 제공하여야 한다. 그리고 듣는 사람이 친구, 직장 동료, 부부, 자식 등의 관계에 따라 말하는 사람은 자기의 정보를 각기 다르게 제공해 주는 것이 좋다. 우리는 때때로 분위기나 상황에 휩싸여 하지 말아야 할 말을 하고 난 뒤 후회하기도 한다. 아무리 가까운 사람이라도 할 말이 있고 하지 말아야 할 말이 있다. 이것이 분별되지 않은 사람은 판단력이 없는 사람이고 분별력이 없는 사람이라고 할 수 있다. 특히 당신에게 영업의 대상으로 다가오는 사람에게는 더욱더 당신의 정보를 함부로 말해서는 안 된다. 상대는 그것을 사적인 목적으로 쉽게 이용할 우려가 있기 때문이다.

또 당신과 매우 친밀한 관계임에도 상대의 정보만 얻으려고 하고 정작 자기의 정보를 말하지 않는 것도 잘못된 것이다. 적절한 양과 질을 가진 정보를 서로가 주고받아야 한다. 그렇게 함으로써 말하는 사람과 듣는 사람의 관계가 긍정적이고 신뢰가 있는 관계로 발전하게 된다. 또 상대가 말하기 싫어하는 정보를 억지로 말하게 하거나 무리하게 정보를 얻으려고 하는 사람이 있다. 이것은 올바른 말하기는 아니므로 이런 사람은 경계해야 할 사람이다. 굳이 알 필요가 없고 상대가 말하지 않으려고 하는 정보를 애써 알려고 해서는 안 된다.

처음 만나는 사람에게 자기 개인의 정보나 가족의 정보를 말하는 사람들이 많다. 특히 여성들은 처음 만나는 사람임에도 불구하고 자기가 가지고 있는 개인적 정보를 쉽게 말하는 경향이 있다. 처음 만났는데도 그들이 오래 전에 만난 사람처럼 자기의 정보를 흘리는 것을 보면 놀라기도 한다. 그 속에는 자기의 정보를 주면서 상대의 마음을 편안하게 하여 쉽게 가까워지려는 의도가 있다. 그러나 이러한 말하기는 결코 좋은 말하기가 아니다. 자기의 신변이나 남에 대한 이야기를 자기도 모르게 다른 사람에게 말을 하여 낭패를 겪는 경우가 생기기 때문이다. 이렇게 말하는 사람은 주로 성격이 매우 급한 사람이거나 외향적인 성격을 가진 사람일 가능성이 높다. 그리고 그런 사람 가운데는 자존심이 강하거나 상대적 열등의식을 가진 사람이 많다. 이런 사람은 상대에게 자기 자랑을 하여 상대로부터 호감을 얻으려고 하는 마음이 바탕에 깔려 있다고 볼 수 있다.

점을 보러 가는 사람들은 대부분 자기의 정보를 점쟁이에게 말을 하거나 흘렸다는 것을 알아야 한다. 점을 치는 사람은 상대의 말에서 많은 정보를 얻어 내는 능력을 가진 사람이다. 무당이나 점쟁이에게 자기 스스로 자신의 정보를 다 말해 놓고 점치는 사람을 신통하다고 하니 어리석은 일이 아닐 수 없다.

그래서 상대의 친밀도나 관계에 따라 적절한 정보를 제공하는 것이 담화 전략의 기본이다.

● 남을 만나서 이야기하더라도 웬만큼 할 것이요 지니고 있는 속마음을 전부 드러내 놓지 말며, 호랑이의 입은 몇이라도 두려워할 것이 아니라 다만 인정의 두 가지 마음을 두려워하라. (명심보감)

31

상대 정보 활용하며 말하기

상대와 말을 할 때 상대의 정보를 적절하게 활용하면 상대와 관계가 매우 좋아질 수가 있다. 그것은 상대에 대한 배려이고 관심의 표시이기도 하다. 말하는 사람은 상대의 정보를 최대한 활용을 해야 한다. 정보를 모를 경우는 간접적으로 말을 하면서 가능한 한 정보를 많이 가지도록 해야 한다. 처음 만나는 사람은 서로가 상대에 대한 정보를 가지고 있지 않기 때문에 쉽게 상대의 신변이나 개인 사정에 대해 말할 수 없는 것은 당연하다. 그렇다고 처음 만나는 사람에게 개인의 사정에 대해 말할 필요도 없다. 말하는 것 자체가 상대에 대한 예의가 아니다. 그러나 친밀도에 따라 상대에 대한 정보의 정도도 달라진다. 친밀도가 높으면 자연스럽게 상대의 정보를 많이 가질 수 있고 대화의 내용도 상대의 정보를 활용하여 말할 수 있다. 이러한 말하기는 친

교 책략의 하나다

필자가 널리 알려진 유명한 정치인을 만난 적이 있었다. 서로 명함을 주고받고 식사를 하면서 이런저런 이야기를 나누었다. 그런데 놀란 것은 그 정치인이 이야기를 나누면서 처음 만나보는 나에게 'ㅇ 교수'라고 성과 직책을 불러주는 것이 아닌가. 헤어지면서도 나의 직책을 불러주면서 다정하게 인사를 나누었다. 초면인 사람이 어떻게 나의 성과 직책을 말할 수 있었을까. 깜짝 놀랐다. 그 순간 싫지는 않았던 기억이 난다. 그 사람은 명함을 서로 주고받으면서 그때 벌써 나의 성과 직책을 기억하고 있었던 것이다. 이것은 상대의 호감을 사기에 충분한 친교적 화법이다.

상대와 초면이 아니더라도 상대에 대한 정보를 가지고 있다면 그것이 좋은 정보일수록, 최근의 정보일수록 그것을 최대한 활용하는 것이 좋다. 만약 최근에 상대에게 좋은 일이 있었다면 그것을 칭찬하고 축하하는 말을 하는 것도 좋다. 이것이 바로 상대에 대한 관심이고 배려인 것이다. 이럴 때 좋지 않은 정보에 대해서는 말을 하지 않는 것이 좋다. 알아도 모르는 척해주는 것도 상대에 대한 예의이고 배려이다.

다음은 상대 정보를 활용한 말하기 보기이다.

- 이번에 따님 결혼을 시켰다던데 참으로 잘 되었습니다. 축하합니다.
- 이번에 좋은 곳으로 이사를 하셨다던데 참 좋겠습니다.
- 이번에 손주를 보셨다던데 참 잘 되었네요. 요즘 아이 낳기도 어렵다던데 축하합니다.
- 이번에 손녀를 보셨다던데 축하합니다. 요즘 사람들은 아들보다 딸이 훨씬 좋다고 하던데 잘 됐군요.
- 이번에 손자를 보셨다던데 축하합니다. 아무리 요즘 딸이라고 해도 그래도 아들이 있어야지요.
- 얼마 전에 아들이 좋은 곳에 취직을 했다고 들었는데 늦게나마 축하드립니다. 요즘처럼 취직하기가 어려운데 참 잘 되었습니다.
- 얼마 전에 건강이 좀 안 좋다는 말을 들었는데, 요즘 어떻습니까? 얼굴이 좋습니다. 건강해 보입니다.

32

주제에 충실하게 말하기

어떤 말이든지 말에는 그 내용이 있게 마련인데 그 내용이 바로 주제(theme, topic)다. 담화의 종류에 따라 하나의 주제로 시작해서 끝이 날 수도 있고, 여러 주제가 이어지면서 하나의 담화가 이루어지는 경우도 있다. 담화가 어떤 종류이든 그 주제는 물이 흐르듯 자연스럽게 넘어가야 한다. 하나의 주제로 이어지는 담화에서도 큰 주제가 있고, 그 큰 주제(macro-theme) 아래에 작은 주제(micro, sub-theme)들이 얽혀 있게 된다. 작은 주제들과 작은 주제들과의 관계도 체계적이고 일관성이 있어야 하고, 작은 주제들과 큰 주제들과 사이에도 의미적으로 결속(coherence)이 잘 되어 있어야 한다. 이 주제들이 따로따로 존재해서는 안 된다. 그래서 작은 주제 덩이들이 마지막 가장 큰 담화 주제로 이어져야 좋은 말하기가 되는 것이다. 연설이나 발표와 같이 혼자 말하기에서는 이처럼 주제의 덩이들이 잘 정돈되고 졸가리가 서야만 말을 잘하는 사람이라 할 수 있다. 그렇게 해야 자기의 생각을 상대에게 효과적이고 설득력 있게 전달할 수가 있다. 혼자 말하기가 아니고 주고받기 말하기에서도 담화 특성에 따라 여러 주제가 이어져 있을 수 있는데 대화 주제가 뒤죽박죽이 되면 담화가 얽혀서 혼란스럽고 복잡하게 된다. 한 주제를 중심으로 담화를 이어가다가 다른 주제로 넘어갈 때도 자연스럽게 넘어가도록 해야 한다. 주제를 변화시키는 데도 담화 전략이 필요하다.

그러나 하나의 주제가 마무리되지 않았거나 그 주제에 대한 말이 진행되고 있는데도 불구하고 중간에 끊어 다른 주제로 넘어가는 것은 잘못된 말하기이다.

예컨대 어떤 사람이 자기 집에 대해 말한다고 하면 '자기 집에 대한 말'이 큰 주제가 되고 그 속에는 아버지에 대한 불만이 있을 수 있고 오빠가 대학에 들어간 이야기도 있고, 언니가 결혼한 이야기도 있을 수 있다. 작은 주제 속에 또 더 작은 주제가 있을 수 있는데 언니 결혼이라는 작은 주제 속에 언니와 형부의 만남에 대한 작은 주제가 있을 수 있다. 언니 결혼에 대한 이야기를 하다가 중간에 사랑에 대한 말을 하고 또 갑자기 어제 본 영화에 대한 말로 넘어갔다고 하면 그것은 말을 잘 못하는 사람이다.

그리고 질문하고 대답하는 주고받는 말하기는 특히 주제의 연결이 잘 되어야 한다. 어떤 학생이 시험에 대한 물음을 상대에게 던졌는데 상대는 거기에 대한 대답은 하지 않고 갑자기 자기 집에 대한 이야기를 했다면 그것은 주제의 연결이 자연스럽지 못하며 동문서답을 한 것이다. 이것은 상대의 말을 이해하지 못했거나 판단력이 부족하다는 것을 말해 준다. 그리고 말하는 주제가 지나치게 짧게 빨리 바뀌는 것은 올바른 말하기가 아니다. 어떤 말이든지 말의 주제는 기본적으로 갖추어야 하는 내용이 있다. 글을 쓸 때도 마찬가지이다.

다음 이야기를 보자.

> 갑: 너 어제 뭘 했니?
> 을: 어제 집에 있었어.
> 갑: 집에서 뭘 했니?
> 을: 집에서 비디오도 보고 잠도 자고 했어.
> 을: 그런데 넌 뭘 했어?

위와 같이 어떤 물음에 대한 대답이 있고 거기에 관계되는 물음이 있으면 이야기가 자연스럽다. 그러나 다음과 같은 경우는 그렇지 못한 경우이다.

> 갑: 너 어제 뭘 했니?
> 을: 뭐 했거나 말거나 우리 영화 보러 가자.
> 갑: 무슨 영화를 보러 가지?

> 을: 우리 동네 어제 불이 났는데 사람들이 구경한다고 엄청
>   모였더라.

위의 말은 주제가 바로 이어지지 못한 보기다. 말의 주제를 바로 이어가지 못하는 사람은 주의가 산만하고 논리적인 생각이 부족한 사람, 지나치게 자기중심적(ego-centric)인 사람, 성격이 급한 사람, 비현실적인 공상이나 망상을 많이 하는 사람일 가능성이 높다. 올바른 말하기는 혼자 하는 것이 아니고 상대와 잘 조정하고 협조하면서 엮어나가야 가능하다. 따라서 말하기는 말하는 사람과 듣는 사람이 쌓아가는 하나의 탑과 같다. 두 사람이 돌을 서로 정성껏 쌓아 올릴 때라야만 아름다운 하나의 탑이 완성되는 것처럼 두 사람의 말이 서로 사이좋게 주고받으면서 하나의 주제를 향해 나아가 갈 때 두 사람의 말하기는 성공을 할 수 있다. 이야기에 참여하는 모든 사람들은 어떤 주제를 향해 서로 돕고 조화를 이루도록 노력해야 한다. 이것을 상호작용적 의사소통이라고 한다. 그중 어떤 한 사람이라도 그러한 조화나 협력에 방해가 되면 그 대화는 서로의 감정만 상하게 하여 실패한 대화가 된다.

주제를 바꾸려고 할 때는 주제를 바꾸는 시점을 잘 파악해야 하는데 이것을 담화론에서는 '추이적정지점'이라 한다. 그리고 주제를 바꾸는 적당한 표시를 해야 한다. 이것을 '주제 바꾸기 표현'이라고 하는데, 대화에서 '주제 바꾸기 표현'을 잘하면 상대에게 설득력을 높일뿐만 아니라 자기의 말을 효과적으로 이어갈 수도 있다.

혼자 말하기에서는 말하기 전에 자기가 말할 내용을 미리 말해 주는 것도 효과적인 말하기 전략이다. 이것은 큰 주제에 대해 상대에게 미리 알려줌으로써 말하는 사람도 주제에 벗어나지 않게 되고 들을이도 전체 내용에 대해 쉽게 이해할 수가 있다. 특히 학술적 발표나 토론할 때 필요한 담화 전략이다.

주제 바꾸기 담화 표현은 다음과 같은 것이 있다.

- 다음 주제로 넘어가겠습니다.
- 이와 관련해서 또 다른 말을 하면,
- 주제와 조금 벗어난 말을 하면,
- 다시 주제로 돌아와서 말하면,
- 이 이야기는 이쯤(이만) 하고 다른 이야기를 해 보겠습니다.
- 그건 그렇고—어떻게 되었는데,
- 그런데 말이야—

주제에 일관되게 말하는 사람은 생각의 졸가리가 잘 선 사람이라 할 수 있다. 주제가 일관되지 않게 말을 하는 사람은 생각이 논리적이지 못하고 생각의 졸가리가 서지 않은 사람일 가능성이 높다.

33

발언권 나누어 말하기

말하기는 '혼자 말하기(monologue)'와 '주고받기 말하기(dialogue)'가 있다. 혼자 말하기는 발언권(floor)을 혼자 가지지마는 주고받기 말하기는 말하는 사람이 듣는 사람이 되고, 듣는 사람이 말하는 사람이 되는 특성이 있다. 이것은 다른 동물에서 볼 수 없는 인간의 언어가 가진 특징이다. 주고받기 말하기를 할 때는 발언권을 혼자 독점해서는 안 되며 상대방의 존재를 의식하면서 말하라는 것이다. 당신의 말이 아무리 좋은 말이라도 그 말이 상대에게 감동을 주기 위해서는 상대가 당신의 마음을 받아들일 마음의 자세가 되어 있어야 한다. 그렇지 않은 상태에서 당신이 상대에게 아무리 좋은 말을 하더라도 그 말은 상대를 감동시킬 수도 설득시킬 수도 없다.

말하기에서 혼자 말을 많이 하는 사람은 반대로 남의 말은 잘 듣지 않으려는 경향이 있다. 그리고 그러한 사람의 성격은 대체로 지극히 자기중심적이고 자존심이 강한 사람일 가능성이 높다. 그것은 상대가 자기보다 말을 더 많이 하게 놓아두면 상대가 자기보다 더 우월하다고 생각하며, 또 상대의 말을 듣게 되면 혹시나 상대가 자기의 말을 부정하지나 않을까 하는 불안감과 두려움을 갖기 때문이다.

그래서 그러한 사람은 상대의 말에 자주 끼어들어 맞장구를 치거나 자기의 존재감을 나타내려고 하는 것이다. 그는 언제나 대화에서 자기가 주체적, 능동적으로 참여하면서 상대로부터 인정을 받아왔다고 생각하기 때문에 대화에서 수동적으로 이끌림을 받는 것을 참지 못한다. 따라서 말하는 공간에서 자주 말을 주도하려고 하는 사람은 그 말하는 자리(담화장)를 자기가 주도해 나가야 심리적으로 안정이 된다. 그리고 그는 자기가 말을 하지 않는 순간은 어딘가 어색해 하고 그 순간을 참기가 어렵게 생각한다. 그러한 사람은 상대의 말에 잘 집중하지 못하는 특성을 가지고 있다.

주고받기 말하기는 말할이와 들을이 사이가 사슬처럼 얽혀져 있다. 말하는 사람이 있고 듣는 사람은 맞장구를 치고 끼어들기도 하고 말할이와 들을이는 서로 발언권을 주고받으며 매우 복잡하게 진행이 된다. 그러면서도 그 속에는 질서와 규칙이 내재되어 있다. 이것을 담화규칙(discourse rule)이라 한다. 그리고 상대방의 말을 받아 자기의 생각을 말하게 되고 자기의 말을 상대가 받아 말을 하도록 해야 한다. 이것을 담화이론에서 발언권 주고받기(turn-taking)라 한다. 특히 자기가 혼자 말을 많이 하는 사람이라고 생각하면 상대의 반응을 잘 살피면서 말을 해야 한다. 혹시나 상대가 지루해 하지나 않을까. 담화를 빨리 끝내기를 바라는 것은 아닐까.

　이럴 때 대부분은 상대의 태도에 그러한 표지가 나타나게 된다. 중간에 기침을 한다든가, 가방을 챙긴다든가, 주의를 흩트린다든지, 다른 담화표지로 끼어든다든가 하는 등 어떠한 형태로든 담화를 끝내려고 하는 표시를 하게 된다. 그러한 표시를 알지 못하고 혼자 계속 말하는 것은 상대에 대한 예의가 아니다. 그러므로 말하는 사람은 상대가 당신의 말을 들어주기 위해 시간을 내어주고 있음을 알아야 한다. 때때로 상대가 스스로 마음을 내어 당신의 말을 들으려고 할 때도 있겠지만 모두가 당신의 말을 듣고 싶어 할 것으로 착각해서는 안 된다. 우리는 우리의 말을 듣고 있는 상대가 지금 누구와 만나기로 약속을 했거나 바쁘게 할 일이 있는데도 우리의 직위나 권위 때문에 억지로 우리의 말을 들어주는 것은 아닌지 한번쯤 생각해야 한다. 그런데 혼자 말하기를 좋아하는 사람은 이러한 반응을 감지하지 못한다는 것이 문제다.

　자기가 주도적으로 말을 많이 했다고 생각하면 한번쯤 숨을 쉬었다가 다른 사람에게 발언권을 넘겨주는 여유와 배려하는 마음을 가져야 한다. 구성원이 한동안 말이 없더라도 상대에게 말을 할 수 있도록 참아야 한다. 아니면 상대에게 말을 하도록 권하는 것도 좋다. 그리고 대화에 소극적인 사람을 대화에 적극적으로 참여하도록 유도해야 한다. 그렇게 함으로써 그들도 스스로 대화에 자신감을 가지게 될 뿐만 아니라 소속에 대한 정체성도 가지게 된다. 한 사람이 발언권을 가지고 대화를 지나치게 주도하면 상대는 혼자 발언권을 가진 사람에게 결코 좋은 감정을 가지기 어렵다. 겉으로는 즐거웠다거나 말을 잘 들었다고 하더라도 실제 돌아서서 혼자 생각하면 늘 자기가 소외감이나 열등감을 가진다고 여기게 된다.

따라서 대화 마당에서 말할이와 들을이가 발언권을 골고루 가지는 것이 상호 인격을 존중하는 것이고 상대를 배려하는 자세이다.

34

입장 바꾸어 말하기

　인간은 일생을 살면서 자기가 하는 일이나 생각에 몰두하여 주위를 의식하지 못하고 살아가는 경우가 많다. 그래서 인간은 자기도 모르게 그 삶의 형태가 가지고 있는 속성대로 인성과 생각이 형성된다. 때로는 그러한 생각과 습관이 자기에게는 최선이고 참이라는 착각에 빠져 버리기도 한다. 모든 인간은 그들 나름대로 고유한 삶의 특성을 가지고 있다. 그리고 우리는 그러한 개인의 삶을 인정해야 한다. 모든 사람을 자기의 생각이나 관념에 맞추려고 해서는 안 된다. 때로는 상대를 자기의 생각대로 맞추어야 할 때도 있지만 여기서 말하는 '입장 바꾸어 말하기'는 자기중심적인 말하기를 하지 말라는 의미이다. 자기 입장에서 상대를 판단하고 상대의 생각을 재단하는 것은 더불어 살아가는 데 매우 위험한 것이다. 상대가 되어보지 않으면 상대를 결

175

코 온전하게 이해하거나 판단할 수가 없다. 자기중심적이고 독단적이고 권위적인 사람일수록 상대를 자기 쪽으로 끌어들여 생각하고 판단하려고 하는 경향이 있다. 그러한 사람은 결국에는 상대를 잃어버리고 상대로부터 미움을 받게 된다는 것을 알아야 한다.

몸이 좋지 않아서 병원 문을 들어서는 사람은 몸과 마음이 매우 약한 상태에 있다. 그는 혹시나 큰 병이 아닐까 하는 두려움으로 병원 문을 들어서게 된다. 이러한 사람이 큰 용기를 내어 의사 앞에 앉았을 때 의사는 그 사람에게 어떻게 말해야 하는가. 이때 당신의 말 한마디에 환자는 삶과 죽음을 경험할 수도 있음을 알아야 한다. 그 자리에 앉아 있는 환자는 매우 민감한 상태에 있다. 그래서 의사의 말 한 마디나 표정에 자기의 생각과 추측까지 덧붙이게 된다. 의사는 그러한 약한 사람에게 희망과 용기를 넣어 주는 말을 해야 한다. 사람을 낫게 하는 것은 약이 아니고 당신의 말 한 마디임을 알아야 한다. 수많은 불치병 환자가 기적을 경험한 것은 모두 그들의 마음 속에서 나오는 기적 같은 힘에 의해서이다. 의사는 이러한 기적의 힘을 환자 속에서 불러내어야 한다.

한 유명한 의사가 자신이 큰 병에 걸려 병원에서 치료를 받게 되었다. 그때 자신이 이전에 환자에게 어떻게 말했는지를 뒤돌아보고 자기가 환자들에게 함부로 말한 것을 후회했다는 기사를 본 적이 있다. 의사는 환자를 대할 때 이 환자가 자기 자신이거나, 자기 부모나 형제라면 어떻게 할까 하고 한번쯤은 생각해 볼 필요가 있다. 이처럼 의사의 판단은 한 사람의 생명과 관련되어 있기에 환자에게 함부로 말을 하지 말아야 하며 신중을 기해야 한다.

판사가 피고에게 판결을 내릴 때도 피고의 입장을 한 번쯤은 생각해야 한다. 우리 인간은 살아가면서 누구나 죄를 지을 수밖에 없고 이 세상은 혼자 사는 세상이 아니기에 누군가 벌을 주게 된다. 그러나 벌을 주는 사람은 벌을 받는 사람의 상황과 입장을 충분히 생각해야 한다. 당신의 말 한 마디에 한 인간의 삶이 결정적으로 영향을 받는다고 생각할 때 우리는 판사의 판결의 말 한마디가 얼마나 큰 힘을 가지고 있는지 알게 된다.

당신은 지금 과연 상대의 입장에서 말하고 있는가.

당신에게 도움을 구하러 온 약한 사람에게 당신이 그 사람의 입장이 되어서 말을 해야 한다. 이처럼 상대의 입장에서 말하거나 생각하도록 하는 가르침은 〈맹자〉(孟子)의 '역지즉개연(易地則皆然)'에서도 알 수 있다. 이 말은 우리가 흔히 말하는 역지사지(易地思之), 즉 '남의 입장에서 생각하라'라고 하는 말이다.

이 말은 어떤 대상을 두고 자신의 입장이 무조건 옳은 것이라고 우겨서는 안 된다는 것이다. 어떻게 보면 절대적인 참이나 진리라는 것도 존재하지 않는다고 볼 수 있다. 산 하나를 두고 남쪽에 있는 사람은 북산이라 하고 북쪽에 있는 사람은 그것을 남산이라고 우긴다. 북산이라 생각하는 사람은 남산이라 생각하는 사람을 틀렸다고 하고, 남산이라고 생각하는 사람은 북산이라고 하는 사람을 틀렸다고 한다.

이것은 상대의 입장되어 생각해 보지 않았기 때문이다.

미국 언어학자 하야가와(Hayakawa. S.I)는 사람의 생각을 이치적 사고와 다치적 사고로 구분하였다. 어떤 대상을 옳음과 그름, 선과 악, 흑과 백 등 두 가지 측면으로만 생각하는 것을 이치적 사고로 사회주의, 전체주의 사상의 사고라 한다면, 어떤 대상을 여러 가지 측면에서 사고하는 것을 다치적 사고라고 하면서 이러한 사고를 민주주의적 사고라고 하였다. 엄밀하게 말하면 현실 세계의 모든 것은 '맞음'과 '틀림'이 있는 것이 아니라 입장과 관점에 따라 '다름'이 있다고 할 수 있다.

다음은 남의 어려움을 자기의 어려움으로 생각하면서 말하라는 것이며 상대의 입장에서 서보지 않고 함부로 상대에 대한 말을 하지 말라는 가르침이다.

● 그 사람과 같은 처지에 서 보지 않았거든 그를 비난하지 말라. 남의 처지를 충분히 이해한다는 것은 사랑의 첫걸음이다 (라 바구라시! l)

35

쉽게 말하기

  우리는 주위에서 자기가 아는 지식이나 정보를 매우 어렵게 말을 하는 사람들을 종종 본다. 말을 어렵게 하는 것은 말하는 습관에서도 오지만 일부러 어려운 용어를 사용하려는 우월감 때문이기도 하다. 그리고 한자어나 외래어를 사용함으로써 상대를 어렵게 할 때도 있다. 알고 있는 정보를 상대에게 쉽게 말을 하지 못한다는 것은 어떻게 보면 그 사람은 그 정보에 대해 정확하게 알지 못한다는 것을 반증하는 것일 수도 있다.

  역사적으로 위대하고 훌륭한 사람일수록 모든 사람이 알 수 있도록 쉽게 말을 했다. 서양의 학문이 우리보다 앞서는 것 가운데 중요한 것은 수천 년 동안 이어져 내려오던 그들의 학문을 누구나 쉽게 알 수 있도록 글로 쓰고, 말을 했기 때문이다. 서구의 문학이론만 하더라도 우리처럼 일부 전문 학자의 전유물이 아니라 일반 대중 누구나 알기 쉬운 모국어로 쓴다고 한다. 우리는 서양 학문을 나라 잃은 시대 때 일본말을 통해 받아들이면서 오늘날 우리의 학문용어나 일상용어에 아직까지도 일본식 한자어나 일본말을 그대로 사용하고 있는 사람들이 많다. 그동안 많은 학자들이 법률이나 역사 등 여러 분야에서 쉬운 우리말로 바꾸려고 하는 노력이 있었지만 아직도 일본식 한자어나 중국식 한자어의 굴레를 벗어나지 못하고 있다.

전문 분야는 또 그렇다고 치더라도 일상적으로 말할 때나 대중에게 강연을 할 때도 어려운 한자어나 외래어를 사용하는 사람들을 주위에서 쉽게 볼 수 있다. 언어는 상호의사소통에 목적이 있다. 말하는 사람과 말을 듣는 사람이 정보를 공유할 수 있어야 성공적인 의사소통을 하는 것이다. 이것이 의사소통의 민주화이고 언어 사용의 민주화라 할 수 있다. 어려운 말로, 어려운 글로 정보를 독점하여 자기들만 권력을 독점하려고 하는 것이 지난날 한자 쓰기를 주장한 사람들이고, 어려운 한자어 쓰기를 자랑하는 사람들이며 외래어 쓰기를 좋아하는 사람들이다. 세종이 한글을 그토록 애써 만들려고 했던 것도 의사소통의 민주화, 평등화를 이루기 위한 것이었다. 그래서 한글창제는 애민주의와 민주주의가 근간이 되는 것이다.

어려운 말을 즐겨 사용하는 사람들은 대부분 권위적이거나 자기의 지식을 자랑하는 자존감이 강한 사람들이다. 권위적이라는 것은 자기가 다른 사람보다 우월하다고 생각하고 상대를 은근히 지배하려는 심리를 가지고 있다는 것이다. 이것은 상대로부터 존경을 받고 싶은 본능적 심리적인 현상이다. 그러나 실제로 그러한 말을 듣는 사람은 상대로부터 무시당한 느낌, 소외감, 열등감을 가지게 되어 불쾌한 마음을 가지게 된다는 것을 알아야 한다.

영국 리버풀에서 어려운 안내문을 이해하지 못한 한 영세민이 난방비를 신청하지 못해 얼어 죽은 사건이 있었다. 이 사건을 계기로 1979년 영국의 크리시 메어(Chrissie Maher)는 '쉬운 영어 운동(플레인 잉글리시 캠페인)'을 펴면서 "사람은 누구도, 이 세상의 어느 누구도 특별한 단어를 모르기 때문에 죽어서는 안 된다고 생각합니다."라고 하였다.

2014년에 호암과학상을 받은 남홍길 교수는 애기장대 가운데 오래 사는 돌연변이 애기장대의 이름을 '오래사라(oresara)'라고 이름을 지었다. 그는 1999년 세계 유명 학술지 '사이언스'에 논문을 발표하면서, '오래사라(oresara)는 한국말로 오래 사는 의미(oresara means 'long living' in Korean)'라고 이름의 뜻을 말했다. 그리고 그는 또 '과학 언어도 대중이 알 수 있는 쉬운 대중의 언어로 써야 한다.'라고 하였다. 우리 모두 본받아야 할 참 과학자가 아닌가 한다.

당신이 진정 당신이 알고 있는 지식에 대해 정확하게 알고 있다면 상대에게 쉽게 말할 수 있어야 한다.

● 이와 같이 너희도 혀로써 알아듣기 쉬운 말을 하지 아니하면 그 말하는 것을 어찌 알리요 이는 허공에다 말하는 것이라 (고린도전서 14:9)

36

생각높이 맞추어 말하기

우리는 말을 할 때 듣는 사람의 생각높이에 맞추어 말을 해야 한다. 모든 인간은 서로 다른 정보의 양이나 질을 가지고 있다. 이것은 태어나기 전부터 모두 각기 다른 아버지와 어머니에서 태어났고 다른 환경을 접하면서 자라기 때문이다. 그리고 커 가면서도 각기 다른 삶을 살게 된다. 그래서 인간의 생각과 지식은 모두 각각 다르다. 말하는 행위는 한 사람의 생각을 다른 사람에게 전달하는 것인데 말할이와 들을이 생각이 모두 다를 수 있기 때문에 똑 같은 말이라도 듣는 사람에 따라 다르게 받아들일 수 있다. 아무리 인간을 가장 위대한 존재로 만든 것이 바로 언어라고 하지마는 인간의 오묘한 생각을 완전히 말로 전달하지 못한다. 그것은 말하는 사람이나 듣는 사람이 서로 다른 생각을 말이라는 도구에 모두 실을 수 없기 때문이다.

말하는 사람이 가능한 한 자기의 뜻을 상대에게 정확하게 전달하기 위해서는 듣는 사람의 생각높이에 맞추려고 노력해야 한다. 여기서 상대방의 생각높이라는 것은 상대방의 지적, 인지적 수준을 말한다. 특히, 부모와 자식 사이의 대화에서 이 생각높이에 맞추어 말하기가 매우 중요하다. 부모가 자기의 생각높이로 어린 자식에게 말을 해서는 안 된다는 것이다. 부모의 생각높이로만 보면 어린 자식의 생활이나 생각은 도저히 이해할 수가 없을 수도 있다. 그러나 부모는 자녀의 생각높이에 맞추려고 노력을 해야 한다.

교사도 교사의 눈으로만 학생들을 보아서는 안 된다. 학생은 성장 과정이 있고, 그 성장 과정에 나타나는 심리적인 특성이 모두 다르다. 사춘기에는 사춘기대로, 청년기에는 청년기대로, 그 나름대로 특성이 있다. 이것은 자연이 인간에게 내린 하나의 섭리이다. 교사는 그들의 입장에서 말을 해야 하며, 그들의 눈높이에서 말하도록 노력해야 한다.

이와 같이 듣는 사람이 누구인가에 따라 말이 달라져야 한다. 그것은 말의 내용만 달라져야 한다는 것이 아니라 표현하는 방법도 달라져야 한다는 뜻이다. 같은 뜻의 말이라도 어린이에게는 그들이 알 수 있는 수준의 말로 말해야 하고 전문가에게는 거기에 맞는 말을 찾아 말을 해야 한다.

예를 들면 어린 아이에게 "너 돼지 같구나."라고 말하면 그 아이는 자기가 진짜 돼지인 것으로 받아들일 수가 있다. 대학생에게 "너 돼지 같구나."라고 하면 그 대학생은 자기가 몸이 뚱뚱하거나 많이 먹는 것을 꾸짖는 말로 이해를 하게 된다. 그리고 "넌 바보야."라는 말은 초등학생이 받아들이는 것과 고등학생이 받아들이는 이해 정도와 심리적 충격의 정도가 다르다. 초등학생은 자기가 진짜 바보인 것으로 받아들이면서 그 충격은 매우 클 수도 있지만, 고등학생은 내가 무엇을 좀 잘못 알고 있었거나 자기가 실수한 것을 선생님이 화가 나서 꾸짖는 말로 이해하면서 그들이 받아들이는 심리적 충격은 그리 크지 않을 수 있다.

아이들은 어른들이 쓰는 비유말을 어른들의 생각대로 받아들이지 않는다는 것을 알아야 한다. 그래서 중학교, 초등학교, 유치원 교사일수록 말을 더욱 조심스럽게 해야 한다. 그만큼 말이 아이들에게 미치는 영향이 크다는 뜻이다.

아이들의 생각과 이해 정도는 당신의 생각과 다르다는 것을 결코 잊어서는 안 된다.

다음은 말하는 상대에 따라 말을 가려하라는 공자의 가르침이다.

• '더불어 말할 사람인데도 함께 더불어 말하지 않으면 사람을 잃고 더불어 말할 수 없는데도 함께 더불어 말하면 말을 잃는 것이 된다. 지자는 사람도 잃지 않고 말도 잃지 않는다.' *(衛靈公 7)*

이 말은 말할 대상(들을이)의 사람됨에 따라서 말을 하라는 것이다. 더불어 말할 사람이라는 것은 나의 말을 듣고 이해할 수 있고, 나에게 도움을 줄 수 있으며, 서로 믿을 수 있는 사람을 말한다. 그런 사람에게 말하기를 즐겨하지 않으면 그 사람은 당신과 멀어지게 되어 사람을 잃게 되고, 믿음이 없거나 해로운 사람과 더불어 말을 하게 되면 그 말은 아무런 소용이 없는 말이 되면서 아까운 말만 잃게 된다는 가르침이다. 지혜 있는 사람은 더불어 말할 사람을 잘 골라 말을 함으로써 사람도 잃지 않고 말도 잃지 않는다는 것이다.

37

기회 놓치지 않고 말하기

교통사고로 아들을 잃어버린 사람이 자기 아들을 묻기 하루 전날 글을 지어 아들의 시신 밑에 넣어 두었다.

사랑하는 나의 아들에게

얘야, 내가 너를 얼마나 사랑하는지 너에게 말한 적이 없구나. 네가 내 가슴 속에서 얼마니 큰 지리를 차지하고 있있는지, 내 삶에서 네가 얼마나 중요한 역할을 했는지 난 한 번도 너에게 말한 적이 없구나. 나는 언젠가 그런 말을 하기에 적당한 때가 오려니 생각했단다. 네가 졸업할 때, 네가 우리 곁을 떠나서 독립할 때, 네가 결혼할 때 말하리라고 생각했었지. 하지만 이제 너는 죽었고, 그런 시간은 다시 오지는 않겠지. 그래서 이 글을 쓰는 거란다. 하느님께서 천사를 시켜 네게 이것을 읽어 주도록 해 주십사고 바라면서 말이다. 나는 네가, 너를 사랑하는 나의 마음과 아울러 그 사랑을 한번도 너에게 말하지 않은 나의 회한을 알아주길 바란다.

아버지가〈대화 길잡이 25(로레타)〉에서

우리는 말을 할까 말까 망설이다가 말을 못하고 지나가거나 하고 싶은 말을 모두 하지 못하는 경우가 자주 있다. 혹시나 내가 이런 말을 하면 상대의 마음이 상하지 않을까, 혹시나 내가 이런 말을 하면 지금까지 상대에 대한 나의 인상이 나빠지지나 않을까 하는 생각 때문에 하고 싶은 말도 하지 못하고 그냥 지나쳐 버리기 일쑤다. 아니면 다음 언젠가 말을 할 기회가 있겠지 하는 생각 때문에 말할 기회를 놓치고 만다. 그러나 한번 지나쳐 버린 기회는 다시 찾아오기 어렵다.

남을 꾸짖거나 나쁜 것을 말할 경우는 기회를 놓쳐도 되지만 부모가 자식에게 하고 싶은 좋은 말, 교사가 학생에게 칭찬하는 말, 부부가 사랑을 전하는 말은 때를 놓치지 말고 곧바로 하는 것이 좋다.

우리는 남을 위로할 일이 있으면 때를 놓치지 말고 곧바로 위로하는 말을 해야 한다. 남을 격려하고 위로하는 말은 때와 장소를 놓치면 그 힘은 반감되고 만다. 자칫 그러한 말을 하지 않는 것만 못하는 경우도 있다. 사람의 마음은 한순간도 고정되어 있지 않다. 슬픔도 기쁨도 고정된 것이 아니다. 따라서 상대의 상황에 맞는 시간과 장소에 따라 위로말과 격려말을 하는 것이 좋다. 아무리 좋은 말이라도 시간이 지나고 장소가 변해 버리고 나면 당신이 한 말은 당신 생각만큼 상대를 감동시키지 못한다.

당신이 상대를 진정한 친구로 생각한다면 상대가 불행해 할 때 그때 바로 위로의 말을 해야 하고, 상대가 행복해 할 때는 그때 곧바로 진정으로 축하해 주는 말을 해야 한다.

돌아가신 필자의 아버지가 생각난다.

아버지는 여느 한국의 아버지처럼 언제나 묵묵히 일만 하시고 지식인 우리와 다정한 대화 한번 나눈 적이 없었다. 모든 것은 스스로 알아서 하라는 말씀뿐이었다. 꾸짖음의 말씀도 없으셨다.

남들이 당신의 자식을 칭찬이라도 할 때면 부끄럽게 생각하셨고, 남에게 자식 자랑 또한 하시지 않으셨다. 그리고 남에게 싫은 소리 한번 하시지 않으셨다.

그토록 말씀이 없으셨던 당신이 병석에 누우시면서부터 말씀을 하시게 되었다. 그러나 그때는 낮아진 목소리, 희미한 기억으로 온전히 들을 수가 없었다. 일본 식민지시대를 거쳐 한국 전쟁을 겪으시면서 죽음의 선을 수없이 넘어오셨던 당신의 삶을 이제는 들을 수 없게 되었다. 뙤약볕 아래에서 땀에 범벅이 되어 논을 매시면서 당신이 무엇을 생각하셨는지, 약주를 잡수실 때면 평소 그렇게 말씀이 없으셨던 당신이 왜 그렇게 말씀을 많이 하셨는지, 당신의 가슴에 무엇이 맺혀셨기에 술의 힘으로 그렇게 울분을 터트려야 하셨는지. 일생 동안 당신이 진정 무엇을 하고 싶으셨으며, 무엇을 좋아하셨는지, 당신이 우리를 어떻게 생각하고 계셨는지 이제 우리는 도저히 알 길이 없다. 말씀해 주실 당신이 이 세상에 안 계시기 때문이다.

우리는 가까이 있는 사람일수록 말할 기회를 쉽게 놓치고 만다. 언젠가 말할 기회가 있겠지 하고 생각하지만 그 기회는 당신을 기다려 주지 않는다.

공자가 길을 가다가 슬픈 곡성을 듣고 그 곡성이 나는 곳에 찾아 가니 고어(皋魚)라는 사람이 있었다. 그 사람은 생전에 후회되는 세 가지가 있는데 그 가운데 하나가 다음과 같이 부모에게 생전에 효도하지 못함을 한탄하는 내용이다. 때를 놓치면 후회만 남는다는 가르침이다.

● 나무는 가만히 있고자 하나 바람이 그치지 않고, 자식이 봉양하고자 하나 어버이는 기다리지 않는다. 가버리면 영원히 좇아가지 못하는 것은 세월이고, 돌아가시면 다시는 뵐 수 없는 것이 어버이다. (한영의 〈한시외전 제 9권〉)

(樹欲靜而風不止 子欲養而親不待 往而不可追者, 年也 去而不可得見者, 親也)

내일은 불확실한 시간이고 어제는 지나간 시간이다. 지금 이 순간 이 자리에서 하고 싶은 말은 하는 것이 좋다. 말할 것은 곧 바로 말해야 한다. 같은 기회는 결코 두 번 다시 오지 않기 때문이다. 지금 당신 곁에 있는 사랑하는 가족과 친구와 도움을 받았던 사람들에게 고마운 마음을 바로 표현하자. 임제 선사의 임제록에 '수처작주 입처개진(隨處作主 立處皆眞)'이라고 했다. '지금 있는 그 자리 그 순간 자기가 하는 모든 것이 주인이고 참'이라는 뜻이다.

38

미리 생각하고 말하기

말하기에는 크게 두 가지로 나눌 수 있는데, 하나는 '주고받기 말하기'이고, 다른 하나는 '혼자 말하기'이다. 그리고 '주고받기 말하기'는 말을 주고받는 사람이 한 사람일 경우와 여러 사람일 경우가 있다.

어떤 말하기든지 말을 처음 시작할 때는 자기가 할 말을 잠시라도 생각하는 버릇을 가지는 것이 좋다. 사람의 기억은 한계가 있고 상대의 말을 이해하는 것도 한계가 있으므로 자기가 할 말을 미리 준비하지 않으면 자기도 모르게 다른 말을 하거나 상대의 말에 빠져들게 된다. '주고받기 말하기'에서 말이 계속 이어지는데 자기가 앞으로 할 말에 대해 하나하나 생각한다는 것은 거의 불가능할지 모른다. 그러나 인간은 상대가 말을 할 동안 상대의 말을 잘 듣고 그것으로 앞으로 자기가 할 말을 정리하면서 말할 능력을 가지고 있다. 그렇지만 가능한 한 상대의 말을 정확하게 이해하고 적절한 말을 하기 위해서는 상대의 말이 끝나고 곧바로 자기의 말을 하는 것보다 숨을 한두 번 고른 뒤에 말을 하는 것이 좋다. 말을 즉흥적으로 하고 감정적으로 함부로 하는 사람은 성격이 급해서 상대가 말하기 전에 미리 상대의 말에 대한 섣부른 판단을 함으로써 상대에게 자주 실수하게 된다. 따라서 올바른 의사소통을 하기 위해서는 말을 하기 전에 자기가 할 말을 짧은 시간이라도 생각하는 습관을 가져야 한다. 옛말에 '삼사일언(三思一言)'이라는 말이 있는데 이것은 '세 번 생각하고 한 번 말을 하라'는 뜻이다. 영국 철학자 허버트 스펜스(Herbert Spencer)는 "말하기 전에 두 번 생각하라. 그러고 나서 자신에게 그것을 말해 보라."라고 하였다.

'혼자 말하기'에서는 할 말을 반드시 미리 준비해야 한다. 자기 혼자 많은 말을 해야 하기 때문에 어느 누구도 자기의 말이 다른 방향으로 간다고 해서 말을 하는 중간에 바로잡을 수 없다. 할 말을 미리 준비하지 않으면 자기가 하고자 하는 말을 제대로 하지 못할 뿐만 아니라, 말하는 사람이 자기의 말을 함부로 이끌고 가다가 자기도 모르게 온 길과 갈 길을 잃어버리게 된다.

준비하지 않은 말하기는 반드시 말을 하고 난 뒤에 후회를 하게 된다. 준비한 말하기라도 말하고 난 뒤에 생각하면 후회스러운 마음이 들 때가 많은데 그렇지 않는 경우는 말할 필요가 있겠는가.

우리는 흔히 상대에게 말을 하려고 하다가 말을 하지 않고 지나치는 경우가 있다. 그때마다 '내가 그 말을 안 하기를 잘 했지.'하고 스스로 위안을 받기도 하고, 또 때로는 '내가 그 때 왜 그런 말을 했는지 지금도 이해가 되지 않는다.'하고 후회하는 경우를 종종 경험하게 된다. 말은 한 번 하고 나면 되돌릴 수 없다. 그래서 말은 순간적으로 일어난다고 해서 순간성의 특성과 했던 말을 되돌릴 수 없다고 해서 일회성의 특성을 가지고 있다고 한다.

미리 생각하지 않아서 말을 실수하기보다는 아예 말을 하지 않는 것이 더 낫다.

- 내 사랑하는 형제들아 너희가 알지니 사람마다 듣기는 속히 하고 말하기는 더디하며 성내기도 더디하라. (야고보서 1:19)
- 네가 말이 조급한 사람을 보았느냐 그보다 미련한 자에게 오히려 희망이 있느니라. (잠언 29:20)

미국 대통령 링컨(Abramham Lincoln)은 변호사로 성공하기 위해서 "나는 법정에서 변론할 때, 상대에 관해 무엇을 말할 것인가?에 삼분의 일의 시간을 보내고, 그 나음 사신과 사기 사신이 말할 것에 대해서 각각 삼분의 일을 보낸다."라고 한다.

39

간접표현으로 말하기

    언어 표현은 크게 두 가지로 나눌 수 있다. 하나는 언어 그 자체가 가지고 있는 문자 그대로의(literal) 의미와 또 하나는 그 문자 속에 숨어있는(figurative) 의미로 나눌 수 있다. 문자 속에 숨어 있는 의미나 행위도 또 두 가지 갈래로 나뉘는데 하나는 발화 행위의 간접적 표현이고 하나는 의미의 간접적 표현이다. 앞엣것을 간접화행(indirect speech act)이라 하고 뒤엣것을 간접표현(indirect expression)으로 나누기도 한다. 간접화행은 서법(敍法)이 간접적으로 나타난다. 예컨대, "문 좀 닫아주지 않겠니?" 라는 의문의 서법은 '당신 문 좀 닫아라' 라는 명령의 의미를 나타내거나, "어머니 저 지금 배고파요."라는 평서의 서법으로 말을 했을 때 말할이는 '밥을 주세요'라는 명령의 의미를 나타내는 것이다. 반면, 간접표현은 행위의 간접성보다는 언어 의미의 간접성으로 표현하는 것이다. 예컨대, "오늘 영화 보러 갈래?"라는 질문에 "오늘 할 일이 많아."라고 했다면 이것은 '영화 보러 가지 못 한다.'라는 의미의 간접표현이다.

남에게 무엇을 시키는 말은 직접 명령하는 것보다 간접화행으로 하는 것이 좋다. 이것은 시키는 사람이나 시킴을 당하는 사람 모두 부담스러운 일이기 때문이다. 남에게 시킨다는 것은 상대가 시키는 사람의 생각대로 행동해 주기를 바라는 마음에서 시작한다. 설령 상대를 위하는 것이라 할지라도 그것은 시키는 사람의 생각이다. 어떠한 시킴이라도 시킴의 말을 듣는 사람에게는 결코 유쾌한 일은 아니다. 모든 인간은 남에 의해 자기의 행동이 강요당하는 것을 싫어하는 본능이 있다. 그것은 남에 의해 자기의 생각이나 행동을 통제받는 것으로 생각하기 때문이다.

어떤 사람들은 상대에게 함부로 무엇을 시키는 경우가 있다. 힘이 강하거나 권력을 가진 사람일수록 약한 사람에게 양심의 가책도 없이 시키는 것을 좋아한다. 힘을 가진 사람은 약한 사람을 재배하고 명령함으로써 그들의 깊은 심리적 내면에서는 성취감이나 우월감을 가지게 된다. 그러나 시키는 사람이 가지는 우월감만큼 반대로 시킴을 당하는 사람은 열등감을 가지게 된다.

남에게 무엇을 시킬 때는 가능한 상대의 기분을 상하지 않는 표현을 쓰는 것이 좋다. 그러한 방법이 바로 완곡한 표현이다. 시키는 말을 완곡하게 하는 방법이 바로 간접적으로 시키는 방법(간접 명령)이다.

간접 명령은 말의 속뜻은 시킴의 뜻이지마는 겉으로는 의문, 청유,

평서의 문장 형태로 말하는 것을 말한다.

의문 형태 시킴말은 시키는 내용을 상대방이 선택하도록 선택의 기회를 상대에게 넘기는 말로 상대의 체면을 살려 주는 말하기이다. 그렇게 함으로써 시킴을 받는 사람은 어떤 행위를 남에 의해 억지로 강요당하는 하는 것이 아니라 자기 자신이 스스로 선택하여 행위를 한다고 생각한다.

다음은 의문의 꼴을 가진 시킴말이다.

- 이것 좀 해 주겠니?
- 이것 할 수 있겠니?
- 그렇게 하는 것이 나는 좋겠는데 너는 어떻게 생각하니?
- 이렇게 하면 너는 어떻겠니?

청유 형태 시킴말은 시키는 사람이 시킴을 당하는 사람과 같은 행동 속에 들어가서 하나가 되는 표현이 있다. 이러한 표현은 시킴을 당하는 사람이 자기 혼자서 일방적으로 시킴을 당하는 것이 아니라 시키는 사람과 어떤 행위를 더불어 한다고 생각함으로써 피해 의식을 가지지 않는다. 이때는 시키거나 시킴을 당하는 관계가 아니라 대등한 관계에서 출발한다고 생각한다. 따라서 시킴을 당하는 사람도 자발적으로 어떤 행동을 하게 된다.

아래는 청유형의 시킴말 보기이다.

- 자, 우리 이제 이것을 하도록 하자.
- 지금부터 얼마 동안 공부하기로 하자.
- 우리 모두 무엇을 하자.
- 여러분, 이제 무엇을 시작합시다.

또 다른 시킴 표현 방법으로 평서 형태 시킴말이 있다. 평서 형태 시킴말은 상대에게 시키려는 내용이 단순한 자기의 생각인 것처럼 표현하는 형식이 있다. 상대가 시키는 사람의 뜻대로 행동을 하든지, 하지 않든지, 그것은 전적으로 상대의 결정에 맡기는 것이다. 이러한 표현은 상대에게 선택의 폭을 넓혀 주는 것으로써 일방적으로 시키는 형식이 아니다. 이 표현은 앞에서 말한 의문의 형태로 시킴을 표현하는 것과 비슷하다. 그러나 이러한 표현은 의문 형태보다 더 상대에게 선택의 자유를 주는 형태이며, 시킴에 대한 반응도 곧바로 기대하지 않는다.

- 나는 네가 —했으면 좋겠다.
- 나는 네가 —하기를 바라고 있어.
- 나는 네가 —할 거라고 믿어.
- 나는 네가 —할 것을 기다리고 있겠어.

우리는 가능한 한 시킴을 당하는 사람의 입장에 서서 상대를 존중하는 시킴의 말을 하도록 해야 하며, 상대에게 당신의 뜻에 따라 행동해 주기를 간절히 바라는 겸손한 마음으로 시키는 말을 해야 한다. 당신이 고귀한 만큼 상대도 당신만큼 고귀한 존재임을 언제나 잊지 않아야 한다. 그러한 마음으로 상대에게 무엇을 시키는 말을 했을 때 상대는 당신의 요구를 흔쾌히 수용하게 되는 것이다.

40

시작하고 끝맺는 말하기

말하는 사람이 대화를 성공적으로 이끌기 위해서는 시작하는 말과 끝맺는 말이 매우 중요하다. 시작하는 말은 상대에게 첫인상을 나타내는 것으로 말할이에 대한 들을이의 태도가 결정되는 중요한 구실을 한다. 그리고 끝맺는 말도 말할이가 말했던 내용들에 대한 들을이의 반응을 결정짓는 중요한 구실을 한다. 그렇면 어떻게 말을 시작하고 어떻게 말을 끝맺어야 할까.

말하기 전에는 먼저, 말하는 사람과 듣는 사람의 마음 상태가 안정되고 편안해야 한다. 그런데 신비한 것은 말하는 사람의 마음 상태가 말을 듣는 사람에게 자연스럽게 전이가 된다는 점이다. 말하는 사람이 듣는 사람을 진정으로 사랑하는 마음을 갖거나 감사하는 마음, 아끼는 마음을 가지면 듣는 사람도 똑같이 그러한 마음을 가지게 된다.

즉, 들을이의 마음은 말할이의 마음에 달렸다는 말이다.

　말을 하기 전에 들을이를 바라보고 편안한 마음으로 상대를 맞이해야 한다. 우선 '반갑습니다'라는 말로 시작하는 것이 일반적이다. 진정으로 상대를 만나서 반갑고 또 상대에게 말할 기회를 얻게 되어 감사한 마음으로 '반갑습니다'라고 말을 해야 한다. 그럴 때 당신의 말에 진정성이 담기게 되고 스스로 열정을 가지게 되면서 자기도 모르게 말을 잘하게 된다.

　가까운 사이가 아님에도 말하기 전에 소리를 내어 크게 웃거나 성난 얼굴을 하는 것은 말을 듣는 사람에 대한 예의가 아니다. 말하기 전에 소리내어 웃는 것은 말을 듣는 상대를 무시하는 행동이고, 성난 얼굴을 하는 것은 상대를 위압하는 행위이다. 그리고 그러한 태도는 당신이 흥분을 잘하며 이성적이지 못하거나 상대를 무시하는 무례한 사람임을 스스로 말해 준다.

　이미 삼천 년 전에 태공(太公)이 중국 주나라 무왕(武王)에게 가르치기를

> 말하기 전에 웃는 것은 넷째의 과실이요(太公曰——未語先笑 爲四失)

라고 하였다.

그리고 시작말의 주제는 주변의 일상적이고 가벼운 주제부터 말을 시작한다. 주로 날씨나 현재 주목을 받고 있는 사회적 문제, 건강 등 말할이와 들을이에게 직접 관련이 없는 주제부터 말을 시작하는 것이 마음이 편하다. 대화에 서로 부담을 주지 않는 것이 올바른 시작말하기이다.

　말을 끝낼 때는 지금까지 자기가 한 말을 한 번쯤 정리를 하여 말해 주는 것이 좋고 어떤 말이든 말이 끝나고 난 뒤는 항상 말해 준 사람이나 들어 준 사람에게 감사 표시로 끝인사를 하는 것이 좋다. 말한 사람이 긍정적으로 생각하면 듣는 사람도 긍정적으로 생각하게 마련이다. 토론이나 토의도 마찬가지이다. 서로 얼굴을 붉히면서 토론과 토의를 했더라도 그것이 끝나면 서로 위로의 말이나 미안함의 말로 끝인사를 나누어야 한다. 누가 먼저라 할 것 없이 먼저 내가 다가가서 악수를 청하고 인사를 나누어야 한다. 그런 사람이야말로 성숙한 사람이고 예의 바른 사람이다. 그것이 말 끝내기의 올바른 예의이다.

　다음은 끝내는 말하기 보기이다.

> **말할이**
> - 지금까지 두서없는 저의 말을 끝까지 들어주어서 감사합니다.
> - 저 말이 조금이라도 도움이 되었으면 좋겠습니다.
> - 건강하고 행복하시길 바랍니다.
> - 다음에 또 뵙길 기대합니다.

들을이

- 참으로 좋은 말씀 많이 들었습니다. 많이 도움이 되었습니다.

- 다음에 또 좋은 말씀해 주시기 바랍니다.

- 모시기 어려운 분을 모셔서 좋은 말씀 많이 들었습니다.

- 모자라는 생각을 많이 지적해 주셔서 감사합니다.

- 저희들이 많이 배워야 하겠습니다. 감사합니다.

41

올바르게 끼어들며 말하기

우리는 흔히 상대가 말을 하는 중간에 끼어들기를 자주 하곤 한다. 그런데 상대가 말을 하는데 함부로 끼어들어서는 안 된다. 말 중간에 끼어든다는 것은 상대로부터 발언권을 강제로 가로챘다는 것과 같다.

말을 적절하게 주고받는 것은 물이 흘러가는 것과 같고 차가 자연스럽게 가는 것과 같아야 한다. 그런데 차가 줄지어 가는데 다른 차가 끼어들기 위해서는 차와 차 사이의 거리가 멀어야 하고 들어가기 전에 끼어드는 표시를 해 주어야 한다. 그리고 끼어든 후에는 끼워준 사람에게 감사하다는 표시를 해야 한다. 말 또한 이와 마찬가지이다. 상대의 말이 계속되고 있는데 아무런 표시 없이 함부로 끼어드는 경우가 많다. 그래서 때로는 말들이 서로 뒤엉켜 누가 무슨 말을 하는지 모르게 된다. 이것을 '겹쳐 말하기'라 하는데 이것은 차가 도로에 마구 뒤엉켜 나아가지 못하는 것과 같다. 말도 자기가 먼저 말을 하려고 하다가 자기도 남도 모두 서로의 말을 알아듣지 못하게 되어 버린다. 말하기에서 이러한 끼어들기 모습은 토론 장면에서 쉽게 볼 수 있다. 이러한 현상은 지금까지 우리나라 학교 교육에서 토론, 토의, 회의와 같은 말하기 교육이 거의 없었기 때문이라고 생각한다.

말을 하는 사람은 언제 어떤 상황에서 상대의 말을 받아서 자기가 발언권을 가져야 할지를 알기가 쉽지 않다. 끼어들기를 할 때 가장 적절한 시점이 있는데 이것을 '끼어들기 추이적정지점(TRP)'이라고 한다. 끼어들기에 적절한 순간은 일반적으로 상대의 말이 일단락 되었을 때가 가장 자연스럽다. 그리고 말과 말 사이에 쉼의 길이가 다소 길 때, 상대의 말소리가 낮아지면서 마무리하려고 할 때가 끼어들기 좋은 시점이다. 그리고 남의 말 사이에 끼어들 때는 끼어들기 표지를 하면서 조심스럽게 끼어들어 가야 한다.

하나의 발화 덩이가 끝이 나고 다른 말로 계속 이어가려는 표지를 할 때와 발언권을 계속 유지하려고 하는 발화 표지를 나타낼 때 끼어들기를 하면 실례가 된다. 말하는 중간에 끼어들기를 좋아하는 사람은 대체로 상대의 말이 끝날 때까지 기다리지 못하는 성격이 급하며 참을성이 부족한 사람일 가능성이 높다.

끼어들기와 맞장구치기는 다르다. 맞장구는 상대의 말에 동조하는 말로 긍정적 끼어들기에 해당한다. 적절하게 맞장구를 치는 것은 상대의 말을 잘 이끌어 가게 하는 순기능을 한다. 그러나 지나치게 맞장구치기를 하면 상대의 말의 흐름을 방해하기도 하고 과잉 친절의 역

효과를 가져오기도 한다. 반대로 부정적인 끼어들기는 상대방의 말에 부정적인 생각을 가지고 상대의 말을 막으려고 하거나 자기의 주장을 내세우는 것이다. 이 부정적인 끼어들기는 의사소통을 방해하면서 대화를 깨뜨리게 할 뿐만 아니라 서로의 관계를 나쁘게 만든다.

때로는 상대의 말 중간에 화자가 아직 하지 않은 말을 미리 앞질러 할 말을 짐작해서 끼어드는 경우가 있다. 상대의 말에 동조하거나 맞장구의 기능을 할 수도 있지만 자칫 말하는 사람과 생각이 다를 때는 끼어든 사람이 민망하게 되고 어색하게 된다. 끼어들기를 할 때는 가능한 한 말하는 사람의 생각을 앞질러 끼어들지 말아야 한다.

상대가 말하는 시간은 온전히 말하는 사람 것이므로 함부로 상대가 말을 하는 기회를 빼앗아서는 안 된다.

누가 말을 하고 있는데 가로채는 것은 단상에서 열심히 말을 하는 사람을 중간에 끌어내리는 것과 무엇이 다른가. 상대를 존중한다면 그 말 또한 존중해야 한다.

남이 말하는 중간에 끼어들기를 할 경우 다음과 같이 하는 것이 좋다.

맞장구치며 끼어들기

- 네, 그렇군요
- 네, 그 참 좋은 생각이군요.
- 아, 그래요.
- 참, 놀라운 일이네요.
- 아, 예, 네.

몸짓으로 끼어들기

- 고개를 끄떡여 준다.
- 중간에 웃어 준다.
- 손뼉을 쳐 준다.
- 손을 흔들어 준다.

만약 당신이 상대가 말을 하고 있을 때 끼어들려고 하면 다음과 같
이 말을 하면서 끼어들기를 하는 것이 좋다.

끼어들기 말하기

- 중간에 끼어들어 죄송합니다만.
- 네, 죄송합니다만 잠시 제 말씀 좀 들어 보시죠.

- 네, 말을 끊어 죄송합니다만 잠깐 제 말을 들어보고 계속하시죠.

- 네, 죄송합니다. 잠깐만요.

- 네, 죄송합니다만 그건 좀

- 네, ○○님 말씀 잘 알겠습니다. 제 말씀은……

- 네, 발표자 무슨 말씀인지 잘 알겠습니다. 다음 분 말씀해 주세요.(진행자)

- 네, ○○님, 정해진 시간이 지났습니다.(진행자)

- 네, 죄송합니다. 그 정도하시고 다음 다른 분 말씀해 주시죠.(진행자)

〈잠언〉에도 다음과 같이 말하기 전 태도에 대한 가르침이 있다.

● 사연을 듣기 전에 대답하는 자는 미련하여 욕을 당하느니라. (잠언 18:13)

〈논어〉의 다음 가르침은 특히 현대인이 알아야 하는 중요한 내용
이다.

● 공자께서 말씀하시길 '군자를 모실 때의 세 가지 과실이 있다. 말이 끝나기도 전에
먼저 말을 꺼내는 것은 조급함이요, 말이 끝났는데도 말을 하지 않음은 숨김이요, 안색
을 살피지 않고 말함은 눈치가 없는 것이니라.' (季氏 6)

말이 끝나지도 않았는데 중간에 남의 말을 가로채어 말하는 사람
을 '조급한 사람(躁)'으로 판단했다. 오늘날 우리는 자기의 주장과 맞지
않으면 남의 말이 채 끝나기도 전에 자기 말로 끼어드는 사람을 흔히

보게 된다. 남의 말이 끝나기 전에 자기 말을 하는 사람은 대화의 흐름을 끊어버리는 잘못이 있을 뿐만 아니라, 말하는 사람에 대한 예의가 아님을 알아야 한다. 말할이의 주장이 어떻게 끝날지 모르는 상황에서 미리 말하는 사람의 생각을 판단하는 것 자체가 성격이 조급함을 나타내는 것이다. 특히 우리나라 사람들이 고쳐야 할 말하기 태도가 아닌가 한다. 그리고 말이 끝났는데도 들을이가 말을 하지 않는 것은 '무엇을 숨기고 있는 사람(隱)'으로 판단했다. 이 말은 상대의 말이 끝났을 때는 들을이는 반드시 어떤 반응을 보여야 한다는 뜻이다. 아무런 반응을 보이지 않을 때는 말한 사람의 내용에 불만을 가졌다는 뜻이거나 말할이의 사람됨을 바로 보지 않았다는 뜻으로도 해석할 수 있다. 따라서 상대가 말이 끝났을 때는 어떤 반응을 보이는 것이 상대에 대한 예의이다.

마지막으로 들을이의 반응을 보지 않고 말을 함부로 하는 것은 '눈치가 없는 사람(瞽)'이라 했다. 즉, 상황을 판단하지 못하는 눈먼 사람으로 보았던 것이다. 말을 할 때는 들을이가 어떤 기분에 있는가, 어떤 일을 하고 있는가, 어떤 반응을 보이고 있는가를 잘 알고 말을 하라는 가르침이다. 말하는 사람이 듣는 사람의 반응을 보고 적절하게 긍정적으로 끼어들기를 잘하면 대화를 성공적으로 이끌 수 있다는 것을 말한다.

42

'-다(요)' 말하기

말은 자기의 정보나 생각을 정확하게 상대에게 전달하는 것이 중요한 목적이다. 그러기 위해서는 가능한 말을 끝까지 정확하게 하는 버릇을 들여야 한다. 말에서 가장 중요한 부분이 풀이말(서술어)이기 때문이다. 특히, 우리말은 풀이말이 끝에 놓이는 말이기 때문에 상대의 말을 끝까지 들어 보아야 그 말뜻을 정확하게 알 수 있다. 처음에 하고 싶었던 말도 중간에서 뒤바뀔 수 있는 것이 우리말이다.

예컨대, 어떤 사람이 당신에게 '나는 네가 얼굴도 예쁘고 머리도 좋다고 생각하---'까지 말을 했다고 해서 그 사람이 당신을 칭찬할 것인지 아니면 나쁘게 말을 할 것인지 모른다. 뒤에 어떤 말이 나올지 아직 모르기 때문이다. 처음에 좋은 말을 하다가도 당신의 태도나 다른 요인에 의해 처음 그 생각이 바뀌어 뒤에는 부정적으로 바뀔 수도 있다.

따라서 들을 때도 상대의 말을 끝까지 잘 들어야 하고, 말을 할 때도 시작한 말의 문장을 끝까지 완전하게 해야 한다. 흔히 주고받는 대화에서는 많은 부분이 생략될 수도 있다. 예컨대, "너 뭘 먹었어?"라는 물음에 "밥"이라고 대답하여 '(나) 밥을 (먹었어).'의 '나'와 '먹었어'가 생략될 수 있다. 그러나 공식적인 말에서는 가능한 생략하지 않는 것이 좋다. 학생이 교사의 질문에 답을 하거나, 아랫사람이 윗사람의 물음에 답을 한다거나, 공식적인 말하기에서는 문장의 끝에 놓이는 마침말까지 분명하게 말해야 한다.

교사가 학생에게 "너 어제 뭘 했어?"라고 물었다면 학생은 "저는 어제 친구하고 농구도 하고 집에서 공부도 했습니다."라고 분명하게 말을 해야 한다. 그렇지 않고 "농구하고 공부----(했어요-고개를 숙이면서 낮은 소리로)."라고 말하는 것은 올바른 말하기가 아니다.

말을 끝까지 하지 못하는 사람은 주로 내성적이거나 소극적인 성격을 가진 사람들일 가능성이 높다. 그리고 말끝을 습관적으로 흐리는 사람은 말과 같이 자기가 하는 일도 끝까지 완성하지 못하는 경우가 많다. 그러한 사람은 말이 끝나고 난 뒤에는 자기의 잘못보다는 남을 욕하거나 남을 탓하기도 한다. 또한 말하는 사람과 듣는 사람 사이의 의사소통이 불확실하기 때문에 서로 쉽게 오해하기도 한다.

말끝을 흐리는 사람은 상대도 자기의 생각대로 자기가 말하고자 하는 뜻을 알겠지 하고 자기 중심적으로 생각하게 된다. 그러나 듣는 사람의 생각이 말하는 사람과 같을 수는 없다. 앞서 말한 것과 같이 특히 우리말에서 정보 전달의 가장 중요한 부분이 말끝에 오는 풀이말이기 때문에 자기의 뜻을 정확하게 전달하기 위해서는 풀이말로 정확하게 말을 끝맺어야 한다.

우리는 상황이 긴박하다거나 심리적으로 긴장하거나 아니면 마음 상태가 불안한 경우 간혹 말끝을 정확하게 표현하지 못하고 흐리는 경우가 있다. 그리고 어떤 때에는 말을 끝까지 똑똑하게 하면 당돌하게 보이거나 무례하게 보일 때도 있다. 그러나 이러한 경우라도 말의 어조를 낮추거나 소리를 부드럽게 하여 자기의 생각을 끝까지 표현하는 것이 좋다.

우리는 이것을 '끝말 말하기'라고 할 수 있다. 다음과 같이 종결형 어미까지 분명히 말하는 것이 좋다.

- 자기의 주장이나 의견을 말할 때는 "-다."
- 무엇을 물을 때는 "-가?/-습니까?"
- 무엇을 시킬 때는 "-라/-게/-요/-시오/-십시오."
- 같이 할 것을 요구할 때는 "-자/-세/-ㅂ시다."

43

'나는-' 말하기

　우리는 남에게 무엇을 요청하거나 시킬 경우 자신의 생각을 말하지 않고 상대의 행동을 요구하기도 한다. 일반적으로 부모와 자식 간의 대화에서 부모는 자식에게 일방적 행위를 요구하거나 명령하게 된다. 이것을 '너 말하기'라고 하고, 화자의 감정과 생각을 나타내는 것을 '나는- 말하기'라고 한다. '나는- 말하기'는 나의 생각과 입장을 상대에게 전달함으로써 상대를 쉽게 설득할 수가 있는 화법이다. '너 말하기'는 말할이의 일방통행식 말하기로 상대의 입장을 생각하지 않고 말하는 것이다.

　'나는- 말하기'는 상대의 행동을 알고 그 행동이 나에게 어떻게 영향을 주고 있으며 그 결과로 인한 나의 느낌과 생각을 전달하게 된다.

'너 말하기'는 다음과 같이 일방적으로 상대에게 행위를 금지하거나 요청하는 형식이다.

> 갑: 너, 방 청소를 좀 하려무나.
> 갑: 게임 그만 하고 공부해라.
> 갑: 너 돼지고기 너무 많이 먹지 마라.

그러나 '나는 말하기'는 상대의 행동이 나와 어떤 관련성을 가지며 그 관련성이 어떤 결과를 가져오는지를 말하는 것이다. 먼저, 어떤 상태가 제시되면 그 상태가 앞으로 어떤 영향을 미치는지를 말해 주고 그 다음 그 영향으로 말할이가 어떤 느낌을 받았는지 말해 주는 구조로 되어 있다.

> 갑:
>
> 상태 – 너, 방에 옷이 많이 널려 있구나.
> 영향 – 네가 옷 입을 때 옷이 어디 있는지 찾기가 어렵겠다. 내가 요즘 몸이 안 좋아서 네 옷까지 챙겨주기가 힘든다.
> 느낌 – 네가 급하게 나갈 때 옷을 못 찾아 힘들어 하는 모습을 보면 내가 안타깝단다. 혹시 직장에 가서도 정리가 안 되면 다른 사람에게 좋은 평가를 못 받을까 나는 걱정이 된단다.

갑:

　상태 - 게임을 많이 하고 있구나.

　영향 - 게임을 많이 하면 게임 중독이 되어 공부를 못할 것 같다.

　느낌 - 네가 게임 중독이 되면 공부를 못하게 되고 앞으로 네가
　　　　 하고 싶은 공부와 일을 못하게 될까 걱정이다. 내 사랑하는
　　　　 자식이 직장을 못 구하거나 힘들게 살면 엄마로서 나는 가
　　　　 슴이 아프겠지.

갑:

　상태 - 너 돼지고기를 참 많이 먹구나!

　영향 - 돼지고기를 너무 많이 먹으면 비만이 된단다.

　느낌 - 네가 비만이 되어 성인병에 걸리고 힘들어 하면 어머니인
　　　　 나는 얼마나 걱정을 하게 되겠니?

　이처럼 '나는- 말하기'는 상대의 행동이 말할이와 어떤 관계가 있
는지 그 관계성을 상대에게 알게 함으로써 상대의 행동에 대한 돌아
보기를 할 수 있게 한다. 따라서 '나는- 말하기'는 위에서 '느낌'에 해
당되는 말이다. 말할이와 들을이의 관계가 긴밀하면 할수록 들을이는
말할이의 생각에 쉽게 공감하게 된다.

44

'나(남)도–' 말하기

우리는 때로 상대로부터 자기의 고통이나 괴로움을 들을 때가 있다. 그럴 때 상대의 괴로움을 어떻게 위로할 수 있을까? 상대의 괴로움에 당신이 동조하는 경우도 있고 상대의 괴로움을 극복하도록 격려하는 경우도 있다. 상대를 위로하는 가장 효과적인 담화는 상대의 괴로움이나 고통을 자기도 공유하고 있다고 말하는 것이다. 어떤 사람이 몸이 안 좋아서 병원에 갔을 때 의사가 자기도 그런 병을 앓은 적이 있다거나 지금도 그런 병을 가지고 있다거나 자기의 가족 중에 그런 병에 걸려 치료한 적이 있다고 하면 환자는 매우 크게 위안을 받게된다. 같은 병을 앓고 있는 사람끼리 같이 위로하고 애처로워하기 때문이다. 이것이 상대를 배려하고 위로하는 최선의 말하기이다. 반대로 어떤 사람이 주위에 그런 사람이 없는데 당신만 그런 어려움을 겪는다고 하거나 그런 병을 앓는다고 말하면 상대는 훨씬 더 고통스러워 하게 된다. 따라서 가족에게서 일어나는 고통, 부부간에 일어나는 고통, 사회생활을 하면서 일어나는 다양한 고통들이 당신에게만 일어나는 일이 아니라는 것을 말해 주어야 한다. 그럴 때 듣는 사람은 나뿐만 아니라 자기가 겪고 있는 고통들을 다른 사람들도 모두 겪고 있음을 알게 되고, 그 고통과 불행은 나만의 것이 아님을 알게 됨으로써 상대는 소외감에서 벗어나고 고통에서 벗어날 수 있는 힘을 얻게 되는 것이다. 우리는 이것을 동병상련(同病相憐)이라고 한다.

〈법구경〉에도 같은 가르침이 있다.

부처님 당시의 이야기이다 어떤 여인이 외아들을 방안에 두고 잠시 텃밭에 가서 일을 하다 집에 와 보니 어린아이가 죽어 있었다. 이 여인은 죽은 아이를 안고 미친 듯이 의원을 찾아다니며 죽은 아들을 제발 살려달라고 애원했다 그러나 어느 의원도 죽은 아이를 살릴 수는 없었다. 이 가련한 여인은 죽은 아이를 품에 안고 거의 실성하다시피 거리를 헤매며 아이를 살려줄 사람이 없느냐고 외쳐 댔다. 그때였다. 그 여인을 본 부처님의 제자가 그 여인에게 죽은 아이를 살릴 수 있는 사람은 이 세상에서 부처님뿐이라고 일러 주었다. 그 여인은 뛸 듯이 기뻐하며 부처님이 계신 곳으로 달려갔다. 부처님께서는 자비로운 미소로 그 여인의 죽은 아기를 받아 품안에 안으시고 말씀하셨다. "죽은 아기 살리기란 어렵지 않다. 다만 그대가 이 아랫마을에 가서 집집마다 돌아다니며 겨자씨를 한 줌씩만 얻어 오도록 해라. 단 겨자씨를 주는 집이 한 사람이라도 죽은 집이면 효과가 없으며 또한 상여가 나가는 것을 본 사람이 겨자씨를 줘도 악효가 없느니라. 그리 알고 아랫마을에 가서 겨자씨를 몇 움큼 얻어 오도록 해라." 여인은 부처님 말씀을 듣고 너무 기뻐서 아랫마을로 줄달음질쳤습니다. 집집마다 들려 죽은 아이 살리겠다는 사정 이야기를 하고는 겨자씨를 한 움큼씩 보태 달라고 말하였다. 그런 일이라면 겨자씨를 얼마라도 주겠다며 서로 도우려 했다. 그러나 부처님께서 말씀하신 상여가 나가는 것을 보지 않는 사람이 한 사람도 없었고 더구나 사람 사는 집에서 남편이 죽든 노인이 죽든 어린애가 죽든 사람이 죽지 않은 집은 없었다. 온 마을을 다녀 보았지만 역시 마찬가지였다. 그때야 이 여인

215

은 부처님이 겨자씨를 구해 오라는 뜻을 알게 되었다. 죽음은 누구에게나 있으며 누구나 한 번은 죽지 않을 수 없다는 사실을 깨닫게 된 것이다. 아들이 죽어 미칠 듯이 애통했던 마음도 서서히 가라앉았다. 부처님을 다시 찾아간 여인은 울음대신 잔잔한 미소로 부처님의 제자가 되어 진리를 깨닫게 해 줄 것을 간청했다. 이미 그 여인의 마음속에는 영원히 죽지 않는 아이가 잉태되고 있었기 때문이었다.

이러한 담화를 '-도-말하기'라고 할 수 있다.

- 나도 그런 적이 있었다. 지금 괜찮으니 걱정하지 마라.
- 나도 지금 그렇다.
- 우리 아이도 그렇다.
- 우리 남편(아내)도 그렇다.
- 다른 사람도 다 그렇다. 당신(너)만 그런 것이 아니다.
- 그 나이에 다른 사람도 다 그런 거다.
- 나도 젊은 시절에는 너(당신)보다 더 어려웠다.
- 내가 아는 사람도 그런 병에 걸렸는데 이겨내어 지금 건강하게 살고 있다.

이 때, 어려운 상황을 공유하기 위해서는 말하는 사람이 자기 일을 말하거나 자기와 가까운 사람의 일을 말할수록 상대가 더 위안을 받게 된다. 우리는 모두 고통이나 어려움을 가지면서 살아가게 마련이다. 그 고통이나 어려움이 당장 자기에게 일어나지 않은 일이라고 상대의 고통을 함부로 말을 해서는 안 된다. 자기에게 언제 그러한 일이 일어날지 아무도 모른다. 고통을 겪고 있거나 어려움을 당하고 있는 사람의 말을 경청하고 상대와 같이 아파하고 상대와 같이 괴로워 할 때, 그것이 곧 상대를 배려하고 사랑하는 마음이다.

맹자가 말한 측은지심(惻隱之心)이 바로 이러한 것이다. 측은지심은 남의 어려움을 보고 불쌍히 여기는 마음으로 어린아이가 우물에 빠지려고 하는데 그 아이를 구하려는 그런 마음이라고 했다. 맹자는 '측은지심은 인(仁)의 끝(端)에서 나오며 이것을 가지지 않은 사람은 사람이 아니다.'라고 하였다.

말하기의 내용과 방법

45

'좀'과 '한(번)', '잠깐' 말하기

공손말하기는 나의 생각을 상대에게 가능한 한 정도를 약하고 부드럽게 말을 하는 것이다. 일반적으로 우리말에서 말하는 사람의 요청을 약화시키고 주장을 약하게 함으로써 상대에게 부담을 덜어주는 표지로 '좀'과 '한번' 그리고 '잠깐'이 있다. '좀'은 부사 '조금'에서 나온 말이다. 그리고 '한번'은 수 관형사 '한'에 '횟수'를 나타내는 의존명사 '번'이 붙어서 된 말이고, '잠깐'은 짧은 시간을 나타내는 말이다. '조금'이나 '한', '잠깐'은 모두 정도가 '적음'을 나타내는 말이다. 이처럼 '한번' 이외에도 '술 한잔', '밥 한끼' 등과 같이 '한'이 단위를 나타내는 말 뒤에 붙어서 정도를 약화시키는 의미를 나타내는 경우가 많다.

• 이것 해 주세요.

– 이것 **좀** 해 주세요.

• 우리 만나자.
– 우리 **한번** 만나자.

• 우리 식사하자.
– 우리 식사 **한번** 하자.

• 비켜주시겠습니까?
– **잠깐** 비켜주시겠습니까?

위에서 '좀'이나 '한번' 그리고 '잠깐'을 쓴 말과 쓰지 않은 말과는 상대가 받아들이는 정도가 매우 다르다는 것을 우리는 단번에 알 수가 있다. 우리말 '좀'은 상대를 배려하는 말이다. 그런데 자존감이 강한 사람들은 자기를 낮추는 '좀'과 '한번', '잠깐'과 같은 말을 쓰기를 꺼려한다. 왜냐하면 그들은 상대에게 '좀'이나 '한번', '잠깐'과 같은 말을 쓰는 것이 상대에게 자기 자존심을 상한다고 생각하기 때문이다. 그러나 그것은 자존심을 버리는 것이 아니고 상대를 배려하는 예의인 것임을 알아야 한다.

따라서 남에게 강요하거나 부담을 주는 말하기보다 상대의 입장을 헤아리고 요청의 정도를 약하게 하는 '좀'과 '한번', '잠깐'을 즐겨 사용하는 것이 좋겠다.

46

'–잖아(요)' 말 하지 않기

우리는 상대가 한 말을 확인하려는 표현인 '(했)잖아(요)'라는 말을 자주 사용한다. '했잖아'는 '했지 않아', '했지 그렇지 않아'의 준말이다. 이 말은 상대가 한 말을 확인하는 의문이라고 해서 일반적으로 확인의문문 또는 부가의문문이라고도 한다. 경상방언의 '했다 아이가'와 비슷하다. 그런데 이 말은 상대에게 매우 기분을 나쁘게 하는 말이다. 이 표현은 말할이가 들을이에게 들을이 스스로의 잘못을 인정하고 확인하도록 강요하는 말이다. 이런 말을 하는 사람은 상대를 무시하고 상대를 자기 생각대로 강요하는 사람이기 때문에 매우 권위적이고 이기적이며 자기중심적인 사람일 가능성이 높다. 설령 우리가 이전에 했던 말이나 행동 또는 생각이 잘못되었다고 하더라도 그 잘못을 상대로부터 확인을 강요받는다는 자체가 자존심과 체면을 손상시키는 일이 아닐 수 없다. 그래서 들을이는 말할이에게 좋지 않은 감정을 가지게 된다.

다음 예를 보자.

- "네가 이 일을 한다고 했잖아. 네가 해."
- "네가 범인과 공모했잖아, 자백해."
- "이렇게 되어 있잖아, 왜 자꾸 우기는 거야."
- "아까 내가 그렇게 말했잖아. 왜 그런데 자꾸 이렇게 하는 거야."
- "네가 말한 거 이거잖아. 그것도 몰랐어."

이와 같은 말투들은 모두 들을이의 기분을 나쁘게 하는 것이다.
이렇게 말하기보다 다음과 같이 말을 하면 좋다.

- "이전에 네가 그렇게 말한 것으로 생각하는데."
- "지난번 네가 그렇게 말했는데."
- "나는 네가 그렇게 한 기억이 나는 것 같은데."
- "아까 내가 그렇게 말을 했는데 기억이 안 나나 보네."
- "네가 말한 것 같은데 그렇게 안했니?"

들을이에게 자기의 생각을 강요하는 것보다 들을이의 입장에서 그를 존중하고 배려하는 말하기를 하는 것이 말할이와 들을이가 서로 좋은 관계를 유지하는 담화책략이다. 그래서 어떤 사실이나 생각을 상대에게 확인 강요하기보다 상대에게 스스로 확인하도록 하는 맡기는 화법이 좋은 화법이다.

그리고 들을이에게 어떤 사실을 확인하는 의문문 '–잖아'는 성조에 따라 들을이가 받아들이는 감정이 다르다. 성조를 평조나 하강조로 말하면 들을이는 상대의 강요를 강하게 받아들이고 상승조로 높이면 상대에게 사실의 진위를 맡기는 형태로 요청의 정도가 약하게 된다.

말하기에서 상대를 배려한다면 상대를 무시하는 '–잖아'의 말투는 사용하지 않는 것이 좋다.

47

보조사 가려 말하기

말은 여러 가지 구성 요소로 이루어져 있다. 말을 구성하는 것에는 내용 낱말도 있고 이 내용 낱말을 문장이 되게 읽어주는 구조 낱말도 있다. 그리고 입말은 이 내용낱말과 구조낱말과 함께 입말이 가지고 있는 여러 가지 요소들인 성조나 강세 등과 같은 반언어적 요소들과 함께 이루어져 있다. 여기서 구조낱말에는 조사(토씨)와 어미(씨끝)가 있는데 이 조사와 어미를 어떻게 사용하느냐에 따라 말하는 사람의 다양한 마음 상태를 표현할 수가 있다. 특히 말하는 사람의 마음 상태를 담는 보조사(도움토씨)는 사람의 마음을 미묘하게 표현하는 구실을 한다.

보조사를 잘 사용하면 상대에게 좋은 감정을 나타낼 수도 있고 거꾸로 잘못 사용하면 상대에게 매우 불쾌하거나 나쁜 감정을 불러일으키기도 한다.

그 가운데 몇 가지 보기를 보이면 다음과 같은 것들이 있다.

〈명사+(이)나+명령〉

- 밥이나 먹어라.
- 공부나 해라.
- 청소나 해라.
- 돈이나 벌어라.
- 집안일이나 잘해라.
- 너나 잘해라.

원래 '명사+(이)나'는 '책이나 공책을 사라'라고 하여 둘 이상의 선택 대상 가운데 하나를 '선택'하는 의미를 가지고 있는 보조사이다. 그런데 이것이 명령문에 쓰이면 말하는 사람이 상대에게 다른 것은 선택하지 말고 말하는 사람의 시키는 대로 하라고 하는 강한 강제성과 상태를 무시하는 감정을 담고 있는 보조사로 작용을 한다. 이러한 보조사를 '감정보조사'라고 할 수 있다. 이와 같이 말할이가 들을이에게 '너는 다른 것은 할 능력이 없으니 내 말대로 하라.'는 그런 말을 듣고 기분이 나쁘지 않을 사람이 없을 것이다.

따라서 듣는 사람은 말하는 사람에게 무시당하는 느낌을 가지게 된다.

'명사+(이)나+명령'의 말은 하지 않는 것이 좋다.

〈도/까지/조차/마저+부정〉

- 심부름도 안 하고.
- 너까지 그런 짓을 했나.
- 노래조차 못하니.
- 공부마저 못하니.
- 얼굴마저 못 생겼다.

보조사 '도/까지/조차/마저'는 말하는 사람이 보조사 앞에 붙은 내용을 못하고 다른 것도 '함께' 못한다는 의미를 나타내는 보조사다. 따라서 무엇과 '함께'의 의미를 나타내는 보조사 뒤에 부정적 의미가 오면 앞에 못하는 것과 마찬가지로 다른 것도 할 수 없거나 부정적임을 나타낸다. '노래조차 못 한다'고 하면 '다른 것도 못 한다'는 의미를 전제하고 있다. 따라서 그런 말을 듣는 사람은 지금 하고 있는 것뿐만 아니라 다른 것도 할 수 있는 능력이 없음을 의미하기 때문에 기분이 좋지 않게 된다. 또한 들을이는 말할이가 자기를 무시하거나 무능하게 보고 있다고 생각하게 된다.

〈도/까지/마저+긍정〉

- 넌 공부도 잘해.
- 넌 마음까지 좋아.
- 자네는 참 부지런하기도 해.
- 넌 요리마저 잘하는구나.

위와 같이 보조사 '도/까지/마저'는 그에 붙는 앞말을 긍정하고 칭찬할 뿐만 아니라 그 외 다른 좋은 점을 가지고 있음을 전제하는 보조사이다.

이런 말을 듣는 사람은 말하는 사람이 자기가 가지고 있는 장점이나 좋은 점을 상대가 인정하고 칭찬한 것에도 기쁘게 생각하는데 그외 다른 점도 긍정적으로 보고 있으니 기분이 더 좋게 된다. 이와 같은 말은 상대를 칭찬하기에 좋은 말하기 전략이다. 이러한 말은 우리가 즐겨 사용하면 할수록 좋은 말이다.

〈만/는(은)+긍정〉

> - 너는 공부는 못하면서 게임만 잘 하구나.
> - 너는 춤은 잘 추네.
> - 너는 노는 것은 좋아하네.
> - 너는 얼굴만 잘 생겼네.

보조사 '만/는(은)'은 그 앞에 나오는 말에 '한정'을 하는 의미를 가진 보조사다. 그런데 그런 보조사 뒤에 긍정 내용이 오면 상대에게 지금 하고 있는 행위나 지금의 상태에 한정하고 다른 것은 부정하는 의미를 나타낸다. 따라서 지금 하고 있거나 지금의 상태 이외 다른 것은 할 수 없거나 나쁜 상태를 전제하고 있기 때문에 이런 말을 듣는 사람 또한 상대가 자기의 능력을 무시하거나 상태를 부정적으로 보고 있다고 생각하게 된다. 마땅히 기분이 나쁠 수밖에 없다. '춤은 잘 추네.'라고 하는 말은 상대에게 '다른 것은 못 하면서 춤 하나만 잘 춘다.'고 하는 말과 같다.

이렇게 상대의 기분을 나쁘게 하는 말은 쓰지 않는 것이 좋다.

48

담화표지 가려 말하기

말하기에는 말하는 사람의 생각을 상대에게 효과적으로 전달하기 위한 표현이 바로 군말이라는 것이 있다. 이전에는 이 군말을 쓸데없는 말이라고 생각하여 관심을 가지지 않았다. 그런데 최근에는 이 군말을 '담화표지(discourse marker)' 라고 하면서 말하는 사람이 효과적으로 말을 하는 데 매우 다양한 기능을 하는 것으로 연구되고 있다. 우리말 담화표지에는 '애-', '그-', '으-', '인자(이제)', '-요', '말이야', '있지', '뭐냐' 등 매우 다양하게 쓰이고 있다.

인자(이제), 요

우리말에서 많이 나타나는 담화표지 '인자', '-요'는 말하는 사람이

자기가 말할 내용이 빨리 생각이 나지 않을 경우에 흔히 쓴다. '인자'
는 매우 다양한 지역에서 사용되며, '-요'는 일반적으로 어릴수록 많
이 사용한다.

있지(있잖아), 뭐냐

담화표지 '있지', '뭐냐'는 말하는 사람이 하고자 하는 말이 빨리 생
각이 나지 않아 상대에게 묻는 형태로 시간을 버는 기능을 한다. 이것
은 자기의 주장을 상대가 수용하고 동조해 줄 것을 은연중에 강요하
는 의미가 있다. 그리고 이 말은 주로 성격이 급하고 권위적일수록 많
이 사용하는 경향이 있다.

에

담화표지 '에'는 일반적으로 성격과 행동이 느리고 지나치게 신중하
거나 권위적인 사람이 시간을 벌기 위해 많이 사용한다.

머(뭐)

담화표지 '머(뭐)'를 즐겨 사용하는 사람은 상대를 가볍게 보거나
자기가 말하는 내용이 그렇게 중요하지 않음을 나타내는 담화표지이
다. 이러한 사람은 자기 내적으로는 자신감이 충만해 있을지라도 듣

는 사람은 자기를 업신여기거나 가볍게 생각하는 것으로 받아들이기 때문에 상대의 기분을 상하게 하는 담화 표현이다. '머'라는 담화표지는 자주 쓰지 않는 것이 좋다.

말이야

'말이야'라는 말을 자주 쓰는 사람은 자신의 말을 강조하고 상대에 대해 권위를 가지려는 사람일 가능성이 높다. 일반적으로 손윗사람이 손아랫사람에게 흔히 사용하는 말로 상대에게 기분을 상하게 하는 담화표지이다.

마

담화표지 '마'는 부사 '그만'에서 나온 것으로 자기의 생각을 상대에게 강하게 밀어 붙이거나 자기의 주장을 상대에게 강하게 강요하는 기능을 한다. 이러한 말을 자주 사용하는 사람은 자기의 일을 대충하는 사람이거나 성격이 다소 급한 사람일 경향이 있다.

그렇지, 그자

담화표지 '그렇지'와 '그자(글체)'는 말할이의 생각을 상대에게 동조할 것을 강요하는 구실을 한다. 이런 담화표지를 많이 사용하는 사람은 자기주장이 강한 사람이며 상대에게 자기의 주장에 동조하기를 강요하는 자존감이 강한 사람일 가능성이 높다.

따라서 말하는 사람이 어떤 담화표지를 사용하는가를 보면 그 사람의 사람됨이나 성격을 알 수가 있다.

그런데 담화표지는 앞말과 뒷말을 자연스럽게 이어주고 뒷말을 생각하는 시간벌기 구실을 하거나, 말하는 사람이 할 말을 미리 준비하지 않아 졸가리가 없을 때도 담화표지로 말의 졸가리를 잡아주기도 하는 긍정적 기능을 하기도 한다. 이처럼 담화표지가 말하기에서 필요 없는 것이 아니라 말을 이끌어 가는 데 매우 필요한 요소의 하나이다. 따라서 담화표지를 적절하게 사용을 하면 말하기에서 윤활유같이 매끄럽게 상대와 대화를 자연스럽게 이끌어 갈 수가 있다. 다만, 담화표지를 함부로 지나치게 많이 사용하게 되면 정보를 정확하게 올바르게 전달하기 못하거나 말을 어지럽게 하고 상대에게 나쁜 인상을 주는 역기능도 할 수도 있다.

담화표지는 말하기 습관에서 오는 것이기 때문에 자신의 담화표지 사용 습관을 돌아보고 지나치게 많이 사용할 경우 스스로 고쳐 나가야 한다.

49

올바로 묻기

    사람은 태어나서부터 무엇이든 알고 싶어 하는 마음을 가지고 살아간다. 그래서 상대방에 대한 간단한 정보에서부터 세상 모든 일에 이르기까지 궁금한 것을 묻고 대답하고 하는 연속된 행위 속에서 살아간다. 그런데 이 알고 싶어 하는 마음은 말로써 풀어나가게 되는데, 상대에게 무엇을 '묻는다'는 행위는 상대로부터 귀중한 지식이나 지혜를 얻는 행위이기 때문에 상대에게 은혜를 입는 것이라고 할 수 있다. 따라서 상대에게 무엇을 물을 때에는 최대한 공손한 예를 갖추고 감사하는 마음을 가져야 한다. 그것이 상대로부터 귀한 정보라는 선물을 받는 올바른 자세다. 즉, 속 마음에서부터 겉 자세까지 상대의 정보를 얻을 수 있는 태도를 갖추어야 한다는 것이다. 옛날에는 제자가 스승에게 무엇을 물으려고 하면 제자는 스승에게 큰절을 하여 공손한 예를 갖추어야 했다. 불가에서도 불자가 스님의 가르침을 받기 위해서 스님을 만나면 먼저 삼배를 했던 것도 모두 가르침을 받는 예의의 하나이다.

자신이 상대에게 배움을 청하거나 모르는 것을 물을 때는 자기가 가지고 있는 선입관의 막을 미리 쳐놓아서는 안 된다. 상대에게 배움이나 물음을 청할 때는 아무것도 모른다는 생각으로 겸손하게 다가가야 한다. 어떤 사람은 간혹 상대가 얼마나 알고 있는지를 시험하는 마음으로 묻는 경우가 있다. 그것은 상대로부터 모르는 것을 묻는 것이 아니라 상대를 평가하는 행위이다. 그런데 이러한 물음은 이상하게도 상대는 직관적으로 단번에 알아차리게 된다. 남으로부터 시험을 당하는 것만큼 자존심이 상하는 것 또한 없다. 그렇게 함으로써 당신은 그동안 쌓아 놓았던 모든 인간관계는 한 순간 무너져 버리게 된다. 그런 오만함으로는 상대에게 결코 가르침을 받을 수가 없을 것이다.

손윗사람에게 무엇을 물을 때에는 다음과 같이 묻는 말에 더욱 조심스러워야 한다.

- 이것 잘 모르겠는데 말씀해 주시면 고맙겠습니다.
- 무엇을 알고 싶은데 선생님의 말씀을 듣고 싶습니다.
- 선생님, 이것은 어떻게 해서 그렇게 되는지 잘 모르겠습니다. 가르쳐 주십시오.
- 죄송합니다만, 이것은 어떻게 되는지요?

- 바쁘신데 죄송합니다만, 이것을 좀 가르쳐 주시겠습니까?
- 귀찮게 해 드려서 죄송합니다만, 이것이 궁금한데 말씀 좀 해 주시겠습니까?

모든 물음이 이와 같지 않을 수 있지만 겸손한 자세와 말로 물어야 한다는 것은 다를 바가 없다.

50

많이 묻기

인간은 일생 동안 끊임없이 새로운 정보를 입력하고 또 스스로 만들어 내면서 살아간다. 그러나 우리가 획득하는 정보는 일정 한계가 있게 마련이다. 그것은 삶 자체가 모두 다르기 때문이다. 그래서 인간은 자신이 살고 체험하지 않은 정보를 책을 보거나 말을 듣거나 다양한 매체에 의해 간접적으로 얻을 때도 있다.

그 가운데 상대가 하는 말로부터 정보를 얻는 것을 '듣기'라 한다. 우리는 누구에게나 자기가 모르는 것을 끊임없이 물음으로써 지식과 지혜를 얻게 된다.

그런데 대부분의 사람들은 남에게 무엇을 묻기를 싫어하는 것이 본능이다. 근본적으로 상대에게 무엇을 묻는다는 것은 자기가 무엇을 모른다는 것을 남 앞에 드러내는 행위이다. 그렇기 때문에 남에게 무엇을 묻는 것이 쉽지 않다. 우리 주위에는 남에게 묻기를 유난히 싫어하는 사람들을 많이 보는데 그 사람들을 자세히 보면 대체로 자존심이 강한 사람이거나 반대로 열등의식이 강한 사람일 가능성이 높다. 자존감이 강한 사람은 남들보다 자기가 모른다는 것을 드러내기 싫어하기 때문이고, 열등의식이 강한 사람은 남들이 자기를 열등한 사람으로 무시할 것을 두려워하기 때문이다.

반대로 유난히 남에게 묻기를 좋아하는 사람도 있다. 묻기를 자주하는 사람은 진솔하고 순수한 사람이며, 자기의 삶에 대해 주체적이고 능동적이며 자신감이 있는 사람일 가능성이 높다. 그러나 묻기도 때와 장소와 상황을 고려해서 물어야 한다. 물을 장소도 아닌데, 물을 시간도 아닌데, 물을 상황도 아닌데 무엇을 묻는 것은 상대에 대해 결례가 된다. 그리고 상대에게 적절한 묻기를 해야 한다. 상대가 처한 상황이나 상대가 어떤 사람인지도 모르면서 함부로 무엇을 묻는 것은 상황 판단이 되지 않는 판단력이 부족한 사람이다. 따라서 상대에게 무엇을 어떻게 묻는가를 보면 그 사람의 사람됨이나 지적 수준을 알 수가 있게 된다. 질문하는 것으로도 사람을 알 수 있다는 말이다.

상대에게 함부로 물어서 상대를 부끄럽게 하거나 민망하게 하는 것은 묻지 않는 것이 낫다.

인지 발달 과정에 있는 성장기 아동들은 이 세상 모든 것이 자기에게는 신기하고 모르는 것이기 때문에 부모나 선생님에게 묻기를 자주한다. 그 시기는 지식의 수용이 폭발적으로 일어나는 시기이다. 따라서 부모나 교사는 아이들이 묻는 것을 막지 말고 그대로 지식과 지혜의 세계를 마음껏 헤엄칠 수 있도록 도와주어야 한다. 반대로 부모나 교사는 아이들에게 무엇을 많이 물어서 그들의 의문을 풀어 주고 인지와 지적 발달에 도움을 주는 것이 좋다.

그래서 무엇에 대해 항상 의문을 가지고 묻기를 자주 하라고 가르치고 있다. 〈논어〉에도 옛날 공자의 제자인 증자(曾子)가 자기 친구인 안회(顔回)를 칭찬하면서 다음과 같이 말했다.

> 유능하면서 무능한 사람에게 물어보고 많이 알면서 적게 알고 있는 사람에게 물어보며, 남 보기에는 없는 것 같이 하고, 실하되 허하며, 범하되 계교를 쓰지 아니함은 지난날 나의 친구 하나가 이에 따랐느니라. (泰伯 5)

윗 글에서 증자가 안회를 칭찬하면서 '유능하면서 무능한 사람에게 물어보고 많이 알면서 적게 알고 있는 사람에게 물어 본다'고 한 것은 안회가 그만큼 겸손하고 마음이 열려 있다는 것이다. 결코 쉬운 일이 아니다. 우리는 조금 알면서 많이 아는 척하고 무능하면서 유능한 사람에게 물어보지 않는다. 하지만 누구에게든 배울 점이 있게 마련이다.

그래서 공자는 다음과 같이 말하였다.

> 세 사람이 길을 가면 반드시 나의 스승이 있느니라
> 그 착한 사람을 가려서 따를 것이요, 그 착하지 않은 사람을 가려서 고칠 지니라 (述而 21)

다음은 우리가 살아가는 데 의문이 있으면 남에게 묻기를 자주 해야 함을 가르쳐 주는 공자의 말이다.

- 어떻게 할까, 어떻게 할까 하고 말하지 않는 자는 나도 어떻게 할 도리가 없을 따름이다. (衛靈公 15)

세계적으로 유명한 경영자나 정치가, 철학자, 종교지도자들은 모두 상대에게 겸손하게 묻기를 자주한 사람들이다.

묻는 것을 부끄럽게 생각하지 말자. 모르는 것이 잘못이 아니라 모르면서 아는 척하는 것이 잘못이다. 모르면 자기만 손해고 모르는 것이 결코 자랑일 수는 없다. 세상은 모르는 것으로 가득 차 있으므로 누구에게나 항상 물으면서 살아야 하겠다.

우리는 항상 '왜?', '어떻게?'를 물으면서 삶의 지혜를 찾아가자.

- 질문하라. 너를 둘러싼 세계에 '왜'라고 물어라. (스티븐 스필버그)
- 질문으로 파고드는 사람은 이미 그 문제의 해답을 반쯤 얻은 것과 같다. (프랜시스 베이컨)
- 나는 누구인가? 스스로 물어라.
자신의 속 얼굴이 드러나 보일 때까지
묻고 묻고 또 물어야 한다.
건성으로 묻지 말고 목소리의 목소리로
귀속의 귀에 대고 간절하게 물어야 한다.
해답은 그 물음 속에 있다.
– 법정 스님의 〈산에는 꽃이 피네〉 중에서 –

51

올바르게 대답하기

어떤 사람이 당신에게 무엇을 물어 올 때 당신은 정성을 다해서 답해 주어야 한다. 당신에게 무엇을 묻는다는 사실은 당신을 그만큼 존경한다는 것이고 당신과 그만큼 친근감을 가지고 있다는 말이다. 당신을 사랑하지도 믿지도 않는다면 어떻게 당신에게 자신이 모른다는 사실을 겉으로 나타내면서 당신에게 물어오겠는가.

우리가 남을 도와주는 방법은 여러 가지가 있다. 돈이 없어 살아가지 못하는 사람에게는 돈을 줄 수도 있고, 당장 먹을 것이 없는 사람에게는 먹을 것을 줄 수도 있다. 그리고 입을 것과 잘 곳이 없는 사람에게 입을 것과 잘 곳을 마련해 주면서 남을 돕기도 한다. 이러한 도움은 물질적인 도움이다. 그러나 우리가 살아가는 데는 이 물질적인 도움보다는 정신적인 도움이 더 가치로울 때가 많다. 정신적으로 방황하면서 삶에 힘들어 하는 사람이 당신에게 삶의 지혜를 물으러 올 때, 당신은 그 사람에게 정신적인 도움을 주는 일이야말로 그 어떤 도움보다 고귀하고 가치로운 것이다.

우리는 서로 정보를 주고받으면서 지식과 지혜로 마음을 살찌우면서 살아가게 된다. 그 지식과 지혜가 설령 당신에게는 하찮은 것으로 생각할지라도 상대에게는 삶을 좌우하는 매우 중요한 것일 수가 있다. 그래서 상대가 어떤 물음을 물으러 오더라도 당신은 정성껏 대답해 주어야 한다.

흔히 우리는 우리에게 무엇을 물으러 오는 사람에게 다음과 같이 함부로 말을 하곤 한다.

- 그것도 모르니?
- 지금 바쁘니 다음에 와!
- 집에 가서 스스로 알아 와.
- 다른 학생들은 다 아는데 너만 모르구나.
- 남 공부할 때 너는 뭘 했어.
- 참, 귀찮게 하네.
- 쓸데없는 것을 알려고 한다.
- 그것 알아서 뭐 하려고, 알 필요 없어.
- 크면 다 알아 지금 몰라도 돼.
- 너 왜 귀찮게 자꾸 묻고 야단이야.

당신은 당신에게 지식이나 지혜를 물으러 오는 그들에게 감사하게 생각해야 한다. 이 세상 수많은 사람 중에 하필 그 사람은 당신에게 다가와 묻게 되었을까. 그것을 인연이라고 한다. 만약 어떤 사람이 당신에게 지식과 지혜를 간절히 요청했을 때, 당신이 함부로 무시하고 오만한 태도로 대답을 한다면 당신에게 물으러 온 그 사람은 얼마나 무안하고 미안하고 부끄럽게 생각할까. 아예 대답을 듣지 않는 것만 못하다고 생각할 것이다. 그들은 자기의 무지함을 망설이다가 용기를 내어 당신에게 다가간 것이 아닌가. 그런데 상대를 무시하는 태도로 성의 없이 대답하는 하는 것은 상대를 불쾌하게 하는 것이어서 애써 대답을 해 주고도 미움을 사게 되니 얼마나 어리석은 짓인가. 그러면 상대는 다시는 당신에게 무엇을 물으려 하지 않게 될 것이다.

교육은 교사(교수자)와 학생(학습자) 사이에 끊임없는 질문과 대답으로 이루어지는 것이 이상적이다. 학생들이 이해하지 못한 것이나 잘 모르는 것이 있다면 교사에게 질문하고 교사는 대답하는 활동이 교실 안에서 활발하게 이루어져야 한다. 학생의 질문에 교사는 성의껏 답해 주어야 한다. 질문한 학생은 많은 학생들과 선생님 앞에서 부끄러움을 무릅쓰고 질문을 한 것이기 때문이다.

교사의 말 한 마디가 한 학생의 인생을 좌우한다면 교사가 학생에게 어떻게 함부로 말을 할 수 있을까. 그래서 학생의 인격과 체면을 살려 주면서 학생의 물음에 성의껏 대답을 해 주어야 한다.

유명한 그리스 철학자 소크라테스는 질문을 통해 진리를 알게 하였다. 이것을 우리는 '문답법(dialektike)' 또는 '산파술(産婆術)'이라고도 한다.

당신의 아이가 똑똑하고 현명해지기를 바라면 당신의 아이가 궁금하다고 생각한 것을 가까이에서 성의껏 가르쳐 주어야 한다. 또 당신의 아이가 독창력과 상상력을 가지기를 바라면 당신의 아이가 마음껏 물을 수 있게 해야 하고 당신은 거기에 친절하게 답해 주려고 노력해야 한다.

우리는 우리에게 무엇을 물으러 오는 사람에게 다음과 같은 말을 하는 것이 좋다.

> - 참, 좋은 질문이구나.
> - 나도 잘 모르겠는데 같이 생각해 보자.
> - 우리 애, 과학자가 되겠구나.
> - 나도 궁금했던 것이야. 같이 생각해 보자.
> - 다음에 또 궁금한 것 있으면 물으렴.

누군가가 당신에게 무엇을 물으러 오는 사람이 있다면 그 사람에게 감사한 마음으로 대하고 친절하게 대답해 주어야 한다.

52

침묵하기

침묵도 넓은 의미에서 의사소통 방법의 하나이다. 말할이와 들을이 사이에 음성적 의사소통의 작용이 없을 뿐이지 침묵 그 자체로도 충분히 의사소통의 기능을 한다고 할 수 있다. 침묵은 대인관계에서 정보교환이 없는 상태를 말한다. 말을 하기 위해서는 자신이 새로운 정보를 끊임없이 생성하는 사고 활동과 신체적인 발화 동작을 해야 한다. 그리고 말하는 순간은 상대를 의식해야 하는 긴장된 정신 상태에 있게 된다. 그러나 침묵은 이러한 총체적인 언어활동에서 벗어남으로써 사고와 신체적 안정과 긴장으로부터 자유를 가질 수가 있다.

침묵하면서 어떤 대상에 집중하여 정신적 신체적 평화와 안정을 추구하는 것을 명상(冥想, mediation)이라 한다. 불가에서는 말하고 싶은 충동을 참아 내면서 번뇌 망상에서 벗어나 오로지 자신의 참모습을 관찰하고 자신의 참 성품(부처)을 깨달아 가는 수행인 참선도 크게 보면 명상의 하나다. 말을 하지 않는 수행인 묵언(默言) 수행도 마찬가지이다.

인간은 말을 할 때보다 때론 침묵이 마음을 훨씬 더 편안하게 하고 안정된 상태가 된다고 한다. 말을 하고 싶을 때 말을 하지 않아서 괴로울 수도 있지만, 굳이 말을 하지 않아도 될 경우는 말을 하지 않고 그냥 말없는 그 자체로만 있는 것도 말을 하는 것보다 훨씬 행복하고 자유로울 수 있다. 말을 하지 않고 자신의 소리나 자신의 생각으로 침묵할 때 자신을 알아차리게 된다. 때로는 침묵이 말보다 훨씬 강력한 힘이 되고 강한 의미 전달력을 가지기도 한다. 말을 하지 않음에 상대가 어떤 생각을 하고 있는지 알 수 없기 때문에 상대를 더 신비롭게 만든다. 말을 많이 하는 사람은 자기의 정보를 쉽게 드러내게 되어 듣는 상대는 말하는 사람을 대하기가 쉬워진다. 그러나 말을 많이 하지 않고 자기의 정보를 드러내지 않는 사람은 그렇지 않는 사람보다 대하기가 훨씬 어렵다. 상대의 정보를 알 수 없기 때문이다.

말하기에서 침묵하기는 말을 하고 싶다고 함부로 말을 하지 말라는 뜻도 되고 말하기보다 말 듣기를 많이 하라는 가르침도 된다. 함부로 말을 해서 마음의 고통을 받느니 차라리 말을 하지 않음이 더 낫다는 의미도 될 것이다.

그리고 침묵하기는 담화에서 다양한 담화 기능을 한다. 듣는 사람에게 주의를 집중하게 하는 기능도 하고, 자신의 감정적 표현을 강조하는 효과를 가지기도 한다.

침묵에 대한 동서양 명언들을 보자.

- 지자(智者)는 말이 없고 말하는 자는 아무것도 모르는 자다. **(노자)**
- 말을 할 때를 아는 사람은 또한 침묵할 때를 안다. **(아르키메테스)**
- 입을 다물든가 아니면 말이 침묵보다 월등하도록 하라. **(메난드로스)**
- 침묵은 참된 지혜의 최상의 응답이다. **(에우리피데스)**
- 어리석은 사람도 잠잠하면 지혜로워 보이고 입을 다물고 있으면 슬기로워 보인다.
  (구약성서)
- 침묵하라. 아니면 침묵보다 더 가치 있는 말을 하라. 쓸데없는 말을 하느니 차라리 진
  주를 위험한 곳에 던져라. 많은 단어로 적게 말하지 말고 적은 단어로 많은 것을 말하
  라. **(피타고라스)**
- 침묵하는 법을 모르는 사람은 말하는 법을 모른다. **(아우소니우스)**
- 말해야 할 때와 침묵해야 할 때를 아는 것은 훌륭한 일이다. **(세네카)**
- 어떤 것이든 이로운 말 밑에는 그보다 나은 침묵이 존재한다. 침묵은 영원처럼 깊고
  말은 시간만큼 얕다. **(토마스 카라일)**

침묵에 대한 동서양의 성찰은 수없이 많다. 침묵에 대한 내면의 의
미는 말이라는 언어로 표현하는 것보다 훨씬 더 깊은 의미를 가지기
도 한다. 침묵으로 자신의 내면을 살찌우는 것이 말하여 번뇌에 휘둘
리는 것보다 낫다. 알 수 없는 세계 그것이 곧 침묵이 갖는 신비이고
매력이다. 말하기보다 침묵하기가 더 어렵다. 진정으로 마음과 마음
이 소통하는 사람끼리는 서로 말을 하지 않고 그냥 함께 가만히 있기
만 하여도 서로 마음이 편하고 행복해진다.

제3장

말하기의
태도

53

바른 자세로 말하기

바른 자세에서 바른 마음이 생기고 바른 마음에서 바른 말이 나오게 된다. 모든 형식은 그 형식에 맞는 내용을 담고 있기 때문이다. 말을 할 때 말하는 사람의 자세가 곧고 바르면 말하는 사람은 자기도 모르게 자기의 말에 자신감이 생기고 바른 말을 하게 된다. 그리고 듣는 사람에게 자기 말에 대한 신뢰감을 드높여 주기도 한다. 또한 듣는 사람이 말하는 사람의 눈을 쳐다보고 듣는 자세가 바르면 말하는 사람은 거짓이나 위선의 말을 함부로 할 수가 없다. 말을 하는 사람이나 듣는 사람이 상대를 존중한다면 바른 자세로 말하고 들어야 한다.

학교에서 소위 공부를 잘하는 학생들의 공통된 자세를 보면 그들은 언제나 교사와 가까운 자리에서 자세를 바르게 앉아 교사의 말에 집중한다. 불가에서 참선을 할 때 가부좌나 반가부좌로 허리를 곧게 펴고 앉아 수행하는 것도 자세가 바르면 마음이 산란되지 않고 한 곳으로 집중하기 쉽기 때문이다. 훈련이 잘된 군인들이 절도 있게 걷고 행동하는 것도 그들 정신 상태가 외형적 형식과 같이 당당하고 용기가 있음을 나타내는 것이다. 자세가 바르지 못하고 항상 허리나 어깨가 쳐져 있는 사람은 모든 일에 소극적이고, 성격이 내성적인 경우가 많다.

바른 자세는 어릴 때부터 가르쳐야 한다. 성장하면 할수록 자세를 바르게 고치기 매우 어렵다. 그리고 자녀들의 자세는 신기하게도 부모의 자세를 닮아 간다. 유전적 요인도 있을 수 있지만 어릴 적부터 부모의 자세를 보면서 자라기 때문에 자기도 모르게 부모의 자세를 취하게 되는 것이다. 그만큼 부모의 자세가 중요하다는 뜻이다.

우리는 사람의 자세에 대해 대수롭게 생각하지 않는 경향이 있다. 그러나 자세가 한 사람의 마음과 행동과 건강에 결정적으로 영향을 끼친다고 하면 결코 가볍게 넘길 일이 아니다. 당신의 자녀가 올바른 자세로 몸과 마음이 바르게 자라기를 바란다면 지금이라도 당신 자녀의 자세를 바르게 가르쳐야 한다. 습관을 바꾼다는 것은 참으로 힘들고 어려운 일임은 분명하다. 그렇지만 남과 말을 하고 들을 때도 언제나 고개를 들고 말하는 사람을 바라보면서 말하고 들어야 한다. 그리고 밝고 겸손한 자세로 말하고 듣도록 하는 것이 좋다. 그것이 말할이와 들을이 모두를 행복하고 기쁘게 하는 것이다.

말하고 듣는 자세도 대상과 상황에 따라 다를 수 있다. 편안한 상대에게는 자유로운 대화를 할 때는 편안한 자세로 듣고 말해도 좋다. 그러나 손윗사람과 대화를 할 때는 바르고 겸손한 자세로 말하고 들어야 하고, 공개적으로 자기의 주장이나 생각을 발표할 때는 당당하게 가슴을 펴고 청중을 바라보면서 자신 있게 말하는 자세를 가져야 한다. 들을이도 공개적인 말하기에서는 가능한 바르게 앉아 상대의 말에 집중하는 태도를 가져야 한다. 말하는 사람과 듣는 사람 모두 서로 감사하는 마음을 가질 때 자세도 자연스럽게 되는 것이다.

말을 할 때 갖추어야 할 태도를 돈 가버(Don, Gabor)는 다음과 같이 SOFTEN 원리를 제시하고 있다. 한번쯤 챙겨 새길 만하다.

S는 미소와 웃음(Smile)을 뜻한다.

O는 열린 몸짓(Open Gesture)이다.

F는 앞으로 기울이기(Forward Leaning)이다.

T는 접촉(Touch)이다.

E는 눈길 나누기(Eye contact)다.

N은 끄덕이기(Nodding)이다.

54

눈길 주며 말하기

말을 할 때는 상대를 보면서 말을 해야 한다. 그리고 듣는 사람 또한 말하는 사람을 쳐다보아야 한다. 상대를 보지 않고 말을 하는 것은 듣는 사람을 업신여기는 것이고, 말하는 사람을 보지 않고 듣는 것은 말하는 사람을 업신여기는 것이다. 이처럼 사람을 본다는 것은 그 사람에게 관심이 있음을 의미한다. 선물을 주면서 받는 사람을 보지 않고 주는 것은 선물을 주기 싫은데 억지로 주는 것으로 볼 수 있으며, 선물을 받는데 주는 사람을 쳐다보지 않는 것은 선물을 받기 싫은데 억지로 받는 것과 같다. 사람이 사람을 보는 것은 관심의 표시이다.

말의 내용은 소리로 하지만 말하는 사람에 대한 관심은 말하는 사람과 듣는 사람의 눈빛에 있다. 우리는 말을 하거나 듣는 사람의 눈빛을 보면 그 사람이 어떤 마음을 가지고 있는지 알 수 있다. 그래서 포

근한 눈빛, 사랑하는 눈빛을 보내면서 말하는 사람은 당신을 따듯하게 사랑하는 사람이고, 당신에게 찡그리거나 화내면서 말하는 사람은 당신을 미워하고 싫어하는 사람이다. 인상을 찌푸리거나 불쾌한 눈빛으로 말을 하거나 듣게 되면 말하는 사람과 듣는 사람 모두 마음이 불편하고 기분이 상하게 된다. 그렇게 되면 말하는 사람과 듣는 사람의 관계는 자연스럽게 나빠지게 마련이다. 어쩌면 그것은 말을 하지 않고, 말을 듣지 않는 것만 못하다. 당신은 언젠가 찾아온 손님에게 눈길을 주지 않고 신문을 뒤적거리거나 아니면 다른 일을 한 적은 없는가를 생각해 보라. 당신을 찾아온 그 사람은 당신을 찾아간 것을 후회하면서, 마음속으로 화를 내면서 돌아섰을지도 모른다.

말은 마음의 표시이고, 눈빛은 당신에 대한 관심의 표시이다. 정치가들이 선거 운동 기간에는 유권자에게 보내는 시선의 시간이 길고, 당선이 되고 나면 같은 유권자에게 눈길을 주는 시간이 현저히 떨어진다는 연구가 있다. 그것은 선거 기간 동안은 유권자에게 호감을 얻기 위해 긴 시간 동안 눈길을 주었지만 당선이 되고 난 후 정치가는 권위 의식을 가지게 되면서 유권자에게 관심을 두지 않는다는 것을 말해 준다.

그리고 우리는 흔히 사회 조직에서 하급자가 상급자를 쳐다보는 시간과 눈길은 상급자가 하급자를 쳐다보는 시간과 눈길과 다름을 알 수 있다. 흔히 상급자들은 하급자가 말을 할 때 하급자에게 많은 시선을 주지 않는다. 그것은 상급자가 하급자를 업신여기고 무시함으로써 자기의 위상과 권위를 더 높이고 상대적으로 하급자에게 더 쉽게 군림할 수 있도록 하는 심리적 현상에서 나온 것이다. 그러나 하급자는 상급자의 눈길을 조금이라도 더 잡기 위해서 노력한다. 눈길로 상급자의 관심과 믿음을 확인하고 싶어 하기 때문이다. 즉, 상급자가 하급자에게 주는 눈길의 시간과 눈빛의 모습에 따라 그 상급자가 하급자에게 가지고 있는 관심의 정도를 알 수 있다. 상급자와 하급자가 서로 신뢰하고 사랑으로 묶이기 위해서는 서로가 다정한 눈빛과 눈길로 쳐다보면서 관심을 표해야 한다. 상대의 눈길을 무시하는 것은 상대의 인격과 자존심을 무시하는 것이다.

또 말하는 사람이 듣는 사람을 보지 않고 말하면 자기의 말에 대해 자신감이 없어 보인다. 때로는 그 말이 진실성이 없음을 나타내는 것처럼 보이기도 한다. 말하는 사람은 듣는 사람을 다정하게, 당당하게 쳐다봄으로써 자기의 말에 자신감과 신뢰성을 나타내어야 한다. 죄를 지은 사람이 상대를 쳐다보지 못하는 것은 죄책감의 표시이다. 말을 듣는 사람 또한 말하는 사람을 쳐다보지 않으면 그는 말하는 사람보다 열등함을 표시하는 것이다. 권투 선수가 링 위에 올라가서 눈싸움부터 한다고 하는데 눈싸움에 지는 선수는 기가 꺾이면서 상대에게 억압당한다고 한다. 사람뿐만 아니라 이 세상 모든 동물의 세계가 다 그렇다. 눈길에서부터 상대와의 관계를 알 수 있게 된다는 뜻이다.

한 사람이 여러 사람에게 말을 할 때는 듣는 사람들의 눈길을 자기 눈에 넣어야 한다. 한 곳만 보지를 말고 여러 곳으로 골고루 시선을 옮겨가며 말해야 한다. 그것은 말하는 사람이 듣는 사람 모두들에게 똑같이 사랑한다는 것을 나타내는 표시이다. 일상적인 대화뿐만 아니라 교사가 교실에서 여러 학생들에게 골고루 눈길을 주어야 하는 것도 마찬가지이다. 학생들은 무엇보다 교사의 편애를 싫어한다. 자기보다 다른 학생에게 유난히 눈길을 많이 주어 사랑과 관심을 표시하는 것은 상대적으로 자기를 그 사람보다 싫어하고 무관심하다고 생각하게 된다.

그러나 웃어른과 말을 주고받거나 두 사람만 말을 주고받을 때에는 상대의 눈을 빤히 쳐다본다는 것은 부담스러운 일이다. 그래서 옛날부터 어른이 말을 할 때는 간혹 한 번씩 얼굴을 쳐다보기도 하지마는 허리 아래로 눈길을 낮추어야 한다고 했다. 그것은 손윗사람에 대한 겸손의 표시이다.

조상들은 말할 때 사람 보기를 다음과 같이 가르쳤다.

〈사상견례〉에 말하길 '대체로 대인과 말할 때에는 처음에는 얼굴을 보고 다음에는 가슴을 보고 끝에 가서 다시 얼굴을 보며 처음부터 끝까지 자신의 바른 몸가짐을 고치지 말아야 한다. 만약 아버지라면 눈을 이리저리 돌려 볼 수 있으나 얼굴보다 위를 보지 말며 띠보다 아래를 보지 말아야 한다. 만약 말씀하지 않으시거든, 서 계시면 그 발을 보고, 앉아 계시면 그 무릎을 보아야 한다.'라고 하였다. **(明倫 14)**

55

몸짓하며 말하기

인간은 음성적 언어가 형성되기 이전에 오랫동안 본능적으로 신체 언어(body-language)로 의사소통을 했다. 그러다가 언어를 만들어 사용하면서부터 이전에 신체 언어로 표현했던 많은 정보들이 언어로 대체되기 시작했다. 그러나 인간의 감정과 심리적 현상이 워낙 복잡하고 오묘하기 때문에 그것을 언어라는 한정된 그릇에 온전히 담을 수가 없었다. 그래서 인간은 가장 원초적이면서 본능적인 의사소통이라고 볼 수 있는 비언어(non-verbal)적 표현으로 인간 언어의 부족함을 깁고 메우게 된 것이다. 또한, 정보의 수용자 측면에서 볼 때도 들을이는 말할이의 비언어적 표현으로 그들의 정보를 더욱 정확하게 해석하고 이해할 수 있다는 점에서 비언어적 표현은 매우 중요한 의사소통의 수단이다.

뿐만 아니라, 이 비언어적 표현은 인간의 언어 습득 과정에서 볼 때도 중요한 의사소통의 기초가 된다고 하겠다. 즉, 발성 기관이 발달하기 이전의 아이는 그들의 생각과 느낌을 몸짓으로나 울음으로 표현할 수밖에 없다. 그리고 발성 기관이 점차 발달하면서도 어린이는 수행적 행동을 몸짓이라는 비언어적 표현으로 나타낸다. 이처럼 비언어적 표현은 언어 발달사적 측면에서도 언어의 가장 원형이며 본능적인 의미를 가지고 있다는 것이다. 더구나 오게르와 스테파닌(Oger & Stefanink)은 의사소통의 75%가 비언어적이라고 하였으며, 파콧(N,Pacout)은 정보 전달의 약 7%정도만 단어로 이루어지고, 38% 정도는 준언어적 수단으로 이루어지며, 그 나머지 55%는 동작으로 이루어진다고 하였다. 로즈 이. 액스텔(Roger. E, Axtell)은 '제스처 없는 세상은 정적이고 무채색이다.'라고 했고, 인류 사회학자인 에드워드 홀(Edward T,H Hall)은 우리의 의사소통 가운데 60% 정도는 말이 아닌 비언어적 몸짓으로 이루어진다고 주장했다. 또한 미국 심리학자 다니엘 골만(Daniel Goleman)은 우리가 감정의 90%정도를 비언어적으로 표현한다고 하며 '제스처 없는 커뮤니케이션이 가능할까'하는 물음을 던지기도 하였다.

사람이 말을 할 때 사용하는 여러 가지 몸짓은 그 사람의 사람됨과도 연결이 된다. 말하는 사람의 마음이 착하고 온순하면 얼굴 표정이나 몸짓이 온순하고 부드러우며, 말하는 사람이 거칠고 착하지 못하면 얼굴 표정이나 몸짓 또한 거칠고 나쁘게 나타난다. 그리고 이 얼굴의 표정이나 몸짓은 말하는 사람의 사람됨에 따라 바뀌기도 하지마는 말하는 내용에 따라 달라지기도 한다.

또한 말할 때 나타나는 얼굴 표정이나 몸짓은 말하는 사람이 자기의 뜻을 말로써 표현하기에 부족하거나 더 강조하기 위해서 그 뜻에 적절한 시각적인 표현을 하게 되는데 이것이 바로 우리가 흔히 말하는 '몸짓언어(body language)'이다. 예컨대, 먼 곳을 더 강조하기 위해서 손으로 멀리 가리키거나 둥근 것을 나타내기 위해서 손으로 둥근 표현을 하는 것이다.

상대에게 자기의 생각을 강하게 표현하기 위해서는 다소 강한 몸짓이 필요하고 상대의 마음을 안정되게 하기 위해서는 몸짓도 부드럽게 사용해야 한다. 자기의 주장을 강하게 표현하는 웅변이나 연설의 몸짓은 강하게 한다. 몸짓은 주로 손짓으로 나타나는데 손으로 다양한 의미를 더 효과적으로 덧붙여 표현할 수가 있기 때문이다. 그리고 손짓을 자연스럽게 사용하면 말을 더 자연스럽게 할 수도 있다. 발표하기를 꺼려하거나 두려워하는 사람은 말을 할 때 적절한 손짓을 활용하는 연습을 하면 훨씬 말하기를 잘할 수가 있다.

또 몸짓은 자연스럽게 말을 강조하고 부드럽게 하며 말과 말을 잘 이어주게 하고 말의 신뢰를 높여 주며 상대를 말하는 사람에게 집중하게 하여 말하는 사람에게 붙들어 주는 힘을 가지고 있다. 그리고 말하기에서 몸짓이나 표정은 어린이에게 더 효과적이다. 어린이들은 말이라는 언어 자체에 대한 이해 정도가 낮기 때문에 그것을 시각적으로 나타내면 그 이해의 정도는 훨씬 높일 수가 있다. 그래서 어린이의 학습에 몸짓이 많이 사용되는 것이다. 말할 때 사용하는 몸짓은 사람마다 다르고 그 정도 또한 다르다. 어떤 사람은 상대가 부자연스럽고 불쾌할 정도로 몸짓을 많이 사용하거나 특이한 방법을 사용하기도 한다. 그리고 어떤 사람은 몸짓이 너무 딱딱하여 상대를 피로하게 하거나 긴장하게 만드는 경우도 있다.

또, 손아랫사람이 손윗사람에게 말을 할 때는 가능한 몸짓을 줄이는 것이 좋다. 어른 앞에서 몸짓을 많이 하게 되면 말이 가볍게 되고 사람이 가볍게 보일 수가 있기 때문이다.

상대에게 자기의 뜻을 효과적으로 표현하기 위해서 사용하는 몸짓이 도리어 상대에게 불쾌감을 주는 경우가 있다. 예컨대, 손가락을 상대의 얼굴로 향하면서 말을 하거나 상대를 위협하는 거친 몸짓은 상대에게 불쾌감과 불안감을 주게 된다. 그리고 몸짓이 상대의 신체에 닿게 해서는 안 된다.

56

공간에 따른 말하기

　누군가가 당신과 말을 한다는 것은 상대가 당신의 마음과 접촉하고 있다는 것이다. 말은 상대와의 물리적 접촉과 정신적 접촉이 동시에 일어나는 것인데. 물리적 접촉은 말하는 사람의 말소리의 파장이 당신의 청각 기관에 접촉하는 것이다. 인간은 20~20,000Hz의 주파수를 가진 소리와 음압 0~200dB정도의 소리를 들을 수 있다. 이처럼 당신의 말소리는 상대에게 당신의 말을 듣게 하기 위해서 상대의 눈과 당신의 눈이 마주치는 것처럼 상대의 청각 기관과 접촉하는 행위의 하나이다. 당신이 상대를 사랑하고 있다면 더욱 가까이 다가가야 하고, 그렇지 않다면 당신과 상대의 관계만큼 공간적 거리 또한 유지하여야 한다.

　미국 인류학자 에드워드 홀(Edward Hall)은 상황에 따라 마음이 편해지는 거리가 있다고 한다. 서로가 매우 친밀한 관계에 있을 때 말을 하는 '친밀한 관계의 거리'는 0~50cm, 친한 친구와 대화를 할 때는 상대방에게 손을 뻗치면 손이 닿을 수 있는 거리인 '개인적인 거리'는 50~120cm, 친하지 않는 사이지만 서로 어느 정도 알고 있을 때나 연회에서 불특정 다수에게 말을 하는 '사교적인 거리'는 2~4m, 사람들이 무례한 행동을 하지 않는 공식적인 연설이나 강연과 같은 '공적인 거리'는 4m 이상이라고 한다. 말하는 사람과 듣는 사람의 관계가 친하면 친할수록 그 공간적인 거리 또한 가까워진다는 말이다. 사랑하는 부부나 연인이 껴안는 것은 지극히 자연스럽게 보이지마는 처음 만나는 사람이 서로 껴안는 것은 매우 부자연스럽게 보인다. 우리는 어떤 사람을 처음 만났을 때는 멀리서 서로 인사를 하다가도 시간이 지나면서 서서히 가까워지면 그 사람과의 공간적 거리 또한 가까워진다. 그리고 접촉의 면도 가까우면 가까울수록 넓어진다. 옛날에 부부 사이에 부름말이 없었던 것도 부부 사이는 늘 가까이 있기 때문에 굳이 부름말로 부를 필요가 없었던 것이다.

말을 하고 말을 듣는 다는 것은 말하는 사람과 듣는 사람이 심리적 교감을 가지고 소통한다는 것이고, 눈과 눈이 서로 접촉한다는 것이다. 당신이 사랑하는 자녀와 산책하면서 대화를 나눌 때 손을 잡고 말하는 것이 좋다. 손을 잡고 말할 때와 그렇지 않을 때와 당신이 느끼는 감정은 사뭇 다름을 느끼게 된다. 손을 잡고 말을 할 때면 말할 수 없는 신비한 정과 사랑이 느껴지기 때문이다.

흔히 우리는 이상하게도 우리와 가까운 관계에 있는 사람보다 먼

관계에 있는 사람과 더 많은 말을 하기도 한다. 부모와 자식 사이, 부부 사이, 형제 사이, 선생과 제자 사이 등 그 관계가 가까울수록 훨씬 대화를 많이 할 것 같은데 사실은 그렇지 못하고 말을 적게 한다. 많은 사람들은 집에 들어와서 자기 배우자와 자식들에게는 거의 말을 하지 않으면서 밖에 나가서는 말을 많이 한다. 우리는 주위 이웃과 직장 동료와는 온갖 말을 나누고 술잔을 기울이면서도 일 년에 한두 번 만나는 형제들과는 거의 말을 나누지 않고 얼굴만 보고 그냥 돌아오기도 한다. 어떤 사람은 형제이니까 말을 하지 않아도 서로 통한다고 말할지 모르지만 그것은 잘못된 생각이다. 가까운 사람일수록 이해관계와 애증의 관계가 더욱 복잡하게 얽히고설켜 있기 때문에 말을 많이 나눔으로써 자연스럽게 해결할 수 있다. 손을 잡거나 등을 두드려 주면서 하는 따뜻한 말 한 마디가 서로에게 소통의 힘을 발휘하게 된다. 사실 우리는 놀랄 정도로 가까이 있는 사람에 대해 잘 알지 못한다. 부모는 자기 자식이 무엇을 하고 있으며, 어떻게 지내고 있는지. 자식은 부모가 무엇을 하며, 어떻게 지내는지. 형제가 무엇을 하며, 어떻게 지내고 있는지. 우리는 생각만큼 그렇게 많이 알지 못한다. 가까운 사람일수록 더 가깝게 더 많이 사랑을 베풀어야 한다. 가까운 사람이 멀어지면 먼 사람이 멀어지는 것보다 더 상처를 받는다. 먼 친척보다 가까운 이웃이 낫다는 말은 여기에서 나오는 것이다.

이것은 모두 서로가 말을 많이 나누지 않았기 때문이다. 사랑할수록, 가까이 있는 사람일수록 이해관계를 따지기보다 사랑하는 말을 많이 나누어야 한다.

제4장

말소리

57

목소리(음색) 좋게 생각하기

    사람이 내는 음성인 목소리는 사람마다 모두 다르다. 당신과 같은 목소리를 가지고 있는 사람은 이 세상에 하나도 없다. 그만큼 목소리는 개별적 특성을 가지고 있다는 것이다. 그래서 요즘에는 개인의 목소리를 활용한 음성인식 암호 시스템까지 생겨난 것이 아닌가. 사람의 음성은 유전적 요인에 의해 부모의 음성을 많이 닮게 되어 있다.

    사람의 음성(목소리)은 성대에서 나는 소리로 호기를 통해 밖으로 나오면서 구강(口腔)·비강(鼻腔)·후강(喉腔) 등 발성 기관의 복잡한 작용으로 나오게 된다. 우리가 음색이라고 하는 것은 공명기(共鳴器)와 같은 작용을 하는 후강 즉 성대의 길고 짧음과 근육의 두꺼움과 얇음에 따라 달라진다. 남성은 성대의 근육이 두꺼워서 굵은 목소리가 나고 여성은 성대의 근육이 약하고 얇아서 가늘고 높은 목소리가 나는 것이다. 남성 중에서도 목이 굵은 사람의 목소리가 대체로 굵게 나는 것도 후두가 크고 성대가 두껍기 때문이다. 남자 아이가 변성기가 되면서는 말소리가 바뀌는 것도 성대의 후두부가 발달하여 근육이 생겨 두꺼워져서 그렇고 우리가 감기에 걸렸을 때 목소리가 굵어지고 쉰 목소리가 나는 것도 후두에 염증이 생기거나 부어서 커지기 때문에 그렇다. 목소리를 결정하는 성대의 모양은 유전적으로 부모의 성대를 닮기 때문에 목소리도 부모의 목소리와 닮게 되는 것이다.

소리의 크기를 일반적으로 주파수로 나타내는데 음파가 1초에 몇 번 진동하느냐를 측정한 것이 헤르츠(hertz)다. 예컨대, 10,000Hz라고 하면 1초에 10,000번 진동한다는 말이다. 사람이 낼 수 있는 목소리는 대체로 100~10,000Hz의 주파수라고 한다. 일반적으로 남성은 100~8,000Hz, 여성은 180~10,000Hz로 여성이 남성보다 진동횟수가 많아 목소리가 높다. 이 세상에는 우리가 들을 수 없는 고주파나 저주파의 소리로 가득 차 있다. 그 가운데 사람이 들을 수 있는 소리를 가청 주파수라고 하는데 사람마다 조금씩 다를 수 있지만 대체로 16~20,000Hz의 주파수 범위의 소리만 사람이 들을 수 있다고 한다. 그러나 어떤 동물들은 우리 인간이 들을 수 없는 고주파나 저주파의 소리도 감지하고 들을 수 있는 능력을 가지고 있다.

목소리는 선천적 요인이 많지만 후천적인 요인도 크다. 목소리가 후천적으로 변했을 경우는 그 사람의 성격이나 삶의 모습이 그 목소리에 담기기 때문이다. 목소리가 굵거나 탁하게 나는 사람은 성대가 아직 온전히 발달하지 못한 어릴 때 성대를 무리하게 사용해서 성대의 근육이 커지고 두꺼워졌기 때문이다. 그런 사람들은 대체로 욕심이 많거나 성격이 급하거나 승부욕이 강한 사람들일 가능성이 높다. 또 그런 사람은 성격이 외향적이고 모든 일에 적극적이기도 하다. 반대로 목소리가 가늘고 약한 사람은 성격이 내성적이거나 소극적일 가능성이 높다. 그런 사람들은 성대가 발달할 때 성격에 따라 말을 적게 했거나 성대를 무리하게 사용하지 않았다고 볼 수 있다.

자기의 목소리를 아름답게 하기 위해서는 성대를 함부로 사용하지 않아야 한다.

자신의 모습도 마찬가지이지만 자기의 목소리를 자기가 아끼고 귀중하게 생각해야 한다. 모든 목소리는 나름대로 특성이 있고 장단점이 있다. 따라서 선천적이든 후천적이든 자기만 가지고 있는 목소리를 최대한 활용해서 상대에게 좋은 인상을 심어 주는 것이 최선의 방책이다. 목소리가 무겁고 탁하면 탁한 대로 믿음성이나 신뢰성을 줄 수 있고, 가늘고 약하면 약한 대로 섬세하고 아름다움으로 상대를 대할 수가 있다. 음색이 좋고 나쁘든 간에 말하는 사람이 상대에게 성의껏 진실하게 말을 한다면 자신이 가지고 있는 음색을 나름대로 장점으로 발휘하게 된다.

그리고 상황에 따라 자신이 가지고 있는 음색을 최대한 활용해야 할 것이다. 일상적인 대화에서는 편안한 태도로 목소리를 낮추어 말을 하는 것이 좋고, 자신의 의지나 정보를 강하게 전달할 경우는 목소리에 힘을 주어서 강하게 소리를 내어야 하고, 상대를 논리적으로 설득을 할 경우는 가능한 따뜻한 목소리와 분명한 발음으로 상대의 감성을 자극하는 것이 좋다.

58

정확한 발음으로 말하기

    말은 분절음(segment)으로 모음과 자음이 어울려 만들어 내는 소리이다. 말이 말로서의 가치를 가지기 위해서는 말소리가 분절음으로 분별할 수 있어야 한다. 동물의 소리가 인간의 말과 다른 점은 이 동물의 소리는 모음과 자음이 구별되지 않는 비분절음이고 인간의 말소리는 분절음이라는 점이다.

    말하는 사람의 발음이 분명하지 못하면 듣는 사람이 그 말을 잘 알아듣지 못하는 것도 말의 의미를 변별하는 소리인 모음과 자음을 명확하게 발성하지 않았기 때문이다. 그리고 말은 뜻을 가진 소리이기 때문에 뜻(의미)과 소리가 모두 갖추어져야 말로서 구실을 하게 된다. 소리는 명확하게 변별되어 나더라도 어휘의 의미나 문장이 분명하지 못하거나 잘못 쓰면 알아들을 수 없는 말이 되고 만다. 또한 말이 정확한

뜻을 가지고 있더라도 말소리가 불분명하면 말의 구실을 못하게 된다.

사람이 소리를 내는 것은 뇌에서 지배한다. 그래서 소리를 명확하게 낼 수 있다는 것은 생각과 그것을 소리로 바꾸는 일련의 생리 기관을 지배하는 뇌의 작용이 정상적으로 작동하고 있다는 뜻이다. 발성을 지배하는 뇌의 작용이 불완전하면 말소리도 불완전하게 된다. 우리가 뇌졸중이나 뇌를 다쳐 뇌의 활동이 비정상적일 때 나타나는 현상 가운데 하나가 발성의 불완전성이다. 그리고 생각과 발성의 관계가 밀접하게 얽혀 있다는 것도 많이 밝혀지고 있다.

일반적으로, 말하는 사람의 발음은 그 말을 하는 사람의 생각과 밀접한 관계를 가진다. 정확한 발음은 자신의 생각을 상대에게 정확하게 전달함으로써 정보 전달의 효율성을 높여줄 뿐만 아니라 말할이에 대한 들을이의 정서적인 태도도 다르게 해 준다.

말소리는 성격과도 매우 밀접한 관계를 가지는 것으로 보인다. 대체로 발음이 정확하지 못한 사람은 성격이 우유부단하거나 사고도 비논리적일 가능성이 높다. 반대로 말소리(발음)이 분명한 사람은 사리 판단이 분명하고 분별력이 있고 논리적인 생각을 가진 사람이 많다. 실제 그렇지 않더라도 상대에게 그런 인상을 주기도 한다.

말할이의 발음이 분명하면 듣는 사람도 상대의 말을 쉽고 편하게 들을 수 있다. 그러나 말소리가 불분명하면 듣는 사람은 말소리에 신경을 의도적으로 집중해야 하는 불편함과 부담을 가지게 되며 신뢰성도 떨어지게 된다. 발음은 대인관계에서 인상적인 면이나 의사소통적면에서도 매우 중요하다.

말소리가 불분명한 사람은 의도적인 훈련과 교육을 받는 것이 좋다. 말소리를 분명하게 해야 하는 아나운서가 되기 위해서 꾸준한 발음 연습을 하는 것과 같다. 그리고 이 발음 교육은 발음 습관이 형성되기 전인 어릴 때부터 하는 것이 효과적이다. 따라서 부모나 교사는 자녀와 학생의 발음 상태를 잘 관찰하여 어릴 때부터 체계적으로 교육을 해야 한다.

다음은 발음을 바르게 할 수 있는 방법들이다.

- 발음을 분명하게 하기 위해서는 먼저 입의 움직임을 크게 해야 한다.
- 모음과 자음의 낱소리를 하나하나 정확하게 발음하게 한다.
- 책을 큰 소리를 내어 정확한 발음으로 읽게 한다.
- 일상생활에서 조금 천천히 말을 하게 하여 발음에 신경 쓰도록 한다.
- 자주 정확한 발음으로 발표하거나 말할 기회를 준다.
- 계속 반복적으로 연습하도록 한다.
- 칭찬을 통해 자신감을 가지고 말을 하도록 해야 한다.

그런데 말을 분명하게 하지 않고 얼버무리는 사람은 자기가 대충 말을 해도 상대가 알고 있을 것으로 믿는 자기중심적인 사고를 가진 사람이 아닌지 생각해 볼 필요가 있다. 들을이를 배려하고 존중하는 마음이 있다면 말하는 사람은 상대에게 똑똑하고 성의를 다해 말을 해야 한다.

59

상황에 알맞은 크기로 말하기

사람의 목소리는 대부분 성장하면서 바뀌게 된다. 성장 단계에서 성격의 변화를 거치면서 목소리도 같이 변하기 때문이다. 말을 할 때 목소리의 크기를 어떻게 해야 할지 망설이는 경우가 많다. 목소리는 말하는 사람의 정보를 전달하는 데 발음만큼이나 중요한 요소다. 정확한 발음과 아무리 좋은 내용의 말이라도 상대가 들을 수 없다면 아무런 소용이 없다. 타고난 음색은 바꿀 수 없을지 몰라도 발음과 목소리의 크기는 상황에 따라 적절하게 할 수가 있다.

목소리 크기에 대한 기본적 원리는 가까운 사람에게 말을 할 때는 목소리를 작게 하고 멀리 있거나 많은 사람에게 말을 할 때는 크게 해야 한다. 그리고 사람이 많을 때와 적을 때, 공간이 폐쇄된 곳과 개방된 곳, 마이크를 사용할 경우와 그렇지 않을 경우 등 상황에 따라 말소리의 크기를 모두 다르게 해야 한다. 이것은 어떻게 보면 너무나 상식적 생각이라고 할 수도 있지만 실제는 이런 상식적 원리를 판단하지 못하고 말하는 경우가 많다. 말을 하기 전에 말할이가 스스로 판단하는 일이 중요하다.

목소리를 상황에 맞지 않게 크게 낼 경우는 주위가 산만하게 되고 듣는 사람에게 불안한 마음을 가지게 한다. 그리고 말하는 사람도 흥분하게 되어 말 졸가리가 서지 못하기 쉽다. 자기는 열심히 큰 소리로 말은 했는데 나중에 말이 끝나고 나면 자기가 무엇을 말했는지 알기 어려울 때가 있다. 그리고 그렇게 크게 말하는 사람은 큰 목소리로 자기의 말을 포장하기 때문에 듣는 사람은 말하는 사람에 대한 진실성이 떨어지게 된다. 말을 지나치게 작게 하면, 듣는 사람은 상대의 말에 집중하기가 어렵다. 또 말에 자신감이 없어 보이면서 들을이에게 신뢰성을 떨어뜨리게 하는 요인이 된다.

말하는 사람의 청력이 떨어지면 자연스럽게 자기도 모르게 큰 소리로 말을 하게 된다. 상황에 맞지 않게 큰 소리로 말을 하는 사람이 있다면 혹시나 난청인 사람이 아닌지 생각해 볼 필요가 있다. 이럴 경우는 듣는 사람이 이해하고 배려를 해야 한다.

또 어떤 사람은 목소리를 크게 하여 상대를 자기 의도대로 하려고 하는 사람이 있다. 말소리를 크게 함으로써 상대에게 위압감을 주어 먼저 상대의 기를 꺾으려 한다. 그러나 단순히 소리를 크게 한다고 자신의 주장이 받아들여진다는 생각을 하면 크게 잘못된 생각이다. 소리를 크게 내어서 당신의 주장을 관철하려고 하는 것은 물리적 힘을 사용하여 당신의 뜻을 이루려는 언어폭력과도 같다. 화를 내어 큰 목소리로 상대를 위압하고 감정 조절이 되지 않아 함부로 말을 하고 나면 자기의 생각을 제대로 전달하지 못할 뿐만 아니라 결국에는 차분하고 논리적으로 말하는 사람에게 지게 된다.

큰 소리로 상대의 말을 못하게 하면 상대는 당신을 미워하고 증오하며 당신에게 반감을 가지게 된다. 부모가 자식에게 큰 소리로 윽박지른다고 어떤 문제가 해결되는 것은 결코 아니다. 차분하게 설득하여 말을 해야 한다. 소리의 힘으로는 상대의 마음을 결코 열게 할 수도 얻을 수도 없다. 큰 소리로 상대를 설복시켰다고 생각하는 것은 그 순간뿐임을 알아야 한다. 그들은 돌아서면 당신과 이전보다 훨씬 먼 거리에서 당신을 원망하거나 미워하고 있다는 것을 잊어서는 안 된다. 말소리의 크기가 작아지면 당신과 상대의 관계는 그만큼 가까워진다. 그것은 작은 소리로 상대를 설득시키기 위해서는 상대에게 가까이 가야 하기 때문에 당신이 상대와 공간적으로 가까워 지고 마음 또한 그만큼 가까워 지게 된다.

일반적으로 소리를 크게 말하는 사람들은 대부분 작은 일에도 흥분을 쉽게 하고 즉흥적이며 외향적 성격을 가진 사람들이 많다. 그런 사람은 고집이 센 사람일 수도 있고 남 앞에 자기를 과시하기를 좋아하고 자랑하기를 좋아하며 자존심이 강한 사람일 가능성도 높다. 한편으로는 이런 사람들은 대부분 자기가 하는 일에 대해 적극적이며 자신감을 가지고 있을 뿐만 아니라 강한 추진력과 지도력도 가지고 있는 장점이 있기도 하다.

상대적으로 목소리가 지나치게 작은 사람 가운데는 목소리만큼이나 성격이 차분하고 내성적이며 꼼꼼하고 모든 일에 치밀한 사람이 많다. 반면에 이런 사람은 자칫 일에 소극적이고 비활동적이며 남을 지나치게 의식하여 소신이 없는 사람일 가능성이 높다.

그리고 어떤 경우는 주위에 많은 사람들이 있는데도 아랑곳하지 않고 자신들의 이야기를 큰 목소리로 말을 하는 사람들이 많다. 이런 사람들은 목소리로 남에게 피해를 주는 잘못된 말하기를 하는 사람들이다. 그런 사람들은 역설적으로 정작 남들이 크게 말을 하면 가만히 있지 못하는 사람들이다. 말하기도 살아가는 데 매우 중요한 예의의 중에 하나이기 때문에 목소리도 상대를 의식하는 예의를 지켜야 한다.

말소리의 크기가 한 사람의 성격을 온전히 나타낼 수는 없지만 자신의 말소리가 지나치게 큰지 아니면 지나치게 작은지를 스스로 알고 적당한 말소리로 바꾸는 것이 좋다. 그렇게 하면 자기가 가지고 있는 단점인 성격도 극복할 수 있을 것이다.

옛말에 '여자의 소리는 담장 밖을 넘어서지 말아야 한다.'고 했다. 그러나 굳이 여자의 소리뿐만 아니라 남자의 소리도 주위의 사람에게 쉽게 들리지 않도록 해야 한다.

옛날 〈내훈(內訓)〉에 다음과 같은 말이 있다.

> 밖의 이야기가 문 안에 들리지 않게 하고, 안의 이야기가 문 밖으로 새지 않도록 해야
> 한다.

〈소학〉에도 말소리에 대한 가르침으로 다음과 같은 것이 있다.

> ''곡례'에 말하기를 귀를 벽에 대고 엿듣지 말며, 소리를 높여서 대답하지 말며——'
> (敬身 14)
> '관의에 말하길——예의의 시초는 ——말소리를 순하게 하는데 있다.'고 하였다.

〈명심보감〉에 부인의 목소리에 대한 가르침으로 다음과 같은 것이
있다.

> 부인의 예는 목소리가 반드시 가늘고 부드러워야 한다. (婦人之禮 語必細)

이 말은 비단 부인에게 해당되는 말만은 아니다. 목소리가 '부드럽
고 가늘게'라고 하는 것은 말을 거칠고 크게 하지 말라는 것이고, 그
렇게 하면 마음 또한 부드럽고 온순하게 될 수 있다는 말과 같다.

그러나 여러 사람 앞에서 말을 하거나 여러 사람이 모여 있을 경우는 가능한 말소리를 평소보다 좀 크게 하는 것이 좋다. 자기 스스로 목소리가 크다고 생각할 만큼 크게 해야 한다. 말하는 사람은 자기가 크게 말을 하는 것 같아도 실제 듣는 사람은 말소리가 작게 들릴 경우가 대부분이다. 말하는 사람의 마음이 위축되면 될수록 더욱 말소리는 작아진다. 말을 조금 크게 하면 스스로 자신감을 가지기도 하겠지만 상대에게도 당신의 말에 집중하게 하고 전달의 효과도 높일 수 있다.

60

적절한 속도로 말하기

말의 속도는 말하는 사람의 성격과 상황에 따라 달라진다. 일반적으로 말하는 사람이 신체적으로나 정신적으로 문제가 없다면 말의 종류에 따라 다소 다르겠지만 일상적 대화는 1분에 250자 내외 정도로 말을 하고, 시 낭송은 140~160자 내외로, 운동 중계는 1분에 1000자 내외로 말을 한다고 한다.

정해진 시간 안에 많은 정보를 전달해야 할 경우는 자연스럽게 말이 빠르게 되고, 말에 감정을 실어 상대에게 감동을 주는 가락글(운문)을 말하기나 연설 말하기의 속도는 그만큼 느리게 된다.

말소리는 사람이 숨을 쉬는 호흡덩이와 말의 의미덩이가 적절하게 조화를 이루어야 말하기도 좋고 듣기도 좋다. 가락글에서 네 걸음 마디(4음보)의 의미덩이가 말하고 읽기에 가장 적당하고 정서적으로 안정된 느낌을 주는 것도 의미덩이와 호흡덩이가 일치하기 때문이다. 말을 할 때 적정한 부분에서 쉼을 줌으로써 말의 속도를 조절할 수 있게 된다. 따라서 우리가 말을 하거나 책을 읽을 때, 글을 쓸 때도 의미덩이와 호흡덩이에 맞추어 말하고, 읽고, 글을 쓰도록 해야 한다. 이것을 옛 사람들은 말과 글에 창(唱)이 있어야 하고 창이 좋아야 한다고 말했다.

그런데 일상적인 말하기에서 지나치게 느리게 하는 사람과 빠르게 하는 사람들이 있다.

옛날 사람들은 말을 빠르게 하는 것보다 느리게 하는 것을 좋아했다. 선비들은 말을 천천히 함으로써 말에 대한 권위와 위엄을 세웠던 것이다. 말하기를 조심스럽게 하라는 의미도 된다. 일반적으로 옛날 사람들의 말을 표현할 때 양반들의 말은 의도적으로 매우 천천히 표현했고, 반대로 하인이나 종들의 말은 그 속도가 상대적으로 빠르게 표현하고 있다. 그것은 말의 속도가 상대의 권위와 지위를 상징적으로 나타낸 것이다.

대체로 여성이 남성보다 말을 더 빠르게 하고 언어 능력도 뛰어난 것으로 알려져 있다. 이처럼 여성이 남성보다 말을 더 빠르게 한다는 것은 상황 판단을 빨리 할 수 있는 능력을 가졌다고 할 수도 있다.

그런데 말을 지나치게 빠르게 하면 실수할 가능성 또한 그만큼 높아진다. 생각한 것이 곧바로 말로 이어지기 때문에 말할 내용을 되새기는 과정과 기회를 가지지 못한다. 또한 말을 빨리 하는 사람은 자기가 한 말에 스스로 빠져들어 가게 됨으로써 주제의 일관성을 잃어버리기 쉽다. 그리고 하지 말아야 할 말도 쉽게 하게 되어 나중에는 후회하기도 한다. 말이 빠르면 말하는 사람이나 듣는 사람의 마음을 불안하게 만들고 말하는 상황 또한 불안하게 만들어 버리기도 한다.

말을 빠르게 하는 사람은 대체로 성격이 급한 사람들이다. 말이 빠르다는 것은 자기가 생각한 것을 상대에게 빨리 표현하고 싶은 욕심을 가지고 있다는 것을 말한다. 우리가 급한 일이 있을 때 말을 빨리 하려고 하는 것도 마찬가지이다. 짧은 시간에 많은 말을 해야 하기 때문에 자연스럽게 말 속도는 빨라지게 된다. 반대로 말을 지나치게 천천히 하는 사람은 성격 또한 느리고 느긋한 사람일 가능성이 높다. 그들은 행동 또한 느리다.

말을 천천히 하게 되면 이미 자기가 한 말에 대해 잠시라도 회상(recall)할 수 있기 때문에 말의 실수를 줄일 수 있다. 그리고 말하려고 하는 주제를 크게 벗어나지 않는다. 사람은 말을 하면서 자기가 무슨 말을 하고 있는지 어떤 쪽으로 가고 있는지 상대의 반응이 어떠한지를 관찰하면서 말을 해야 한다. 그렇기 위해서는 말하는 사람은 말이 자기를 이끌고 가기보다는 자기가 말을 이끌고 가야 한다. 그래서 자기의 말을 스스로 통제하고 조절하면서 말해야 한다.

그러나 말을 지나치게 천천히 하는 것 또한 상대에 대한 예의가 아니다. 말을 지나치게 천천히 한다는 것은 자기의 권위나 위엄을 의도적으로 드러내는 것으로 보이기 쉽다. 그렇기 때문에 특히 상대가 자기보다 손위나 상사일 경우는 말을 지나치게 천천히 하는 것은 예의에 맞지 않다. 말을 지나치게 천천히 하면 상대는 말할이를 매우 오만하거나 무례한 사람으로 생각하기 쉽다.

그리고 공자는 다음과 같이 말을 빨리 하지 않도록 가르쳤다.

——빨리 말하지 아니 하며—— (郷黨 17)

자기가 하는 말이 지나치게 빠른지 느린지, 상황에 맞는 속도로 말을 하는지를 챙겨 보고 지나치게 빠르다고 생각하면 조금 느리게, 지나치게 느리면 약간 빠르게 하여 적당한 속도로 말하도록 하는 것이 좋다. 적당한 속도로 말하기를 하여 말하는 사람도 말을 듣는 사람도 안정된 마음으로 대화를 하도록 해야 한다.

일상적으로 말을 할 때나 토론을 할 경우는 말의 속도가 느릴 때보다 말의 속도가 약간 빠를 때가 더 설득력을 높인다는 연구 결과가 있다.

말을 자연스럽게 하지 못하고 더듬는 말하기는 자기도 답답하지만 듣는 사람도 힘들다. 2010년 아카데미 최우수상을 받은 톰 후퍼 감독의 영화 'The King's Speech'는 연설할 때마다 말을 더듬는 조지 6세(콜린 퍼스)가 언어치료사 라이오넬 로그(제프리 러시)를 통해 말 더듬는 장애를 극복하는 내용이다. 우리가 말을 자연스럽게 하는 것이 얼마나 감사한 일인지 모른다.

제5장

듣기

61

듣기를 위한 노래

들게 하소서

주여, 나로 하여금
이웃의 말과 행동을
잘 듣는 사람이 되게 하소서

내 하루의 작은 여정에서
내가 만나는 모든 이의 말과 행동을
건성으로 들어 치우거나
귀찮아하는 표정과 몸짓으로
가로막는 일이 없게 하소서

이웃을 잘 듣는 것이

곧 사랑하는 길임을

내가 성숙하는 길임을 알게 하소서

이기심의 포로가 되어

내가 듣고 싶은 말만 적당히 듣고

돌아서면 이내 잊어버리는 무심함에서

나를 구해 주소서

나의 도움을 필요로 하는 이에게

못들은 척 귀 막아 버리고

그러면서도 〈시간이 없으니까〉

〈잘 몰랐으니까〉 하며 핑계를 둘러대는

적당한 편리주의, 얄미운 합리주의를

나무리게 하여 주소서

주여, 나로 하여금

주어진 상황과 사건을

잘 듣는 사람이 되게 하소서

앉아야 할 자리에 앉고

서야 할 자리에 서고

울어야 할 때 울고

웃어야 할 때에 웃을 수 있는

민감하게 듣고 순응하는

삶의 지혜를 깨우치게 하소서

나를 잘 듣는 사람만이

남을 잘 들을 수 있음을

당신을 잘 들을 수 있음을

거듭 깨우치게 하소서

선한 것을 지향하는 마음의 소리를

잘 듣기 위해

침묵과 고독 속에

자신을 조용히 숨길 줄도 알게 하소서

나는 두 귀를 가졌지만

형편없는 귀머거리임을 몰랐습니다.

사람과 사물을 제때로 듣지도 않고

말만 많이 했음을 용서하소서

들으려는 노력도 아니하면서

당신과 이웃과 세상에 대해

멋대로 의심하고 불평했음을

지금은 뉘우칩니다.

매일 매일의 내 작은 여정에서

내 생애의 큰 여정에서

잘 듣고 잘 말하는 이가 되도록

밝고 큰 귀와 입을 갖고 싶습니다

(김수업의 〈국어 교육의 원리 —어느 구도자의 시—〉 중에서)

62

말뜻 알아듣기

사람이 상대의 말을 듣는 것은 크게 두 가지로 나눈다. 하나는 상대의 말에 집중하지 않아도 들리는 '겉듣기(hearing)'가 있고 다른 하나는 상대의 말에 집중해서 의미를 파악하는 듣기인 '속듣기(listening)'가 있다. 우리말로는 모두 '듣기'라고 하지만 앞엣것은 들리는 것이고 뒤엣것은 의도적으로 듣는 것으로 해석이 된다. 그런데 겉으로 드러나 있는 명시적(explicit) 의미를 듣는 '겉듣기'는 누구나 쉽게 들을 수 있지만 상대의 말 속에 숨어 있는 의미인 함축적(implicit) 의미를 듣는 '속듣기'는 사람에 따라 듣는 능력이 다르다. 우리는 때때로 상대가 겉으로 드러낸 말보다 그 뒤에 숨어 있는 정보가 더 참되고 중요한 것임을 알게 되는 경우도 많다. 듣기를 잘한다는 것은 곧 말할이의 속뜻을 잘 알아내는 것이다.

남의 말에서 그 속뜻을 알기 위해서는 말을 듣는 사람은 상황을 잘 이해하고 말할이의 속뜻을 알아차려야 한다. 어떤 사람이 아이가 그릇을 깨뜨린 것을 보고 부모가 "잘 했다."라고 말을 했다고 해서 그 뜻이 말 그대로 '잘 했다.'라고 칭찬의 말로 해석해서는 안 된다. 그 속에는 그 반대의 뜻인 잘못했음을 꾸짖는 뜻으로 해석해야 한다. 더운 여름에 창문 곁에 있는 사람에게 "너 안 덥니?"라고 했다면 말할이가 상대에게 '문을 열어줄 것을 바란다'라는 의미를 알아차려야 하고 위층에서 학교에 갈 시간이 되었는데도 자고 있는 아이에게 "너 지금 몇 시니?"라고 했다면 그것은 말할이가 '빨리 일어나라'고 하는 의미이라는 것을 알아차려야 한다.

예컨대, 교수가 학생에게 "자넨 대학생이야."라고 말을 했다면 교수는 '자네가 대학생이라는 신분에 맞는 행동을 하라'는 속뜻을 가지고 있다는 것을 알아들어야 한다. 그런데 만약 그 학생이 교수가 왜 자기에게 그런 말을 했는지 모른다면 그 학생은 듣기를 잘 못했다는 것이다.

우리가 살아가면서 자기가 하고 싶은 말을 직접적으로 하지 못하는 경우가 많다. 상대의 마음을 아프게 하는 말이거나, 자기의 뜻을 직접 나타내기가 부끄러운 말이거나, 상대에게 부탁을 하는 말일 경우는 간접적으로 표현하게 된다. 그런 간접적인 말하기에는 항상 속말뜻이 있다. 그것을 잘 알아들어야 한다.

우리가 간접적으로 말을 하는 대표적인 보기로 자기의 본 생각을 다른 사물이나 생각에 빗대어 말하는 것이다. 이것을 비유라고 하는데 여기에는 은유, 직유, 환유, 제유 등의 다양한 방법이 있다. 이 모두가 말하고자 하는 뜻(원관념)을 다른 사물(보조관념)에 빗대어 말하는 것으로 듣는 사람은 말할이가 비유하는 속뜻을 잘 알아차려 내는 것이 듣기를 잘하는 것이다. 남편이 아내에게 '당신은 크산티페 닮았어.'라고 했을 때 그 말뜻을 알아듣기 위해서는 크산티페가 어떤 사람인지 알아야 한다. 크산티페가 악처라는 것은 모르고 유명한 배우 이름으로 착각하여 좋아했다면 그것은 말 속에 있는 뜻을 몰랐다는 것을 의미한다. 만약 말할이가 상대가 알아듣지 못하는 어려운 비유를 사용했다면 말할이가 말을 잘못한 것이든지 아니면 어려운 말을 해서 들을이를 현혹하려는 의도를 가진 것이라 할 수 있다.

그래서 최근에는 이처럼 말의 의미를 여러 상황이나 문맥을 통해 알아내고 분석하는 연구를 많이 하고 있다. 이런 학문을 화용론(話用論), 담화론(談話論)이라 한다. 화용론의 대표적인 학자인 오스틴(J.L. Austin)은 언어를 모두 행위(act)로 보면서 발화는 그러한 행위를 할 수 있는 힘(force)을 가지고 있다고 하였다. 그리고 일반적으로 말해진 발화(發話)의 의미를 세 가지로 나누었다. 그 세 가지는 말해진 그 자체의 의미인 언표적(locutionary) 의미와 그 속에 담겨 있는 의미를 언표내적(illocutionary) 의미 그리고 그러한 발화에 의해 대상에 영향을 미쳐 반응하는 전체의 의미인 언향적(perlocutionary) 의미로 나눈다. 우리는 말해진 언표적 의미뿐만 아니라 언표내적인 의미와 언향적 의미까지 파악을 해야 한다. 상대가 말하는 의미와 의도가 무엇인지를 알아차리는 것이 지혜로운 듣기를 하는 것이다. 우리가 말을 할 때는 이러한 숨은 의미를 알아야 상호 의사소통이 자연스럽게 이루어지게 된다.

우리는 말하는 사람의 감언이설에 속아 말하는 사람의 뜻과 의도에 자기도 모르게 빨려 들어가 일생을 어렵게 살아갈 때도 있다. 그것은 모두 상대의 말 속에 숨은 말할이의 뜻과 의도를 알아차리지 못했기 때문이다. 그래서 우리는 상대의 말을 정확하게 알아차려 듣는 현명한 사람이 될 수 있도록 참다운 듣기 공부를 많이 해야 한다.

다음 가르침은 군자가 듣기에 대해서 생각해야 하는 내용이다.

● '군자에게는 아홉 가지 생각하는 일이 있느니라──듣는데는 총명하게 듣기를 생각하고,──말은 성실하게 하기를 생각하고──' (季氏 10)

'듣는 데 총명하게 듣기를 생각하라(聽思聰)'는 것은 남이 하는 말뜻을 올바로 이해하고, 말하는 사람의 의도를 정확하게 알아야 한다는 가르침이다. 그리고 그 말의 옳고 그름까지 판단할 수 있는 듣기를 '총명하게 듣는다'고 말할 수 있다.

이 말은 공자의 다음과 같은 가르침과 통한다.

- '법어의 말씀을 능히 따르지 않겠는가마는 그 말씀에 따라 잘못을 고칠 줄 아는 것이 중요하니라. 부드럽게 타이르는 말을 능히 좋아하지 않겠는가마는 그 말의 참뜻을 찾는 것이 중요하니라. 기뻐하여도 참뜻을 찾아내지 못하고, 따르면서도 자기의 잘못을 고치지 않는다면 내 어찌 할 수 없느니라.' *(子罕 23)*

'부드럽게 타이르는 말(巽與之言)'이라도 그 말의 참뜻을 찾는 것이 중요하다고 하였다.

다음은 〈맹자〉의 속뜻 듣기를 잘하라고 하는 가르침이다.

- – '선비가 말할 처지가 아닌데 말을 하는 것은 말을 함으로써 다른 사람의 의사를 떠보는 것이며, 말을 해야 할 경우에 말을 하지 않는 것은 말을 하지 않음으로써 다른 사람의 의사를 떠보는 것이니. 이런 것들은 다 벽을 뚫고 담을 뛰어 넘는 것에 속하는 종류이다.' *(盡心章句下 31)*

- 공손추가 맹자에게 여쭙기를 '말을 안다는 것은 어떤 것을 말하는 것입니까?'
맹자께서는 '편벽된 말에서 그 가리어진 바를 알고, 음탕한 말에서 빠져 있는 바를 알며, 간사한 말에서 그 이간하는 바를 알고, 회피하는 말에서 그 궁한 바를 아는 것일세. 이 네 가지는 그 마음에서 생겨나서 정치를 해치고 정치에 나타나서 일을 해치게 되네.——' *(公孫丑 章句 上 2)*

63

집중해서 듣기

한 사람이 여러 사람에게 말할 경우, 듣는 사람이 그 사람의 말을 잘 듣기 위해서는 말하는 사람의 말과 눈과 행동을 붙들어야 한다. 말은 매우 빠른 속도로 지나간다. 상대가 어떤 말을 할지도 모르고 때로는 모르는 정보들이 쏟아지면서 말소리 또한 정확하지 않을 때가 있다. 그렇기 때문에 상대가 쏟아내는 정보를 정확하게 이해하기 위해서는 상대의 말에 집중해야 한다. 상대의 말에 집중하는 것이야말로 말하는 사람에 대한 예의이기도 하다. 우리는 밖으로부터 수많은 정보들을 쉴 새 없이 받아들이고 있다. 눈으로 보거나 또는 보이는 시각 정보(visual information)와 귀로 듣거나 들리는 청각 정보(audial information), 그리고 감각 기관으로 들어오는 감각 정보(sensual information)들이 있다. 그러나 이러한 수많은 정보들이 모두 당신의 기억 창고에 저장되는 것은 아니다. 어떤 정보는 들어오자마자 없어지기도 하고 또 어떤 정보는 수십 년이 지나도 없어지지 않기도 한다. 그것은 인간이 자기와 관계가 있는 정보들은 오랫동안 저장할 수 있는 저장 창고(장기기억장치 LTM)에 저장하게 되고 자기와 관계가 없거나 자기가 생각 할 필요가 없는 것은 짧은 시간 동안만 저장할 수 있는 창고(단기기억장치STM)에 잠깐 머물렀다가 사라진다(망각한다). 그래서 우리는 어떤 정보를 오랫동안 저장하기 위해서는 오래 기억할 수 있는 창고까지 정보를 가지고 가야 한다. 그렇게 정보를 가지고 갈 수 있도록 하는 것이 바로 '집중(intention)'이라는 정신활동이다. 시끄러운 파티에서 어떤 소리도 잘 들리지 않는데도 불구하고 자기의 이름을 부르는 소리가 나면 거기에 집중하게 되면서 그 소리가 잘 들리게 된다. 차창 밖을 스치는 수많은 글자와 사람과 집 등과 같은 사물들을 보고 지나 왔지만 자리에 앉아서 그것을 모두 다시 생각할 수 없다. 그러나 그 가운데 어떤 정보는 생생하게 자기 머리에 다시 나타나기도 한다. 때로는 잊어버려야 할 일들은 자꾸 생각이 나고 잊어버리지 말아야 하는 일들은 자꾸 잊어버려서 우리를 괴롭히곤 한다. 그것은 잊지 말아야 하는 정보는 오래 기억할 수 있는 기억 창고에 저장하지 않았거나 기억되어 있더라도 자주 써 먹지 않아서 기억 창고에서 녹이 쓸어 사라졌기 때문이다. 반대로 잊어야 하는 정보를 잊지 못하는 것은 장기 기억 저장 장치에 저장된 정보를 자꾸만 되새기고 불러내어 깨끗하게 닦아서 저장하기 때문에 잊을 수가 없는 것이다.

상대의 말을 오래 정확하게 기억하기 위해서는 듣는 사람은 상대가 말을 할 동안에는 가능한 그 말을 기억 창고에 도달하여 저장하는데 방해되는 어떤 다른 기억 활동이나 다른 정보를 받아들여서는 안 된다. 상대가 말을 하고 있는데 듣는 사람이 다른 정보를 머리에서 끄집어내게 되면, 상대의 말은 그 끄집어내려고 하는 정보에 의해 기억 창고에 도달하지 못하고 사라지게 된다. 만약 교사가 열심히 말하고 있는데 듣는 학생이 선생의 말이 빨리 마치기를 기다리거나 어제 있었던 동생과 다툰 생각, 빨리 마치고 밥 먹으러 가려는 생각, 어제 만났던 남자나 여자 친구의 생각을 떠올리게 되면 교사의 말은 결코 기억할 수가 없다. 음악을 듣고 공부하는 학생들은 집중력이 떨어져 비능률적인데 이것은 청각 정보와 시각 정보가 동시에 기억 창고에 갈 수 없기 때문이다.

상대의 말을 올바로 듣기 위해서는 상대가 말을 할 동안은 자기를 비우고 다른 생각은 하지 않는 것이 좋다.

현대인이 하고 있는 많은 종류의 명상들도 모두 이 생각의 집중을 기본으로 하고 있다. 걷기명상은 걸음에 집중하는 것이고 음악명상은 음악 소리에 집중하는 것이다. 호흡에 집중하는 경우도 있고, 몸의 움직임(요가)에 집중하는 경우도 있다. 불교의 참선도 어떤 화두(의문)에 집중을 하거나 어떤 대상에 대해 오로지 집중하는 사고활동이다.

남의 말을 잘 들으려면 첫째도 집중이고, 둘째도 집중이다. 그것이 말할이에 대한 예의이다.

64

많이 듣기

우리가 잘 아는 에이브러헴 링컨(Abraham Lincoln)은 남의 말을 잘 듣기로 널리 알려진 대통령이다. 193cm나 되는 큰 키로 남의 말을 듣기 위해 허리를 숙이는 겸손한 자세가 몸에 베였다고 한다. 특히 링컨이 일리노이 주에서 변호사로 일하면서 미국 흑인 노예들의 말을 많이 듣곤 했다는데 남의 말을 바른 자세로 끝까지 경청하고 말을 듣는 동안 어떤 다른 행위도 하지 않으며 상대에게 눈길을 주었다고 한다. 그것이 바로 링컨을 성공한 대통령으로 되게 한 가장 중요한 마음 태도가 아닌가 한다.

이 시대의 성자 마더 테레사((Teresa | Anjeze Gonxhe Bojaxhiu)는 '들음'과 '침묵'의 가치를 다음과 같이 말하고 있다.

- '내가 한 일은 사람들이 내게 와서 무언가를 말 할 때 그 이야기를 처음부터 끝까지 들어준 것 뿐'

- 현재 인도에서 가장 유명한 신학자 중의 한 명인 사제를 나는 잘 알고 있는데 어느 날 내가 그에게 다음과 같이 말했습니다.
"신부님은 하루 종일 하느님에 대해 이야기 하시니 얼마나 그분과 가까우실까요?"
그 사제는 내게 대답했습니다.
"나는 물론 하느님에 대해서 많은 말을 하고 있지만 정작 그를 향하는 말은 적게 한 것 같군요."
그는 또 말했습니다.
"나는 좋은 말을 꺼내놓기에 급급해서인지 마음 깊은 곳으로 내려가 듣는 시간은 잘 갖지 못하고 있습니다. 마음의 고요 속에서만 하느님은 말씀하시기 때문이지요."

－ 마더 테레사의 《따뜻한 손길》 중에서 －

사람들은 남들도 자기와 똑같이 자기가 하고 싶은 말을 마음껏 하고 또 남의 말을 마음껏 듣는 것으로 생각하기도 한다. 그러나 말하고 듣는 것은 모든 사람마다 다르다는 것을 알아야 한다. 어떤 사람은 말을 많이 하기를 좋아하는 사람이 있는가 하면 또 어떤 사람은 남의 말을 많이 듣기를 좋아하는 사람도 있다.

그리고 듣기는 인간이 태어나면서 가장 먼저 경험하는 언어활동이다. 그뿐만 아니라 언어생활에서도 듣기가 가장 많은 시간을 차지하고 있다. 인간은 눈 뜬 시간의 70% 이상을 의사소통을 하면서 보내는데 그 가운데서 말하기에 약 30%, 듣기에 약 45%, 읽기에 약 16%, 쓰기에 약 9%를 보낸다고 한다. 즉, 듣기활동을 가장 많이 하고 있다는 것이다.

그런데 우리는 대부분 상대와 의사소통을 하면서 듣기보다 말하기를 더 좋아한다. 그것은 말하는 사람이 말을 하는 시간 동안만은 그 대화의 장을 자기가 이끌고 가는 주체적 사람이 되고 싶어 하는 마음 때문에 그렇다. 사람의 본성이 이끌리는 것보다는 이끌어가는 것을 좋아하기 때문이다.

그래서 사실은 남의 말을 듣는 것이 말하는 것보다 더 어렵다.

듣기를 많이 할수록 상대로부터 많은 정보를 얻을 수 있다. 우리가 책을 통해 많은 정보를 얻듯이 듣기를 통해 많은 지식과 지혜를 얻을 수 있게 된다. 그리고 듣기를 통해 얻는 지식은 읽기를 통해 얻는 지식보다도 기억과 감동이 훨씬 깊고 효율적이다. 말하기에는 말하는 사람의 몸짓과 변화무쌍하고 생동감이 있는 목소리가 덧붙여 나타나기 때문에 듣기를 통해 정보를 받아들이는 것이 읽기보다 훨씬 효과적이다.

상대의 말을 잘 듣기가 얼마나 어려운 것인가 하는 것은 〈맹자〉와 같은 성인도 60세가 되어서야 상대의 말을 알아듣고 자기 것으로 만들 수 있다고 한 것(耳順)에서도 알 수 있다.

- 현명한 사람은 긴 귀와 짧은 혀를 가지고 있다. **(영국 속담)**
- 사연을 듣기 전에 대답하는 자는 미련하여 욕을 당하느니라. **(잠언 18:13)**

- 내 사랑하는 형제들아 너희가 알찌니 사람마다 듣기는 속히 하고 말하기는 더디며 성내기도 더디하라. **(야고보서 1:19)**

헤밍웨이는 일찍이 듣기에 대해 다음과 같이 말하였다.

- 나는 듣는 게 좋다. 그곳에서 많은 것을 배운다. 그런데 사람들은 언제나 남의 말을 듣지 않는다.

세계 최고의 부자였던 존 데이비슨 록펠러도 다음과 같이 말했다.

- 성공하려면 귀는 열고 입은 닫아라.

〈논어〉에는 많이 들어서 의문을 없애라는 가르침이 있다. 이 말은 아무런 말이나 모두 들으라는 뜻보다는 자기가 모르고 있는 것을 항상 물어서 그 의문을 없애는 데 게을리하지 말라고 하는 뜻이다.

    〈논어〉에 군자가 생각해야 할 아홉 가지 가운데 '의심나는 것을 묻기를 생각하라(疑思問)'는 가르침은 바로 누구에게나 자기의 의문을 묻기를 즐겨하고, 그래서 의문을 없애라는 뜻이다. 많이 물어서 많이 알고도 말을 삼가면 허물을 적게 한다고 하였다. 이것은 많이 안다고 잘난 체하고 모르면서 아는 체하는 현대인에게 적절한 가르침이다.

65

긍정적으로 듣고 반응하기

듣기에서 가장 중요한 것이 상대의 말을 긍정적인 마음과 태도로 수용하는 것이다. 또 그렇게 반응하는 태도를 가지는 것이 좋다. 상대의 말을 긍정적으로 수용한다는 것은 말하는 상대에 대한 존경심과 상대의 말에 대한 감사의 마음을 가지고 있음을 의미한다. 그러한 태도는 비단 의사소통의 성패에만 그치는 것이 아니라 상대와의 인간관계와 친교의 성패에도 영향을 미친다. 말할이는 들을이가 어떤 마음을 가지고 있는지, 들을 때 어떤 자세를 취하고 있는지를 직감적으로 느끼고 알게 된다. 들을이에 대한 그러한 생각과 느낌은 말할이와 들을이 사이의 호감과 친밀도에 결정적으로 작용한다는 것이다. 들을이가 말하는 사람의 말에 진정으로 감사하는 마음을 가지고 긍정적으로 받아들이는 마음과 태도를 보이면 말하는 사람 또한 들을이에 대한 감정과 반응이 긍정적이고 호감을 가지게 된다. 이 말은 상대의 말에 무조건 동의하고 그대로 수용하라는 것은 아니다. 설령 상대 말을 비판할지라도 상대가 말하는 그 자체에 대한 감사와 받아들이는 그 순간은 긍정적이어야 한다는 것이다.

우리 주위에는 상대의 말을 무조건 부정적이고 비판적으로 수용하는 습관을 가진 사람이 많다. 이러한 사람들 가운데는 대체로 자존심이 강한 사람이거나 피해의식이나 열등의식을 가지고 있는 사람일 가능성이 높다. 이것은 상대의 말을 일단 부정함으로써 자기의 주장이 옳음을 강조하여 자신이 상대보다 열등하지 않음을 보이기 위한 심리적 현상의 하나다. 또 상대 말을 부정적으로 받아들이는 까닭은 상대의 주장이나 생각에 동의하거나 수용하는 것을 남들이 자기를 무지한 것으로 생각하거나 자기가 무시당하는 것으로 생각하기 때문이다. 그러한 사람들은 상대방의 말을 비판함으로써 자기가 상대보다 더 많이 알고, 더 똑똑하고, 더 논리적인 사람이라는 것을 내세우려고 하는 마음이 깊게 깔려 있다. 상대를 비판하면 상대는 비판을 당하는 사람이 되고, 상대의 말을 부정적으로 수용하는 것은 상대의 말이 틀렸음을 의미하는 것이다. 당신이 하는 말마다 비판하고 인정하지 않으려는 사람과 어느 누가 교류하고 소통하고 가까이하기를 좋아하겠는가.

따라서 이처럼 상대의 말을 비판적이고 부정적으로 수용하기를 습관화되어 있는 사람은 원만한 사회생활을 하기가 매우 어려운 사람이다. 이것은 상대를 인정하고 긍정적으로 수용했을 때 상대도 자기를 인정하고 긍정적으로 수용해 준다는 사실을 잘 모르고 있기 때문이다. 그러나 실제 상대방의 생각이나 말을 적극적이고 긍정적으로 수용하는 자세가 오히려 말할이는 들을이를 고맙게 생각하고 더 존경하는 마음을 가지게 됨을 알아야 한다.

우리는 상대방의 말이 끝나고 나면 몸짓이나 말로 상대의 말에 대한 반응을 보여야 한다. 상대의 말이 끝났는데 그 말에 대한 아무런 반응이 없다면 말할이는 들을이가 자기 말을 무시한 것이거나 불만을 가지고 있는 것으로 생각하기 쉽다.

그리고 상대 말을 긍정적으로 수용하는 자세는 말하는 사람의 능력을 최고로 이끌어내는 데 매우 효과적이다. 즉, 들을이의 마음과 자세에 따라 말하는 사람의 말하기 능력이 달라진다는 말이다. 아무리 말을 잘하는 사람이라도 들을이의 마음이 긍정적이지 못하고 자세가 바르지 못하면 그 사람은 말을 잘 못하게 되고 반대로 말을 못하는 사람도 들을이의 마음이나 자세가 긍정적이고 우호적이며 바른 자세를 가져 준다면 그 사람은 자기도 모르게 말을 매우 잘하게 된다. 따라서 말하는 사람과 듣는 사람 모두가 도움이 되려면 말할이와 들을이가 의사소통의 과정에서 상호 협력하는 상호호의적 마음과 자세가 필요하다.

진정 지금 당신 앞에서 당신에게 말을 하고 있는 사람을 당신과 가까이 하고 싶다면 상대의 말을 귀담아 듣고 감사할 줄 알고 긍정적으로 들어야 할 것이다.

부정적인 수용 태도

인상을 찌푸린다.
주위 사람과 잡담을 한다.
상대 말을 안 듣고 다른 행동을 한다.
자세를 자주 바꾸면서 움직인다.
부정적인 손짓을 한다.

부정적인 수용 말

"아니, 그런 것이 아니야."
"아니, 그게 아니고. "
"그게 아니고 그것보다―"
"그건 안 그래."
"넌 왜 매번 그렇게 생각하니?"
"너, 그것 잘못된 거야."
"너 생각 틀렸어."
"넌, 왜 그것밖에 생각 못해."

긍정적인 수용 태도

고개를 끄떡거려 준다.
인상을 밝게 한다.
상대 말에 집중한다.
메모를 한다.
손뼉을 친다.

긍정적인 수용 말

말 중간 중간에 "예(네), 그래, 그럼, 그렇구나." 등의 추임말(맞장구)을 해 준다.

"응, 그럴 수도 있겠지."

"그렇게도 생각할 수 있겠네."

"아, 그것 참 좋은 생각이네."

"참, 넌 기발한 생각을 잘 한단 말이야."

등과 같이 긍정적 수용 태도에서 비판적 주장의 순서로 발화를 이어가는 것이 성공적 대화를 이끌 수 있는 방법이다.

다음은 〈소학〉에 나타난 '유빈(당나라 때 사람)'의 듣기에 대한 가르침을 보자

● 유빈이 일찍이 글을 지어 그 자제들에게 경계하여 이르기를 이름을 더럽히고 몸을 재해에 처하게 하며, 조상을 욕되게 하고 집안을 망치는 실책 가운데 큰 것으로 다섯 가지가 있으니 꼭 알아 두어야 할 것이다.──첫째, 자기의 편안함만을 구하고 담박한 것을 달게 여기지 아니하며, 오로지 자기 몸에 이익이 되는 것이면 남의 말을 귀담아 듣지 않는 것이다. 셋째,──남의 선을 듣고 미워하며, 남의 악을 듣고는 휘둘러 치우치고 기울어짐이 그릇되이 스며들게 하여 덕의를 녹이고 깎아 내리니, 비록 의관은 갖추었다고 할지라도 종과 다른 것이 무엇인가. (嘉言 9)

제6장

대화의 실제

66

어린이 말하기와 듣기

한 사람의 인생의 성공과 실패, 행과 불행이 그 사람의 말에 달렸다고 해도 지나친 말이 아니다. 그런데 그 말하기의 습관은 어릴 때 이미 형성된다고 한다면 어린이 말하기가 얼마나 중요한 것인가를 알 수가 있다. 따라서 유아기에서부터 청소년기까지 언어습관은 부모와 교사 그리고 친구들의 영향을 받게 된다. 그런데 특히 어린이의 언어 습관이 형성되는 가장 중요한 시기가 바로 유아기이다. 언어 습득과 발달 단계를 보면 인간은 1~2세 때부터 말을 하기 시작하면서부터 이후 몇 년 사이에 언어 사용 능력이 급격히 발달하고, 7세 정도가 되면 한 사람의 기본적 언어습관은 거의 형성된다. 이후 초등학교 시기는 체계적인 학습에 의해 언어 능력을 의도적으로 어느 정도 변화시킬 수가 있다. 따라서 한 사람의 언어습관과 언어 능력이 초등학교 시기까지에서 거의 결정된다고 본다면 초등학교 시기까지의 언어 환경 또한 그만큼 중요하다. 우리가 어린이 말에 특히 관심을 가져야 하는 이유가 여기에 있다.

다음은 어린이 말하기에서 주의해야 할 내용이다.

- 어린이는 많은 사람 앞에서 큰 소리로 말하거나 행동하지 않도록 해야 한다.
- 어린이는 어른이 말하는 도중에 끼어들지 않아야 한다.
- 어린이는 어른이 말하는 데 따지면서 대들지 말아야 한다.
- 어린이는 욕설을 하지 말아야 한다.
- 어린이는 어른들에게 항상 공손하게 말해야 한다.
- 어린이는 어른들이 물었을 때 곧바로 대답해야 한다.
- 어린이는 어른과 말을 할 때 바른 자세로 바라보면서 말해야 한다.
- 어린이는 말을 중얼거리지 않고 끝까지 또렷이 말하도록 한다.

다음은 전통 교육에서 어린이들이 익혀야 할 내용들이다. 오늘날의 문화와는 다소 다른 점이 있지만 전통적인 말하기를 〈소학(小學)〉을 통해 알아보고 그 깊은 뜻이 무엇인지 생각해 볼 필요가 있어 소개한다.

- 부모가 유순한 말씨와 태도 그리고 남의 말을 잘 듣고 순종하는 일을 가르친다. (立敎 2)
- 곡례에 말하길 '아버지가 부르시면 느린 대답을 하지 않으며 스승이 부르셔도 느린 대답을 하지 않고 빨리 대답을 하고서 일어난다.'고 하셨다. (明倫 13)
- 증자가 말하길──부모가 허물이 있으면 유순한 말로 간하고, 뜻을 거슬리지 말아야 한다─하였다. (明倫 21)
- 내칙에 말하기를 '부모가 허물이 있으면 기운을 낮추고 얼굴빛을 온화하게 하며, 말소리를 부드럽게 하여서 허물을 고치도록 간한다. 만약 듣지 않으시면 공경하고 효도하는 마음을 일으켜서 기뻐하시거든 다시 간한다. (明倫 22)
- 무릇 자식이 부모의 명령을 받으면──혹시 명령하신 일이 실행할 수 없는 것이 있으면 얼굴빛을 온화하게 하고 말소리를 부드럽게 하여── (嘉言 16)
- 선생을 수행할 때에는 길을 건너서 다른 사람과 말을 하지 않는다.──선생이 말을 하면 대답하고 말하지 않으면 빠른 걸음으로 물러난다. (明倫 74)
- 어른이 말을 마치지 않았으면 그 말과 상관없는 다른 말을 꺼내어 어른의 말과 혼동시키지 말아야 한다. (明倫 77)
- 강론할 때는 용모를 바르게 하며 반드시 공손하게 들으며 다른 사람의 말을 빌려서 내 말로 만들지 말며 남의 말에 분별없이 찬동하는 일이 없어야 한다. (明倫 77)
- 관의에 말하길──예의의 시초는 ──말소리를 순하게 하는 데 있다. (敬身 13)
- '곡례'에 말하기를 귀롤 벽에 대고 엿듣지 말며, 소리를 높여서 대답하지 말며, (敬身 14)

67

어린이에게 말하기

우리는 앞장에서 어린이의 말하기에 대해 알아보았다. 어린이 말하기가 일생을 좌우할 만큼 중요하다는 것도 알았다. 그렇다면 어른은 어린이에게 어떻게 말하고 듣게 해야 할까. 다음은 가정이나 학교 교육에서 부모와 교사가 자녀와 학생들에게 권장할 만한 말하기 교육 내용이다.

- 어른은 어린이가 어른의 말을 그대로 배운다는 것을 명심해야 한다.
- 어른은 어린이가 말 배우기에 따라 일생의 운명을 바꾼다는 것을 알아야 한다.
- 어른은 어린이가 말을 할 때 말을 막지 말고 끝까지 들어주는

것이 좋다.

- 어른은 어린이가 말을 할 때 그 말을 칭찬을 하면서 말을 많이 하도록 이끌어 주어야 한다.

- 어른은 어린이가 나쁜 말을 할 때는 그 자리에서 바로 고쳐 주고 그 까닭을 설명해 주어야 한다.

- 어른은 어린이에게 말을 가르칠 때 지나친 욕심을 내지 말아야 한다.

- 어른은 어린이가 말하는 것이 느리고 잘 못한다고 지나치게 걱정을 하거나 닦달하지 않는 것이 좋다.

- 어른은 어린이에게 과격한 말, 싸우는 말, 상스러운 말, 욕설을 하지 않아야 한다.

가정에서 말하기와 듣기

(1) 남편◀▶ 아내

부부 사이의 말하기를 알기 위해서는 부부의 기본적 관계를 이해해야 한다. 부부관계의 성립은 나라와 가문의 문화에 따라 다를 수 있다. 그러나 이 부부관계를 가능한 한 객관적인 시각에서 살펴보면 부부관계의 말하기도 자연스럽게 그 원리를 찾을 수 있다고 본다.

부부는 천정배필(天定配匹)이라거나 백년해로(百年偕老)라는 말을 자주 듣게 된다. '천정배필'을 달리 말하면, 존 릴리가 말한 것처럼 '결혼이란 하늘에서 맺어지고 땅에서 완성된다.'는 말이다. 그만큼 부부는 한 인간으로 살아가면서 만나는 사람 가운데 가장 가까운 관계라는 것이다. 그런데 이러한 부부관계도 객관적이고 엄격한 시각에서 보면 남남이 결혼이라는 의도적인 계약으로 이루어진 관계이다. 우리가 말하는 '결혼'이라는 의식과 제도는 아주 이성적이고 형식적인 절차에 의해서 형성되는 인간관계이고 부부가 지켜야 할 도덕적, 관습적, 법적인 계약의 하나이다. 따라서 그 계약이 끝이 나면 남남으로 곧바로 돌아가 버리는 관계이기도 하다. 부부는 '가정'이라는 독특한 하나의 사회를 형성하고 자식을 낳음으로써 종족을 보존 계승하기도 한다. 그리고 부부의 관계가 성립하기 위해서는 서로 부양의 의무를 가지면서 의지와 협조의 관계를 유지해야 한다. 부부는 결코 주(主)와 종(從)이나 상(上)과 하(下), 갑(甲)과 을(乙)의 관계가 아니라는 것이다. 그것은 남편과 아내는 무게를 젤 수 없을 만큼 나름대로의 귀중한 몫을 하는 존재이기 때문이다. 어느 한쪽이 어느 한쪽을 무시하거나 가볍게 보아서는 결코 안 된다는 말이다. 〈맹자〉의 오상(五常) 또는 오륜(五倫)의 부부유별(夫婦有別)이란 말도 '부부'는 각기 자기가 하는 일이 다르고 그 일의 경중을 가릴 것이 없이 서로 존중하라는 뜻이다. 그것이 부부가 가지고 있는 내적 질서다.

바로 이러한 부부의 관계를 원만하게 형성하기 위해서는 부부가 사용하는 말이 매우 중요하다. 부부의 이상적인 대화는 부부가 대등한 관계에서 출발해야 한다. 부부는 서로 존중하면서 높임말을 쓰는 것이 우리 조상의 전통적인 말법이었다. 고려 시대는 상속이나 호적 등 법적인 측면뿐만 아니라 관습적으로도 부부가 대등한 관계를 유지했다는 것은 여러 역사적 기록에서도 알 수가 있다. 부모공양이나 제사도 아들과 딸이 같이 했다고 한다. 조선 시대도 마찬가지로 사대부의 부부살이에서 서로 존중하는 문화는 이전과 크게 다르지 않았으며 적어도 '하게체' 이상의 높임말을 사용했다. 우리 선조들은 일찍부터 부부사이에 서로 부름말도 없었다. 부부는 늘 같이 살아가기 때문에 특별히 부름말이 필요가 없었던 것이다.

따라서 부부의 관계를 이러한 시각으로 보면 남편이 아내를, 아내가 남편을 일방적으로 말을 해서는 안 된다. 더구나 부부 말하기는 부부뿐만 아니라 그 자녀의 말하기와 정서에 결정적으로 영향을 미치기 때문에 특히 주의해야 한다.

다음은 부부 사이의 올바른 말하기와 듣기에 대한 내용이다.

- 부부는 상호 존중하는 마음으로 말하자.(賢婦 令夫貴 佞婦 令夫賤).
- 부부는 평등하다는 생각으로 말하자.
- 부부는 상대가 듣기 싫어하거나 자존심을 상하게 하는 말은 하지 말자.
- 부부의 걸림말은 남에게는 '제 남편'과 '제 아내'로 부르는 것이 좋다. '마누라', '와이프'라는 말은 쓰지 않아야 한다. 서로 부름말은 남편은 '여보', 'ㅇㅇ엄마'라고 부르고, 아내는 '여보', 'ㅇㅇ아버지', 'ㅇㅇ아빠'라고 부른다. 특히, 아내가 남편에게 '오빠', '아빠'와 같은 말은 쓰지 않아야 한다.
- 부부는 서로 높임말을 사용하도록 노력하자. 남들 앞에서는 적어

도 '하게체' 이상으로 하는 것이 좋겠다.

- 부부는 남들 앞에서 부부의 나쁜 점을 이야기하지 않는 것이 좋다.
- 부부는 자식들 앞에서 절대로 싸우거나 비속한 말을 사용하지 말자.
- 부부가 의견이 충돌될 때는 서로 피하고 10분 이상 말을 하지 않는 것이 좋다. 돌아서면 너무 부질없는 것으로 싸웠다는 것을 곧바로 알게 된다.
- 부부는 논쟁해서 이기려고 하지 말자. 논쟁해서 이겨서 얻는 것보다 잃는 것이 더 많다. 부부 사이는 이기는 자도 지는 자도 없기 때문이다.
- 부부는 서로 상대의 입장을 이해하도록 노력하면서 말을 해야 한다.
- 부부는 가능한 신체적 접촉을 자주하면서 말을 하자. 관계가 가까운 만큼 가까운 공간과 더 많은 신체적 접촉을 통해 말을 해야 하다.
- 부부는 서로 자신들의 친족인 시가와 처가에 대해 부정적이 말을 하지 말아야 한다. 혈족에 대한 비난으로 상처받는 자존심과 마음은 그 어떤 것보다 크다는 것을 잊지 말자.
- 부부는 서로 칭찬하는 말을 많이 하면 할수록 좋다.

인간은 누구나 자기만의 생각과 행동을 하고 싶어하는 본성이 있다. 부부는 지혜롭게 그런 생각과 행동의 자유를 서로 배려하는 것이 좋다. 부부 서로가 지나친 간섭이나 관심의 말은 오히려 부정적인 관계를 유발시킬 수 있다.

■ 부부화법 3단계

부부는 다음과 같은 단계로 생각하고 말하면 좋겠다.

-구나 → -겠지 → 고마워

1단계: 부부는 상대가 한 행동에 대해 '남편(아내)이 무엇을 하는(했)
구나' 하고 그냥 현실을 바라보는 단계인 '바라보기 단계'이
다. 이 단계를 '구나 단계'라고 할 수 있다.

2단계: 부부가 한 일을 서로 인정하고 나름대로 '무슨 까닭이 있었겠
지' 라고 하는 수용하는 '받아들이기 단계'이다. 원인 없는 결
과는 없기 때문이다. 이 단계를 '겠지 단계'라고 할 수 있다.

3단계: 부부가 현재 그렇게라도 존재하고 사랑함에 고마워하는 '감
사하기 단계'이다. 이 단계를 '고마워 단계'라고 할 수 있다.

(2) 부모◀▶ 자식

부모 자식의 관계는 이 세상의 어떤 관계보다 오묘하고 신비한 관
계이며 끊을 수 없는 필연적인 관계이다. 그리고 자식은 부모로부터
유전적인 자질뿐만 아니라 환경적 자질도 함께 받으면서 살아가게 된
다. 특히 자식은 인지발달과 언어발달 그리고 행동발달도 부모의 영
향을 결정적으로 받으면서 자라게 된다.

언어발달의 측면만 보더라도 자식은 태어나기 전 태아 상태에서부터 어머니의 생각과 언어와 행동의 영향을 받게 된다. 유아기에는 사고가 아직 고정화되어 있지 않기 때문에 외부의 자극에 의해 쉽게 영향을 받을 수 있는데, 그 외적 자극이 바로 부모의 말과 행동이다. 유아는 어휘에서부터 성조나 말투 등을 부모의 것을 복사하면서 형성해 나간다. 그만큼 부모의 말이 자녀에게 중요하다는 것이다.

자식의 미래를 위한 것이라면 부모는 자신의 좋지 않은 언어적 습관부터 바꾸거나 바르게 해야 한다. 그리고 자식은 점점 자라면서 부모로부터 떨어져서 홀로 살아가는 환경적 변화가 오면 부모가 자식에게 하는 말도 자연스럽게 바뀌어 가야 한다. 자식의 성장단계에 따라 부모의 말이 달라져야 한다는 것이다. 자식이 점점 성장하여 청소년기에 들거나 성년이 되면 부모는 자식에게 간섭하는 말을 아껴 해야 하고 자식의 말을 존중해 주면서 자식의 말에 스스로 책임질 수 있도록 해 주어야 한다. 그런데 일반적으로 자식은 나이가 들수록 자기 부모와 말을 하지 않으려 하고 들으려고도 하지 않는다. 그것은 서서히 부모로부터 떨어지는 자연스러운 현상이며, 자식의 세계와 부모의 세계가 멀어져 가고 있음을 나타내는 것이다. 자식이 성장하면서 새로운 세계와 복잡한 관계가 전개되고 그 관계 속에 살아가게 된다. 그러면서 자기가 처음 부딪히는 환경적 변화, 신체적 변화, 생각의 변화에 적응하지 못하고 때로는 방황하게 된다. 그 시기를 이른바 '사춘기'라 한다. 그때 자식은 심정적으로 가장 가까운 부모와 이야기를 많이 나누도록 하는 것이 좋다. 자식은 이 세상에서 가장 믿을 수 있는 대상이 바로 부모임을 생각하고 부모와 말하기를 하여야 한다.

그리고 부모와 자식 간의 말하기는 부자유친(父子有親)의 기본적 관계에서 시작되어야 한다. 이때 '친함'이란 부모와 자식 사이에 서로 믿음과 사랑으로 거리가 없음을 말하고 또 그렇게 대화를 해야 한다는 말이다.

(2-1) 부모 ▶ 자식

- '아들'과 '자식'은 걸림말로 남 앞에 사용하는 말이다. 부름말은 'ㅇㅇ(이름)야'가 된다. 아들이 결혼하게 되면, 손주가 곁에 있을 때는 아들의 이름을 부르지 않아야 하고, 손주가 곁에 없을 때는 '아들이름', '첫째야', '둘째야'로 부른다. ('ㅇㅇ(손자/손녀이름)아범', 'ㅇㅇ아비'로 부른다.)
- '딸'과 '여식'은 걸림말로 남 앞에 사용하는 말이다. 부름말은 결혼 전에는 이름을 부르고 결혼하게 되면 사위의 성을 따서 'ㅇ실아', 'ㅇㅇ어멈', 'ㅇㅇ어미'로 부르고, 손주가 없을 때는 '첫째', '둘째'로 부른다.
- 부모는 자식에게 부부 사이에 일어난 일을 말하지 않는 것이 좋다.
- 부모는 자식 앞에게 친가나 외가의 허물을 말하지 않아야 한다. 가능한 좋은 것만 말해야 한다.
- 부모가 자식에게 하는 말은 항상 모범이 되어야 하고 좋은 말을 해야 한다.

- 부모는 자식을 칭찬하고 격려하는 말을 많이 하면 할수록 좋다.
- 부모는 자식의 잘못을 꾸짖을 때는 그 까닭을 설명해 주어야 한다.
- 부모는 자식을 다른 자식과 비교하는 말을 하지 않는 것이 좋다.
- 부모는 자식과 가까이에서 말을 많이 할수록 좋다. 특히 어릴 때일수록 더욱 그렇다.
- 부모는 자식이 밖에서 겪은 일에 대해 자식의 말을 듣고 흥분하거나 무조건 비난하지 말아야 한다.
- 부모는 자식에게 남들을 비난하거나 나쁜 이야기는 하지 않는 것이 좋다.
- 부모는 자식에게 자기를 가르치는 선생을 존중하고 존경하도록 말을 해야 한다.

(2-2) 자식 ▶ 부모

- 자식은 남들에게 자기 부모를 '지희 부모님, 저희 아버지(어머니)'라고 불러야 한다. 그리고 돌아가신 부모님은 '선친(先親)'이라고 한다. 부름말은 어릴 적에는 '아빠', '엄마'라고 하고 성인이 되면, '아버지', '어머니'라고 불러야 한다.
- 자식은 부모가 말을 하면 자기 생각과 달라도 그 자리에서는 "예"로 대답하고 거절하지 않는 것이 좋다. 자기의 생각은 나중에 말을 하는 것이 좋다.
- 자식은 부모에게 걱정을 끼치는 말은 하지 않는 것이 좋다. "예 알았습니다.", "제가 알아서 잘 하겠습니다."라고 말을 해야 한다.

- 자식은 부모에게 항상 감사하는 마음을 가지고 "고맙습니다."라는 말을 하는 것이 좋다.
- 자식은 부모에게 남의 부모와 비교하는 말을 하지 않아야 한다.
- 자식은 부모에게 언제 어디를 가든 인사를 해야 한다. 어디를 가면 가는 곳과 돌아오는 시간을 알려야 하고, 돌아오면 얼굴을 보여야 한다(出必告 反必面).
- 자식은 부모에게 언제나 밝은 얼굴로 자신감을 가지고 공손하게 말을 한다.
- 자식은 부모가 말하는 "괜찮다"라고 하는 말을 그대로 믿지 말아야 한다. 부모는 자식이 걱정할까 봐 언제나 "괜찮다"라고 한다. 그러나 실제 그렇지 않은 경우가 많다.
- 자식은 부모와 이야기를 많이 하는 것이 좋다. 모든 부모는 자식과 말을 많이 하기를 원한다. 나이가 들면 들수록 더욱 그렇다.

부모의 자식 교육에 대한 〈맹자〉의 가르침을 보자.

- **공손추가 맹자에게** '군자가 아들을 직접 가르치지 않는 것은 어째서입니까?'하고 물었다. 맹자께서는 '세를 행할 수 없기 때문이다. 가르치는 데는 반드시 올바른 것을 가지고 해야 한다. 올바른 것을 가지고 행하지 않으면 그것에 화를 내게 된다. 그러나 화를 내어 가르치게 된다면 도리어 해롭다. 〈아버지는 올바른 것으로 나를 가르치고 있다지만, 아버지도 올바른 일을 하지 않았다.〉라고 하게 된다면 아버지와 아들 사이는 서로 멀어지게 된다. 아버지와 아들 사이가 서로 멀어지게 되면 나쁜 것이다. 옛날에는 아들을 바꿔서 가르쳤고, 아버지와 아들 사이에는 잘 하라고 꾸짖지도 않았다. 잘 하라고 꾸짖으면 틈이 생기고 틈이 생기면 그보다 더 상서롭지 못함이 없을 것이다.

이 말은 부모가 자식을 가르치기가 얼마나 어려운지를 말해주는 것이다. 하물며 어찌 부모가 자식에게 함부로 욕을 하고 나쁜 말을 할수 있겠는가. 다음은 안씨 가훈에 있는 자식이 부모에게 대하는 말하기이다.

> ● 아직 어버이를 봉양할 줄 모르는 자가, 옛사람의 가르침에 따라, 어버이의 뜻을 먼저 알아서 그 얼굴빛을 살펴 승순하며, 기운을 낮추고 말소리를 온화하게 하며——
>
> (嘉言 80)

아직 어려서 어버이를 봉양할 모르는 사람은 옛사람의 가르침과 어버이의 뜻을 알아서 얼굴빛을 온화하게 하고 기운은 낮게 하며 말소리도 온화하게 해야 한다고 하였다. 부모에게 큰 소리로 대하는 것은 잘못된 것이다.

(3) 시부모와 며느리 말하기

시부모와 며느리 사이의 말하기는 한 여자가 결혼해서 남자 집인 시가(媤家)의 구성원이 되면서 남편의 부모와 사이에서 일어나는 특수한 말하기이다. 시가에서의 올바른 말하기는 먼저, 남편과 아내, 아내와 시댁 가족과의 관계를 보다 객관적으로 이해해야한다.

시부모와 며느리 사이의 관계는 결혼이라는 인위적이고 제도적 행위에 의해서 생겨난 관계이다.

　며느리는 다른 집안의 부모 아래 자라서 교육을 받으며 그 집안의 문화에 길들여 살다가 자신의 아들과 결혼하면서 생겨난 관계이다. 그리고 며느리는 근본적으로 시부모와의 관계보다 자신의 아들과의 일차적 관계에 의해서 성립된 사람임을 알아야 한다. 성인이 된 아들이 며느리와 서로 사랑하고, 부모와는 독립된 삶을 살아가기 위해 결혼하는 것이다. 따라서 시부모와 며느리는 근본적으로 남남의 관계이며 결혼이라는 법적 계약에 의해서 부차적으로 발생한 관계이다. 이 결혼이라는 계약의 관계가 끊어지면 시부모와 며느리의 관계 또한 자동적으로 파기되고 끊어지게 된다. 그러나 부모와 아들의 관계는 혈연의 관계이기 때문에 결혼이라는 법률적 관계 이상의 관계이다. 이것을 보면 시부모와 며느리의 관계는 매우 인위적이고 의도적이며 임의적인 관계임을 이해해야 한다. 이것은 자신의 분신인 아들이 다른 사람의 분신인 한 여자와 새로운 가정을 형성하면서 살아가고 거기에 새로운 종족 계승의 엄숙한 행위가 일어나기 때문에 그 어떤 관계보다도 특수한 관계라고 할 수가 있다.

　며느리와 시부모의 관계는 시부모가 남편의 부모라는 관계를 벗어나서는 존재할 수가 없다. 며느리가 자기 남편을 이 세상에서 가장 사랑한다면 당연히 그 남편이 혈연적으로 끊을 수 없고, 그 남편을 낳고 기른 시부모를 사랑해야 한다는 것은 지극히 마땅한 논리이다. 며느리가 자기 남편은 사랑하지만 그 남편이 사랑하는 부모(시부모)를 사랑하지 않는 것은 매우 이기적이고 비합리적이라고 말할 수밖에 없다. 며느리가 자기 남편을 아무리 부모와 거리를 두게 하더라도 자기 마음대로 거리를 둘 수가 없는 것이 인지상정이다. 그것은 천륜의 관계이고 본능적인 관계이기 때문이다. 며느리가 자기 남편을 진정 사랑한다면 남편이 사랑하고 낳아 기른 남편의 부모인 시부모를 사랑하는 것이 가장 합리적이요 당연한 이치임을 알아야 할 것이다.

시부모와 며느리 말하기, 며느리의 시댁에서 말하기는 이러한 결혼 원리를 바탕으로 해야 한다.

(3-1) 시부모▶ 며느리

- 시부모는 며느리에게 '아가', 'ㅇㅇ어멈', 'ㅇㅇ어미', '며늘아'라고 부르는 것이 좋다.
- 시부모는 며느리를 자기 아들과 함께 독립된 삶을 살아가는 성인임을 생각하고 존중하면서 말해야 한다.
- 시부모는 며느리가 자신을 대신해서 자신의 아들을 사랑하고 자신의 자손을 낳아 기르며 살아간다는 점에서 항상 감사하고 고맙게 생각하면서 말을 해야 한다.
- 시부모는 자기 아들이 독립해서 한 가정을 이루면서 살아가는 데 도움을 주는 말하기를 해야 한다. 그렇기 위해서는 며느리의 생활에 가능한 간섭이나 개입하는 말은 하지 않는 것이 좋다.

- 시부모는 며느리를 칭찬하는 "고생한다. 고맙다"는 말을 많이 하면 할수록 좋다.
- 시부모는 며느리 친정(사돈) 집안의 나쁜 점은 말하지 않고 좋은 점만 말해야 한다.
- 아들과 며느리가 사이가 좋지 않을 경우, 시부모는 아들 편보다 며느리 편을 들어 말하는 것이 좋다.
- 시부모는 며느리가 여럿일 경우 그 가족들에 대해 절대 편애하는 말이나 행동을 해서는 안 된다.

(3-2) 며느리▶ 시부모

- '시아버지'와 '시어머니'는 걸림말이고 부름말은 '아버님', '어머님' 이다.
- 며느리는 시부모를 자기의 부모처럼 사랑하는 마음으로 말해야 한다.
- 며느리는 항상 시부모의 마음을 편하게 하는 말을 하도록 해야 한다.
- 며느리는 시부모에게 면전에서 거절하는 말은 하지 않아야 한다.
- 며느리는 시부모 앞에서 자기 친정을 자랑하는 말은 하지 않는 것이 좋다.
- 며느리는 시부모에게 남편의 잘못은 말하지 않는 것이 좋다.
- 며느리는 시부모에게 사랑하는 남편을 낳고 기르고 보살펴 주심에 항상 감사하는 마음을 가지면서 말해야 한다. 시부모에게 "고맙습

니다"라는 말을 자주 한다.

- 며느리는 시부모 앞에서 시부모보다 자기 남편을 더 챙기는 말은 하지 않는 것이 좋다.
- 며느리는 시부모에게 남편보다 자주 안부를 묻는 인사말을 하는 것이 좋다.

(4) 시댁 동서 ◀▶동서

- 동서 사이는 손위이면 '형님', 손아래이면 '동서'라고 부른다.
- 동서들은 서로가 성인이고 한 가정의 아내임을 생각하고 존중하면서 말해야 한다.
- 동서 사이는 남자 형제들이 서로 사랑하듯이 동서들도 서로 사랑하는 마음을 가지고 말을 해야 한다. 동서(同壻)라는 말이 같은 보금자리를 미련해서 살이가는 사이를 말한다.
- 동서들은 남자 형제를 기준으로 손위이면 우대로 손아래면 하대로 대한다. 그렇다고 '하라체'보다는 '하게체' 이상으로 사용하는 것이 좋다.
- 동서들의 관계가 남자 형제들의 관계로 이어짐을 생각하면서 말을 해야 한다. 동서 사이가 좋으면 남자 형제의 사이가 좋아지고 그렇지 않으면 남자 형제의 사이가 나빠진다.
- 동서들 사이에 자기의 남편과 자식, 재산 등을 자랑하지 않는 것이

좋다.

- 동서 사이는 서로 칭찬하는 말을 하여야 한다.
- 동서들에게 자기 친정에 대한 자랑은 하지 않는 것이 좋다.
- 동서들은 남자 형제나 다른 동서의 자식들에 대해 관심을 가지고 서로 칭찬해 주는 것이 좋다.

(5) 올케와 시누이 말하기

(5-1) 올케 ▶ 시누이

- '시누이'는 걸림말이고 부름말은 남편의 여동생이 결혼전에는 '아가씨'라 부르고, 결혼하면 '아가씨' 또는 'ㅇ(남편의 성)서방댁'이라 한다. 남편의 누나는 '형님'이라고 부른다.
- 올케는 시누이에게 손아래면 '하라체', '하게체'를 사용하는 것이 좋고, 손위면 '합쇼체'를 사용해야 한다.
- 올케는 시누이들에게 자기 남편이 사랑하는 형제임을 생각하면서 말을 해야 한다.
- 올케는 시누이에게 오빠와 남동생의 좋은 점만 말하는 것이 좋다.
- 올케는 시누이에게 시집의 안 좋은 점은 말하지 않아야 한다.
- 올케는 시누이에게 자기 친정을 자랑하는 말은 하지 않는 것이 좋다.

- 올케는 시누이에게 친정 여형제처럼 사랑하고 아끼면서 말하는 것이 좋다.

(5-2) 시누이 ▶ 올케

- 시누이는 올케가 손위면 '(새)언니' 또는 '올케', 손아래이면 '올케', '동생 댁'이라고 부른다.
- 시누이는 올케에게 자기 오빠나 남동생과 같이 존중하고 사랑하는 마음을 가지고 말해야 한다.
- 시누이는 올케에게 자기의 오빠나 남동생의 좋은 점을 말하는 것이 좋다.
- 시누이는 올케에게 오빠나 동생의 가정에 대해 간섭하지 않고 칭찬하는 말을 하는 것이 좋다.
- 시누이는 올케의 친정에 대해 나쁜 것은 말해서는 안 되고 칭찬하는 말을 해야 한다.

(6) 아내 ▶ 남편형제

- 아내는 남편 형제를 형이면 '아주버님', 동생이면 결혼하기 전에는 '도련님'이라 부르고 결혼하면 '서방님'이라 부른다.
- 아내는 남편 형제를 자기 형제처럼 존중하면서 말해야 한다.
- 아내는 남편 형제에게 남편의 나쁜 점은 말하지 않아야 한다.

- 아내는 자기의 말하기에 따라 남편 형제의 우애(友愛)가 달려 있음을 알아야 한다.
- 아내는 남편 형제가 결혼을 하면 남편 형제의 가족에 관심을 가지고 칭찬하는 말을 해야 한다.

(7) 남자 ▶ 형제 아내

- 남자 형제는 형의 아내에게는 '형수님', 동생의 아내에게는 '제수씨'라고 부른다.
- 남자 형제는 형수나 제수에게 자기가 사랑하는 형과 동생이라고 생각하면서 말해야 한다.
- 남자 형제는 형수나 제수에게 자기 형이나 아우의 나쁜 점은 말하지 않아야 한다.
- 남자 형제는 형수와 제수에게 자기의 형과 동생을 사랑하고 가족을 행복하게 하는 데 대해 감사와 칭찬하는 말을 해야 한다.
- 남자의 형제는 형수와 제수의 친정에 대해 나쁜 점은 말하지 않고 항상 좋은 점을 말해야 한다.
- 남자 형제는 형수와 제수가 한 가정의 아내이고 어머니임을 알고 그들의 독립된 삶을 존중하면서 말을 해야 한다.
- 남자 형제는 형과 동생이 독립해서 행복하게 잘 살 수 있도록 도와주는 말을 해야 한다.

모임의 실제

- 남자 형제의 부부 관계가 좋지 않을 때는 형과 동생은 형수와 제수 편에 들어 말을 하는 것이 좋다.

(8)처가에서 말하기

남자가 결혼을 해서 처가에 가면 장인과 장모 그리고 처족들과 인간관계가 새롭게 형성이 된다. 이것은 엄격하게 따져보면 여자가 시집가서 형성되는 남자 친족과 생기는 관계와 크게 다를 바가 없다. 결혼이라는 혼인관계는 남자와 여자에게 동시에 일어나는 법적 도덕적인 관계로 어느 한 쪽에서 일방적으로 형성되는 관계는 아니다. 그리고 남자가 결혼해서 처가에서 형성되는 인간관계는 아내를 통해서 일어나기 때문에 아내와의 관계가 끝이 나면 처가와의 관계도 자연스럽게 끝이 나게 된다. 사위와 장인·장모의 관계도 결혼함으로써 형성된 관계이기 때문에 장인·장모는 딸을 중심으로 생겨난 새로운 가족이라는 점에 주목해야 한다. 따라서 장인과 장모가 사위를 생각할 때는 그 사위가 자신의 딸과 한평생 살아가야 하는 사람이고 딸이 이 세상에서 가장 사랑하는 사람이라는 것을 먼저 생각해야 한다. 그래서 장인과 장모는 자기 딸이 행복하게 잘 살아갈 수 있도록 도와주어야 할 의무가 있다. 따라서 사위도 자기 딸처럼 사랑하고 아껴야 한다는 관념이 매우 중요하다. 만약에 자기 딸이 남편인 사위와의 관계가 잘못되었거나 갈등이 생긴다면 장인과 장모는 자기 딸의 잘못이 없는지를 먼저 생각해야 하고, 적어도 딸이 시가의 삶에 적응하고 한 구성원으로 잘 살 수 있도록 도와주어야 한다. 그리고 처가 가족들도 사위를 자기 가족처럼 사랑하고 생각해야 한다.

사위의 입장에서 보면 자기가 이 세상에서 가장 사랑하는 사람이 자기 아내라면 마땅히 자기 아내를 낳고 키우고 보살펴 주었던 장인과 장모도 자기 부모처럼 사랑해야 한다. 아내가 남편의 부모를 자기 부모 대하듯이 사위도 아내의 부모를 자기 부모처럼 모시고 사랑해야 한다는 것이다. 그것이 진정으로 부부가 하나가 되는 길이다.

사위가 처족과 말할 때도 이러한 생각을 바탕으로 해야 한다.

(8-1) 장인 · 장모 ▶ 사위

- '사위'는 걸림말이고 부름말은 'ㅇ서방', 'ㅇㅇ(외손주이름)아범' 또는 'ㅇㅇ아비'이다.
- 장인 · 장모는 사위에게 '하게체'로 말을 하는 것이 좋다.
- 장인 · 장모는 사위를 자기 아들 대하듯 편하게 말하는 것이 좋다.
- 장인 · 장모는 사위가 자신 딸의 남편이고 한 가정의 가장임을 생각하면서 말해야 한다.
- 장인 · 장모는 사위에게 좋은 말과 칭찬을 함으로써 사위가 자기의 딸을 사랑하도록 하는 것이 좋다.
- 장인 · 장모는 사위의 잘못을 함부로 말하지 않아야 한다.

- 장인·장모는 딸의 결혼생활에 지나치게 개입하거나 간섭하는 말은 하지 않는 것이 좋다.
- 장인·장모는 사위(사돈) 집안을 칭찬하는 말을 하고, 사돈 집안의 잘못이나 나쁜 점을 말하지 않아야 한다.
- 사위와 딸의 부부 관계가 좋지 않을 경우에는 장인과 장모는 사위 편에 서서 말하는 것이 좋다.

(8-2) 사위▶ 장인·장모

- 사위는 장인과 장모를 '장인어른', '장모님'이라 부른다.
- 사위는 자기 아내를 사랑한다면 그 아내의 부모인 장모와 장인을 자기의 부모처럼 모시고 사랑하면서 말해야 한다.
- 사위는 장인·장모에게 자기들의 어려움보다는 좋은 일을 말하는 것이 좋다.
- 사위는 장인·장모에게 아내의 잘못된 점은 말하지 않고 좋은 점을 말하는 것이 좋다.
- 사위는 장인·장모 앞에서 자기 집안을 자랑하는 말은 하지 않는 것이 좋다.
- 사위는 장인·장모에게 사랑하는 자기 아내를 낳고 기르고 보살펴 주심에 항상 감사하는 마음을 가지면서 말해야 한다. 장인·장모에게 "고맙습니다"라는 말을 자주 한다.
- 사위는 장인·장모에게 아내보다 먼저 안부를 묻는 인사말을 하는

것이 좋다.

(8-3) 처가 동서 ◀▶ 동서

- 손위와 손아래 모두 걸리말은 '동서'이고 부름말은 손위 동서에게 는 '형님'이라 하고 손아래 동서는 'ㅇ서방'이라 부른다.
- 처가의 동서 사이의 말하기는 아내 형제의 위아래를 기준으로 한다.
- 동서 사이는 서로 '하게체'를 사용하는 것이 좋다.
- 동서들도 한 가정의 가장임을 생각하면서 함부로 말하지 않아야 한다.
- 동서끼리는 자기 아내나 자식에 대해 자랑하는 말은 하지 않는 것 이 좋다.
- 동서들은 서로 다른 동서 가족에 대해 관심을 가지고 칭찬하는 말 을 하는 것이 좋다.
- 손아래 동서가 나이가 같거나 많으면 서로 높임말을 사용하는 것 이 좋다.

(8-4) 남편▶ 아내 형제

- 아내의 남자 형제의 부름말은 손위일 때는 '처남' 또는 '형님'이라 부르고, 손아래일 때는 '처남'이라 부른다. 손위 여자 형제에게는 '처형'이라 부르고, 손아래 여자 형제에게는 '처제'라 한다.

- 사위는 처가 형제들에게 함부로 말을 하지 않아야 한다.
- 사위는 처가 형제들에게 자기의 아내나 아이들을 칭찬하거나 자랑하는 말을 하지 않는 것이 좋다.
- 사위는 처가 형제들에게 처제나 처형의 안 좋은 점을 이야기해서는 안 된다.
- 사위는 처가 형제들에게 자신의 형제처럼 사랑하는 마음을 가지고 말하는 것이 좋다.

69

학교에서 말하기와 듣기

학교는 교육기관이므로 여기에서 오가는 말은 다른 여느 곳보다 올바른 말을 사용해야만 한다. 다음은 학교라는 공간에서 교사와 교사 그리고 교사와 학생 간의 올바른 말하기에 대해 알아본 것이다.

(1) 교사◀▶교사

교사와 교사 간에는 교육자이기도 하면서 직장 동료라는 두 가지 특수성을 가지고 있다. 그러나 교사가 학교라는 교육 공간에서 사용하는 말은 다른 사회의 구성원이 말하는 말하기와는 달라야 한다. 뿐만 아니라 언어가 그 사용자의 인성을 반영하는 것이라고 보면 교사의 언어는 결코 함부로 사용해서는 안된다. 교사 상호 간에서도 말을 함부로 하거나 언어폭력을 사용하는 사람은 교사의 자격이 없는 사람이라고 할 수 있다. 학생들이 보지 않는다고 해서 교사 동료 사이, 특히 교장, 교감 등 관리자가 일반 교사에게 함부로 말을 해서도 안 된다. 교사는 학생들 앞에서 자존감과 존경심으로 살아가는 사람이기 때문이다.

- 교사(교수) 사이는 서로 "○(성)선생님(교수님)", "○ ○ ○(이름)선생님"으로 불러야 한다.
- 교장과 교감인 관리자도 평교사를 부를 때도 "○(성)선생(님)", "○ ○ ○(이름)선생(님)"이라고 해야 한다.
- 학교에서 교사(교수) 사이는 서로 존경하면서 높임말을 사용하는 것이 좋다.

(2) 교사▶ 학생

교사는 수업시간에 전체 학생에게 말할 때는 반드시 높임말 '해요체'를 사용해야 한다. 그러나 수업시간이라도 개인적으로 질문을 하거나 말을 할 때는 '해체'를 사용할 수도 있다. 수업시간 이외에는 낮춤말인 '해체'를 사용하는 것이 좋고, 학생이 대학생일 경우는 개인적인 대화에서도 '하게체'를 써주는 것이 적절하다. 특히, 나이가 많거나 결혼한 학생에게는 '하게체'나 '해요체'를 사용해야 하며, 학생과 이야기할 때는 '하게체 2인칭 대명사'인 '자네'를 사용하는 것이 좋다. 그리고 부름말은 'ㅇ(성)군'이라고 한다.

교사의 말은 학생의 언어습관에 그대로 복사되기 때문에 매우 중요하다. 교사의 가장 기본적인 자격은 언어를 올바르게 사용하는 것이다.

- 교사는 성인이 되지 않은 고등학생까지는 이름을 부르고, 성인이 되는 대학생 이후부터는 이름을 부르지 않고 'ㅇ(성)군'이라고 부르는 것이 좋다.
- 교사는 학생을 무시하는 말을 해서는 안 된다.
- 교사는 학생의 말을 끝까지 들어주어야 한다.
- 교사는 학생의 말에 대해 꾸짖기보다 칭찬하는 말을 많이 하는 것이 좋다.
- 교사는 학생이 잘못을 했을 때는 그 잘못을 깨닫게 말을 해야 한다.
- 교사는 학생에게 욕설이나 비속어를 말해서는 안 된다.
- 교사는 성인이 되는 대학생 이후는 '하게체'를 사용하는 것이 좋다.
- 교사는 학생에게 스승과 제자의 관계임을 잊지 말게 하여 예의를 지키도록 해야 한다.
- 교사는 학생에게 말할 기회를 많이 주어야 한다.

(3) 학생 ▶ 교사(교수)

학생은 교사(스승)로부터 지식과 세상을 살아가는 지혜와 인성을 배우는 자리에 있는 사람이기에 그만큼 스승(師)을 존경하는 마음으로 말을 해야 한다.

다음은 학생이 교사에게 말할 때 지켜야 할 내용이다.

- 학생은 교사를 'O(성)선생님'이라고 불러야 한다. 이름을 함부로 불러서는 안 된다.
- 학생은 교사의 말을 따지려고 하지 않아야 한다.
- 학생은 교사의 물음에 밝은 인상으로 공손하게 말을 해야 한다.
- 학생은 교사에게 언제 어디서든 인사를 해야 한다.
- 학생은 교사의 질문에 진솔하게 말해야 한다.
- 학생은 교사의 말에 항상 감사하는 마음을 가져야 한다.
- 학생은 교사의 잘못을 말하지 않는 것이 좋다.
- 학생은 교사에게 친구의 잘못을 말하지 않는 것이 좋다.
- 학생은 교사에게 자기가 모른다고 생각하면서 말을 하고 들어야 한다.
- 학생은 교사에게 말하거나 들을 때 반드시 바른 자세로 집중해야 한다.

(4) 학생 ◀▶ 학생

학교에서 말하기는 교사와 학생 사이의 말하기뿐만 아니라 학생과 학생 사이의 말하기와 듣기도 매우 중요하다. 학생은 학교라는 작은 사회에서 자기들의 성장단계에 맞는 사회성과 언어 습관을 형성해 간다. 그리고 어린이의 발달 단계에서 또래집단에서 이루어지는 사회성은 평생동안 사회생활의 성패를 좌우하는 것처럼 학생과 학생 사이의 말하기와 듣기도 개인의 일생에 있어서 인간 관계에 매우 중요하다. 자기만 말을 하고 남의 말을 듣지 않으려고 하거나 자기의 말만 맞고 상대의 말은 항상 틀렸다고 말하는 학생은 사회성이 결여된 학생으로 자기중심적 단계에서 정체되었다고 할 수가 있다. 이것이 심하면 남과 대화를 하지 않으려고 하는 자폐의 증상이 일어나게 되는 것이다.

청소년 시기의 또래 사이에 올바른 말하기와 듣기를 하기 위해서는 다음과 같은 몇 가지를 챙기는 것이 좋다.

- 자기 말만 맞고 친구의 말을 자꾸 틀렸다고 말하지 않아야 한다.
- 친구의 외모나 가정(부모)이나 공부로 비웃거나 무시하는 말을 하지 않아야 한다. 그렇지 않으면 자기도 모르게 오만하고 거만한 사람이 되어 나쁜 성격로 자라게 된다.
- 친구도 나와 같이 부모가 이 세상에서 가장 사랑하는 사람임을 생각하면서 말해야 한다.
- 친구에게 함부로 욕설을 하지 말아야 한다. 습관이 되면 고치기 어

렵다.

- 친구를 따돌리지 말아야 한다. 그렇게 하면 자기도 언젠가 따돌림을 받게 된다.
- 친구의 말을 끝까지 들어주어야 한다.
- 친구 사이 이간질 하는 말을 하지 않아야 한다.
- 친구에게 서로 칭찬하는 말을 많이 하는 것이 좋다.
- 친구의 잘못을 교사나 다른 사람에게 말해서 자기가 이득을 보려고 해서는 안된다.
- 어려운 친구일수록 가까이 하고 사랑하는 말을 많이 하면 자기도 모르게 착한 사람이 된다.

70

직장에서 말하기와 듣기

직장은 경영자가 어떤 목적을 달성하기 위해 계획적으로 만들어 일하는 곳이다. 그래서 직장에는 경영자가 있고 그 경영자가 필요로 하는 사람인 피고용자가 있다. 피고용자는 마땅히 경영자가 목적을 달성하기 위해 필요한 사람이어야 하며, 고용자의 요구에 따라야 하는 상하 관계를 가지는 조직 사회의 일원이다. 따라서 직장에는 직급이 있고 직급 사이에는 엄연한 위계질서와 힘(power)이 존재하게 마련이다. 힘이 작용하는 모든 조직에는 언행에 따라 생존과 성패가 결정된다. 그러므로 조직 사회에는 하급자가 해야 하는 말이 있고 상급자가 해야 하는 말이 있다. 하급자는 상급자를 존경하면서 상급자의 체면(face)를 살리는 화법이 필요하고, 상급자는 하급자에게 자신의 명령이나 지시를 효과적으로 따르도록 하는 화법 전략이 필요하다. 따라서 하급자는 상급자에게 공손히 해야 하며 상급자는 하급자에게 생존을 같이 하는 동반자로 포용하는 마음으로 대해야 한다. 그렇다고 단순히 힘의 원리를 강조하는 것이 아니라 상하급자가 상호 의사소통을 원활하게 함으로써 조직 구성원의 역량을 최대화해야 한다는 의미이다. 경영자의 경영전략이 조직에서 최대한 효과적인 성과를 가져올 수 있도록 경영자와 관리자는 구성원들에게 최대한 설득하고 이해시켜야 한다는 점이 중요하다. 이것 모두 올바른 담화전략에 달려 있다.

모든 조직에서 가장 기본적인 말하기가 바로 호칭이다. 직장에서 부름말은 상대를 정확하게 지칭해야 하며, 상급자는 하급자를 성인으로, 상호 협력하는 대상으로 불러야 한다. 그래서 상급자도 하급자에게 높임말을 사용하는 것이 좋으며, 하급자는 상급자에게 나이에 관계없이 반드시 높임말을 사용하는 것이 좋다. 그리고 하급자는 상급자에게 정확하면서 체면을 살리는 부름말을 사용해야 한다.

다음은 상급자가 하급자에게 말할 때 챙겨야 할 내용이다.

(1) 상급자 ▶ 하급자

- 상급자는 하급자에게 이름을 부르지 말고 'ㅇ(성)+직책'을 불러야 한다.
- 상급자는 하급자에게 '해라체'를 쓰지 말고 '하게체'나 '하오체' 또는 '합쇼체'로 높임말을 사용하는 것이 좋다.

- 상급자는 하급자와 대화할 때는 하급자에게 시선을 주면서 하던 일을 그만 두고 정성껏 대화를 해야 한다.
- 상급자는 위압적으로 하급자가 말을 못하게 막지 말아야 한다.
- 상급자는 하급자의 말을 듣고 그 자리에서 화를 내지 않아야 한다.
- 상급자는 하급자에게 칭찬과 격려의 말을 많이 하면 할수록 좋다.
- 상급자는 하급자의 말을 듣고 바로 부정적인 반응을 보이지 않는 것이 좋다.
- 상급자는 하급자에게 항상 정직하게 말을 하여 신뢰감을 가지도록 해야 한다.

(2) 하급자 ▶ 상급자

- 하급자는 상급자에게 'O(성)+직책 이름 님'으로 불러야 한다.
- 하급자는 상급자에게 항상 공손한 태도를 가지고 말을 해야 한다.
- 하급자는 상급자에게 언제나 인사를 잘 해야 한다.
- 하급자는 상급자에게 긍정적인 대안을 제시하면서 문제를 제기해야 한다.
- 하급자는 상급자에게 단정적인 말을 하지 않는 것이 좋다.
- 하급자는 결정의 판단은 상급자에게 넘기는 말하기를 해야 한다.
- 하급자는 상급자에게 예의를 갖추어 자신의 의견을 바르고 분명하게 말해해야 한다.

- 하급자는 상급자에게 가능한 칭찬하는 말을 많이 하는 것이 좋다.
- 하급자는 상급자에게 그 자리에서 바로 부정적인 반응을 보이지 않는 것이 좋다.
- 하급자는 상급자와의 약속을 철저하게 지키는 언행일치를 해야 한다.
- 하급자는 상급자를 비판하고 따지려고 해서는 안 된다.

71

토론과 토의하기

　토론과 토의는 모두 어떤 문제에 대해 공동의 의견을 도출하는 활동이다. 넓은 의미에서는 토론도 토의의 범주에 속하지만 토론은 어떤 문제에 대해 찬성과 반대의 의견을 가지고 서로 자신의 주장을 상대에게 설득시키는 담화 형식이다. 따라서 상대에게 자신의 주장을 받아들이도록 하는 데 목적이 있다.

　반면 토의는 정해지지 않은 결론을 두고 여러 사람들이 집단 사고를 통해 최선의 결론을 합의하는 담화 형식이다. 이 두 담화는 모두 가장 이상적인 결론을 유도하는 활동이기 때문에 최선의 결론을 위해 가능한 논리적이며 합리적인 결론으로 이끌어야 공동의 목적을 이룰 수 있다.

다음은 토론과 토의를 성공적으로 이끌기 위해서 알아야 할 내용이다.

- 객관적인 논거를 충분히 준비해야 한다.
- 상대의 어떤 말에도 흥분하지 않아야 한다.
- 무조건 상대의 말을 감정적으로 반박하려 해서는 안 된다.
- 상대의 말을 공손한 태도로 경청해야 한다.
- 분명하고 자신감을 가지고 말해야 한다.
- 적당한 제스처를 활용하여 설득력을 가지도록 해야 한다.
- 객관적인 수치나 인용을 통해 설득력을 높이는 것이 좋다.
- 상대의 논점에 대해 간단하게 문제를 제기한다.
- 논점을 벗어난 개인 신상 발언을 해서는 안 된다.
- 가능한 한 평소보다 약간 큰 소리로 말을 한다.
- 상대의 발언을 존중하는 말을 하면서 말해야 한다.
- 발언 순서를 잘 지켜야 하며 함부로 끼어들기를 해서는 안 된다.
- 자기의 말을 마무리를 하면서 상대에게 인사말을 하는 것이 좋다.

■ 토의 종류

심포지움: 심포지움은 논제에 대해 다른 의견을 가진 전문가나 권위자가 각각의 의견을 발표하고 난 뒤에 청중도 토의에 참가하는 형

식이다. 이것은 논제에 대해 찬반으로 반드시 어떤 결론을 얻는 데 목적이 있는 것이 아니라 논제에 대해 다양한 의견을 듣는 종합 토의 방식이다.

패널토의: 패널토의는 배심원 4~6명이 모여 사회자의 진행으로 어떤 집단에 관계되는 공동의 문제에 대해 각각의 생각을 나누는 토의 방식이다. 논제에 대해 전문가들을 주로 배심원으로 선정하여 공동의 문제에 대해 깊은 이해와 그를 통한 여러 가지 방안을 모색하는 방법이다.

포럼: 포럼은 공공장소에서 공공의 문제를 해결하기 위해서 공개적으로 토의하는 방식이다. 공개 토의이기 때문에 사회자가 진행을 잘해야 하는 특징을 가지고 있다.

원탁토의: 원탁토의는 말 그대로 둥근 탁자에 둘러앉아 10명 내외가 자유롭게 상호 관심사에 대해 논의하는 방식이다. 토의할 문제를 잘 정해서 회의를 진행하지 않으면 분위기가 산만해지거나 시간 낭비가 되기 쉽다.

72

연설하기

연설은 연설자가 여러 사람을 대상으로 자신의 정보나 주장을 상대에게 설명하거나 설득 또는 이해시키는 담화의 한 형태이다. 이것은 주고받기 담화가 아니라 한 사람이 여러 사람에게 말을 하는 일방적인 담화이다. 연설을 잘 하기 위해서는 자신이 무엇을 왜 말을 하는지를 분명하게 알고 있어야 한다. 목적이 분명하지 않는 연설은 연설을 끝내고 난 뒤 무엇을 말했는지 자기도 알기 어렵다. 그리고 연설은 시작과 끝이 매우 중요한데 특히, 시작이 더 중요하다. 대중 연설에서 시작을 잘하기 위해서는 청중과 편안하고 능숙하게 만나는 것이다. 그것은 첫인상과 첫마디에서 거의 결정짓는다.

그리고 대상이 누구인지 대상에 맞는 수준의 말을 해야 한다. 청중들이 자신의 연설을 잘 듣도록 하기 위해서는 청중들이 지루하지 않도록 해야 하며, 그들의 관심과 호기심을 자극하고 정서에 감동을 주는 내용이어야 한다. 그래서 이성과 감성을 동시에 호소하는 것이 연설이다. 이성은 올바른 판단을 할 수 있도록 정보 제공을 하는 것이고, 감성은 자신의 주장에 동조할 수 있도록 마음을 움직이게 하는 것이다.

다음은 연설할 때 알아야 할 내용이다.

• 청중의 주의를 집중할 수 있도록 분위기를 만든다.
• 좋은 정보나 지식만으로 결코 청중을 감동시킬 수 없다.
• 청중에게 자신의 강함이나 약함을 나타냄으로써 정서적인 측면을 보여주는 것도 효과적이다.
• 청중에게 친밀감을 줌으로써 청중과 하나되는 일체감을 가지도록 해야 한다.
• 연설자가 청중의 고통과 어려움을 같이 겪고 있다는 동정심을 유발하는 것도 좋다.
• 연설은 가능한 짧게 하도록 노력해야 함다.

- 자신의 경험을 이야기하는 것도 좋다.
- 자기가 하고 싶은 말을 체계적으로 하는 것이 좋다. 첫째, 둘째 등——
- 말을 강약을 조화롭게 하는 것이 좋다.
- 적절한 수사법을 활용한다.—대조, 인용, 비유
- 적절한 제스처를 사용한다.
- 큰 소리로 분명하게 말해야 한다.
- 청중에게 시선을 골고루 주어야 한다.
- 겸손해야 하며 잘난 체하지 않아야 한다.
- 단정적일수록 강한 연설이 된다.
- 마무리하면서 자기가 한 말을 다시 한번 강조하도록 한다.
- 연습을 완벽하게 한다.
- 연설을 시작하고 끝낼 때 공손하게 인사를 해야 한다.

■ 미 퍼듀 대학 알란 몬로(Alan H. Monroe)의 연설 5단계

(1) 흥미 주의 집중 단계 ➜ 주의 환기 단계(서론) ➜ 청중 집중

(2) 문제 지시 단계 ➜ 필요 제시의 단계(서론) ➜ 흥미

(3) 해결책 제시 단계 ➜ 필요 만족의 단계(본론) ➜ 욕구

(4) 결과 강조, 증명 단계 ➜ 구체화의 단계 (본론) ➜ 기억

(5) 결심, 촉구 단계 ➜ 행동 유도의 단계(결론) ➜ 행동

● 루즈벨트는 연설을 준비할 때 모든 사실을 확인하고 평가해서 매우 빠르게 구술하고 그렇게 타이핑된 원고를 수정해 마지막으로 한 번 더 구술했다.

연설문에 대한 구상이 끝났다면 거리를 걸으면서 조용히 연습하라. 또한 혼자 있을 장소를 구해서 연설을 처음부터 끝까지 연습하되 제스처를 하며 열정적으로 연습하라. 당신 앞에 진짜 청중이 있다고 생각하면서 말이다. 연습을 하면 할수록 실제 연설에서 편안한 마음을 갖게 될 것이다.

– 데일 카네기의 〈성공대화론〉 중에서 –

73

발표하기

발표하기 담화는 혼자 말하기인데 발표자가 자신의 생각과 주장을 다른 사람에게 말하는 것이다. 자신의 생각과 말을 상호 소통이 아니라 일방적 소통을 하기 때문에 발표권은 전적으로 발표자기 가지고 있다. 따라서 발표자는 자신만 가지고 있는 시간 동안 상대에게 자신의 생각을 최대한 효과적으로 전달해야 한다. 발표하기는 대상이 이미 정해져 있기 때문에 대상에 맞는 발표 전략을 짜야 하고, 발표 수준을 적절하게 준비해야 한다는 것이다. 청중들에게 자신의 생각을 효과적으로 전달하기 위해서 사용할 수 있는 방법은 가능한 모두 활용할 수 있어야 한다.

그리고 발표자는 발표를 준비하는 데 최대한 노력을 다해야 한다. 건성으로 준비하거나 대충 되겠지 하는 생각은 버려야 한다. 듣는 사람은 그 준비의 노력을 단번에 알 수 있다.

다음은 발표자가 발표할 때 알아야 할 내용이다.

- 발표할 내용을 정확하게 이해하고 알고 있어야 한다.
- 청중들을 존중하는 태도를 가져야 한다. 무시하는 태도는 금물이다.
- 발표하기 전에 발표할 내용을 먼저 간략하게 말하는 것이 좋다.
- 청중들을 두려워하지 않아야 한다.
- 가능한 큰 목소리로 청중들의 주의를 집중시키는 것이 좋다.
- 발표가 지루하지 않도록 다양한 제스처를 활용하거나 움직이는 것도 좋다.
- 의상과 외모는 단정히 하고 밝은 인상으로 발표를 하는 것이 좋다.
- 다양한 객관적인 자료를 활용하는 것이 좋다.
- 청중들에게 골고루 시선을 주어야 한다.
- 발표 내용에 대해 자신감을 가지고 있어야 한다.
- 발표를 해야지 가르치려고 하지 않아야 한다.
- 발표를 끝낼 때는 반드시 발표 내용을 요약 정리하는 것이 좋다.
- 발표를 끝낼 때는 청중들에게 감사의 표시를 하고 공손하게 인사하는 것이 좋다.

74

면접하기

면접은 면접을 하는 사람이 면접을 받는 사람에 대해 여러 가지를 알려고 하는 목적이 있다. 면접에는 직접 사람을 대면해서 보는 대면 면접과 전달 매체를 활용하는 전화면접이나 영상면접 등이 있을 수 있다. 면접은 사람을 직접 대면하여 목소리를 듣고 사람을 보면서 하는 경우가 대부분이다. 직장에 취업을 하거나 학교에 입학하기 위해서 하거나 기타 여러 가지 목적을 위해서 하는 면접을 중심으로 주의할 점을 알아본다.

- 면접하는 사람에게 밝은 인상을 주어야 한다.
- 평소보다 목소리를 조금 크게 한다고 생각하면서 말한다.
- 의복은 단정해야 하고 행동은 예의 바르게 해야 한다.

- 면접을 보는 목적과 내용을 미리 철저하게 준비하고 연습해야 한다.
- 시선은 면접자를 바라보면서 바른 자세로 말을 해야 한다.
- 흥분하지 말아야 한다.
- 자신의 장점을 겸손하게 말을 해야 한다.
- 자신이 어려움을 극복한 사례나 자신의 목표를 이룰 수 있다는 강한 의지를 표현하는 것이 좋다.
- 면접자에게 따지거나 가르치는 식의 말투는 하지 않아야 한다.
- 면접자의 의도가 무엇인지 알고 대답을 하라.
- 면접의 목적을 잘 알고 면접에 임해야 한다.
- 현재보다 미래에 희망을 보이는 사람임을 말하라.
- 지식보다 지혜를, 지혜보다 노력하는 사람임을 나타내어라.
- 면접을 시작하고 마칠 때 면접자에게 공손하게 인사를 해야 한다.

참고문헌

강태완 · 김태용 · 이상철 · 허경호, 『토론의 방법』, 2001, 커뮤니케이션북스.

경동호 편저, 『좋은말 사전』, 1992, 지문사.

구현정, 『대화의 기법』, 1999, 한국문화사.

구현정, 『대화』, 2003, 인디북.

김수업, 『국어교육의 원리』, 1980, 청하.

김영임, 『스피치 커뮤니케이션』, 1998, 나남.

김영희 외, 『국어학 서설』, 1987, 정음사.

김종택 · 임지룡, 『화법 이론과 실제』, 1998, 정림사.

김진우, 『언어』, . 2004, 탑출판사.

대한불교조계종의례위원회, 『한글 천수경』, 2014, 조계종출판사.

대한성서공회, 『새 번역 성경』, 2010

려증동, 『한국가정언어』, 1985, 시사문화사.

려증동, 『효도언어』, 1999, 문음사.

박경현 외, 『리더와 말말말』, 2006, 역락.

박금자 외, 『언어예절』, 2003, 한국방송통신대학교출판부.

박용익, 『대화분석론』, 1998, 한국문화사.

배명진,김명숙 ,『소리로 읽는 세상』, 2013, 김영사.

성백효,『명심보감』, 2010, 전통문화연구회.

아가페 편집부,『시편 잠언 전도서』, 2013, 아가페.

유청암,『우리불교경전』, 2008, 대한불교문화연구원.

윤희원,『좋은 화법과 화법 지도』, 1999, 교육과학사.

이가원 역해,『논어』, 1998, 신원문화사.

이가원 역해,『맹자』, 1994, 신원문화사.

이규호,『말의 힘』, 1974, 제일출판사.

이기석 역해,『동몽선습』, 1984, 홍신신서.

이기석 역해,『소학』, 1989, 홍신신서.

이민수 역해,『내훈』, 1998, 일신서적 출판사.

이진영 엮음,『한국인이 가장 좋아하는 경전구절』, 2011, 불광출판사.

이창덕 · 임칭성 · 심영택 · 원진숙,『삶과 화법』, 2000, 박이정.

이해인,『오늘은 내가 반달로 떠도』, 1983, 분도출판사.

일연,『삼국유사』, 김원중 역, 2008, 민음사.

임규홍 외,『젠더를 말한다』, 2003, 박이정.

임규홍,『국어교육의 이론과 실제』, 1996, 한신문화사.

임규홍,『어떻게 말하고 들을 것인가』, 1998, 박이정.

임규홍,『우리말 올바로 공부하기』, 2000, 한국문화사.

임동권,『속담사전』, 2002, 민속원.

임지룡,『국어 의미론』, 1992, 탑출판사.

장기근 역해,『퇴계집』, 2003, 홍신문화사.

전영우,『언어예절과 인간관계』, 2004, 역락.

전영우 · 박태상,『국어화법』, 1985, 방송통신대학교 출판부.

조명한,『한국아동의 언어 획득 연구』, 1984, 서울대학교 출판부.

조명한,『심리언어학』, 1985, 민음사.

한 홍,『거인들의 발자국』, 2004, 비전과 리더십.

황병순,『말로 본 우리 문화론』, 2002, 도서출판 한빛.

게일 메이어,『대인관계와 의사소통』, 임칠성 옮김, 1995, 집문당.

더글러스 스톤 외, 『대화의 심리학』, 2011, 21세기 북스.

데일 카네기, 『재치있는 말 한 마디로 성공을 부르는 화술』, 김길형 옮김, 2005, 아이템 북스.

데일 카네기, 『성공대화론』, 베스트 트랜스 옮김, 2011, 더 클래식.

돈 가버, 『대화의 기술 1, 2, 2』, 김상영 옮김, 2007, 폴라리스.

로버트 로젠탈, 『피그말리온 효과』, 심재관 옮김, 2003, 이끌리오.

로빈 레이코프, 『여자는 왜 여자답게 말해야 하는가』, 강주헌 옮김, 1975, 고려원.

로저 엑셀, 『제스처』, 김세중 옮김, 2002, 직녀성.

마더 테레사, 『따뜻한 손길』, 1997, 샘터사.

미첼 스터브, 『담화 분석』, 송영주 옮김, 1993, 한국문화.

바바라 월트, 『당신도 말을 잘 할 수 있다』, 임규홍 · 나익주 옮김, 2000, 박이정.

법구, 『법구경』, 한명숙 역, 2005, 홍익출판사.

아잔 브라흐마 ,『술 취한 코끼리 길들이기』, 류시화 역, 2013, 연금술사.

에리 에스 비고트스키, 『思考와 言語』, 신현정 옮김, 1985, 성원사.

에모토 마사루, 『물은 답을 알고 있다』, 양억관 옮김, 2002, 나무심는 사람.

이노우에 히로유키, 『생각만 하는 사람 생각을 실현하는 사람』, 오시연 역, 2011, 북스넛.

잔 렌케마, 『담화 연구의 기초』, 이원표 옮김, 1997, 한국문화사.

잔 피아제, 『兒童의 言語와 思考』, 송명자 · 이형순 옮김, 1955, 중앙적성출판사.

조세핀 킴, 『우리 아이 자존감의 비밀』, 2011, 베이비북스.

조지 율, 『화용론』, 서재석 옮김, 2001, 박이정.

존 포웰 · 로레타 브래디, 『대화의 길잡이 25』, 정홍규 옮김, 1990, 분도출판사.

켄 블랜차드 외, 『칭찬은 고래도 춤추게 한다』, 조천제 역, 2001, 21세기북스.

토머스 불핀치, 『그리스 · 로마 신화』, 최혁순 옮김, 1980, 범우사.

한국고전신서편찬회, 『속담풀이사전』, 1991, 홍신문화사.

국립국어원, 『표준언어예절』, 2011.

네이버 지식백과(네이버 두산백과, 네이버 위키백과 등)

2009년 10월 9일 mbc 한글날특집 다큐 '말의 힘'.